스위트 홈

사탐
08

스위트 홈

이시이 고타 지음

양지연 옮김

후마니타스

차례

들어가며 7

일러두기

- 이 책은 이시이 고타石井光太의 『「鬼畜」の家: わが子を殺す親たち』(新潮社, 2016)를 번역한 것이다.
- 외국 고유명사의 우리말 표기는 국립국어원의 외래어표기법을 따랐다. 관행적으로 굳어진 표기는 그대로 사용하거나(예: 가츠동, 텐동, 규동, 캬바쿠라) 필요한 경우 한자나 원어를 병기했다.
- 본문에 등장하는 인명은 실명일 때만 한자를 병기했고, 가명인 경우 처음 나올 때 '(가명)'이라고 적었다.
- 본문의 각주와 대괄호([ ])는 옮긴이의 첨언이다.
- 단행본·정기간행물에는 겹낫표(『 』), 기사나 보고서 제목에는 홑낫표(「 」), 법령, 방송 프로그램 등에는 홑화살괄호(《 》)를 사용했다.

들어가며

아내가 남편에게 보낸 편지를 읽었다.

아빠에게

　　　면회도 오랜만이네. 2주 좀 안 됐나. 그래도 얼굴 볼 수 있어서, 건강해 보여서 다행이야!! 편지 보냈다기에 설레는 마음으로 기다리고 있어. 내가 보내는 편지도 좋아할까?

　　　4월에는 집에 돌아올 수 있을까 반신반의하며 기다렸는데 아무래도 무리였나 봐. …… 힘들까? 힘들지도 모르지만 그럴 거라 생각해야 힘낼 수 있으니까!! 5월은 중요한 기념일도 있고 초등학교 들어가고 맞는 첫 운동회도 있으니까!

　　　아빠가 없는 집은 정말 쓸쓸해. …… 울고 싶지만 아이 앞에서는 울지 않기로 했으니까, 밤중에. 면회 가서 얼굴 보고 이야기하는 15분이 지금 나를 버티게 하는 유일한 힘이야. 이래선 안 된다는 걸 알지만. …… 이 모양이어도 기다려 주길 바라? 아니면 나 같은 사람은, 없는 편이 좋아?

　　　아이들에게도 어쩌다 물어보는데…… 다들 "아빠 좋아. 엄마랑 같이 아빠 기다릴래."라고 말해!! 나보다 애들이 어른스럽지. …… 빨리 다 같이 모여 행복하게 살면 좋겠다……. 아빠가 늘 말했듯이 지금의 나와 애들은 아빠가 만든 가족이니까! 아빠가 없으면 아무도 행복해질 수 없을 거야!! ……

이 부부는 시내의 2LDK[일본에서 방 두 개와 거실, 식당
과 부엌이 있는 집 구조를 일컫는 표현] 연립주택에서 아이 여
섯 명 그리고 반려 동물과 함께 산다. 하지만 사정이 있어서
남편이 얼마간 집을 비웠다. 편지에 등장하는 5월의 '중요한
기념일'은 아마도 두 사람이 처음 만난 날인 듯하며 '운동회'
는 그해 초등학교에 입학한 첫째 딸의 학교 행사다.

편지를 읽으면서 대부분의 사람들은 아마도 사랑으로
가득 찬 따스한 가족을 상상할 것이다.

실제로 남편이 집에 돌아오고 나서 편지에서 약속한 대
로 가족은 운동회를 보러 갔고 가정용 비디오카메라로 딸이
활약하는 모습을 촬영한다. 비디오 영상에는 운동장에서 열
심히 달리기 경주를 하는 딸과 그 모습을 지켜보며 신나게
응원하는 부모의 모습이 찍혔다.

하지만 부부는 이 편지를 주고받은 지 약 2년 후 학대,
살인, 사체 유기 등의 혐의로 경찰에 체포된다.

부부는 편지를 주고받고 얼마 되지 않아 갓 세 살 난 둘
째 아들을 3개월 동안 토끼우리에 가두어 숨지게 하고 사체
를 유기한다. 둘째 딸에게는 반려견용 목줄을 채워 신체의
자유를 뺏고 발로 차고 때리는 등의 폭행을 가해 전치 2주의
상해를 입힌다. 희생된 두 아이에게는 밥도 거의 주지 않았
고 방에 감금한 채 밖으로 데리고 나가지도 않았다.

언론은 일제히 이 부부를 '악마'라 부르며 그들의 행동
을 대대적으로 보도했다. 하지만 보도 내용과 달리 그 가족

의 삶은 편지에 쓰인 것처럼 부부끼리도 부모 자식 사이에도 서로를 아껴 주는 말들로 채워져 있었다.

후생노동성이 발표한 보고서를 보면 일본에서 2013년에 학대로 사망한 아동은 69명(학대 살해 36명, 자녀 살해 후 자살 33명). 2012년은 90명, 2011년엔 99명이었다.▪

하지만 이 통계는 어디까지나 경찰이 학대로 인한 사망이라고 인정한 사건만 집계한 것으로, 일본소아과학회 '아동 사망 등록 검증위원회'는 실제 살해 아동 수를 보고서에서 밝힌 건수의 세 배에서 다섯 배인 약 350명으로 추정한다.

대체로 아이가 사고를 당했다며 병원에 실려 온다. 사망한 아이에게 뭔가 의심쩍은 외상이 있어도 의사는 슬픔에 잠긴 부모에게 아이를 학대했는지 묻기 어렵다. 비난받기 십상이고 만에 하나 오판이었다면 상처에 소금을 뿌리는 꼴이 되기 때문이다. 그래서 의사는 100퍼센트 확신이 없는 한 사고사, 병사로 처리한다. 그런 소아과 의사의 경험을 직접 들은 적이 있다.

상황이 이래서인지 이 책에서 소개하는 세 사건 모두

▪ 한국의 경우 보건복지부가 2023년 8월에 발표한 「2022년 아동학대 연차보고서」를 보면 한국에서 2022년 학대로 사망한 아동은 50명이며 이 중 자녀 살해 후 자살은 14명이다. 2021년은 40명, 2020년은 43명이었다.

사건이 일어난 지 1년이 넘도록 밖으로 드러나지도 않았다. '시모다시 영아 연속 살해 사건', '아다치구 토끼우리 감금 학대 치사 사건'도 그랬고 '아쓰기시 유아 아사 백골화 사건'은 무려 7년이나 묻혀 있었다. 아다치구 사건은 이 책이 발간된 시점에도 피해 아동의 시신을 찾지 못했다.

세 사건 모두 부모가 아이를 잔혹한 방법으로 살해해 대대적인 보도가 뒤따랐다. 언론은 가해자인 부모를 피도 눈물도 없는 악마라 칭했고 사람들도 동조하며 비난했다.

하지만 가해자인 부모를 직접 만나 보면 그들 모두 하나같이 자신에게는 아이뿐이라고 말한다. 내게 아이는 보물이다, 사랑을 쏟으며 애지중지 키웠다, 가족 모두 행복했다고 말이다.

앞에서 소개한 편지를 다시 한번 읽어 보자. 가해자가 거짓을 적었다고 단언할 수 있을까. 그들에게도 아이를 생각하는 마음은 있었다.

이는 지금까지 내가 인터뷰했던 아동 학대 부모들의 공통점이기도 하다. 적어도 나는 취재를 하는 동안 아이가 미워서, 참을 수 없어서 죽였다고 말하는 부모는 본 적이 없다.

그렇다면 왜 아이를 아낀다면서도 제대로 돌보기는커녕 폭력을 휘두르는 것일까. 왜 아이들은 제 부모의 손에 목숨을 빼앗기고 마는 걸까. 난 문제의 본질이 여기에 있다고 본다.

이 책에서 다루는 세 사건에 등장하는 부모들이 법정과

내 앞에서 이구동성으로 한 말이 있다.

사랑했지만 죽이고 말았다.

단, 사랑했다는 말 앞에 한마디가 덧붙는다. "내 딴에는."

유아 아사 백골화 사건

지옥도로 변한 집

가나가와현 아쓰기시의 조용한 주택가에 두 동짜리 아담한 노란색 연립주택이 어깨를 나란히 하듯 서있다. 젊은 이들에게 인기를 끌 만한 외관이다.

연립주택에는 주로 어린애가 있는 젊은 부부가 사는 듯 현관 앞에 아이용 자전거, 애니메이션 캐릭터가 그려진 우산, 장난감 굴삭기가 놓여 있다. 저녁 무렵이면 창문에서 흘러나온 빛이 주택 앞에 펼쳐진 작은 텃밭을 어슴푸레 비추고 햄버그스테이크, 카레라이스 냄새가 퍼져 간다.

앞길을 지나가는 사람들도 주택의 가정적인 분위기에 덩달아 마음이 평온해질 성싶다. 방과 후 활동을 마치고 돌아오는 고등학생들이 주택 앞에서 자전거를 멈추고 울타리에 기댄 채 편의점에서 산 듯한 빵을 먹으며 웃고 떠들었고 동급생으로 보이는 여자아이가 말을 걸며 그 앞을 지나간다.

하지만 연립주택에 거주하는 입주민도, 이웃에 사는 주민도 누구 하나 2004년부터 약 10년 세월 동안 이 건물 1층 끝 집이 지옥도로 변해 간 사실을 알아채지 못했다.

일본식 다다미방 하나와 침실 하나가 딸린 집. 2004년 10월부터 덧문이 열린 적이 없고 전기계량기 숫자는 오래도록 멈춰 있었다. 집 안은 쓰레기장이나 다름없었는데 먹다 남은 음식, 페트병, 쓰고 버린 종이 기저귀 등 2톤에 가까운 쓰레기가 1미터 넘게 쌓여 악취가 진동하는 가운데 구더기와 바퀴벌레가 돌아다니고 있었다.

이 집에는 사이토 유키히로齋藤幸裕(2004년 10월 당시 26세)와 세 살 난 아들 리쿠理玖가 살았다. 남겨진 사진으로 본 리쿠는 얼굴이 호빵맨처럼 동글동글한 귀여운 아이였다.

2004년 10월 리쿠의 엄마가 가출한 이후 방은 쓰레기로 뒤덮였다. 곧이어 전기, 가스, 수도가 요금 미납으로 끊긴다. 유키히로는 운송 회사 운전기사다. 새벽에 출근할 때면 리쿠를 캄캄한 방에 가두고 미닫이 문틈을 접착테이프로 막아 밖으로 나오지 못하게 했다. 밥은 늘 근처 편의점에서 산 빵이나 주먹밥이었다.

리쿠는 어두컴컴한 방 안의 더러운 이불 위에 앉아 홀로 하루를 보냈다. 어린이집에 간 적이 없기에 리쿠의 존재를 아는 사람도 손에 꼽을 정도였다. 가끔 발로 밀어 움직이는 장난감 자동차를 타고 놀기는 했지만 텔레비전도 라디오도 켜진 적이 없다. 배가 고프거나 목이 마를 때에는 미닫이를 향해 "아빠, 아빠……." 하고 작고 여린 목소리로 중얼거렸고 유키히로가 가끔 불쑥 돌아오면 기쁜 듯이 소리를 내며 걸어서 다가왔다.

하지만 유키히로는 어린 리쿠를 별달리 신경 쓰지 않았고 애인이 생긴 뒤로는 집에 거의 들어오지 않았다. 이삼일에 한 번 들르다 사나흘에 한 번으로 뜸해졌고 나중에는 일주일 넘게 집을 비웠다.

'감금 생활'이 2년 3개월째 이어지던 2007년 1월 리쿠는 결국 죽음에 이른다. 입김이 하얗게 서릴 정도로 추운 방에서 몸에 걸친 거라곤 기저귀와 티셔츠 한 장이 다인 채 웅크려 앉은 듯한 자세로 숨을 거두었다.

오랜만에 집에 온 날 유키히로는 리쿠가 죽었다는 걸 알았다. 하지만 경찰에 알리지 않고 시신을 방치한 채 떠났다. 그 후 체포되기까지 집에는 발길을 하지 않았고 리쿠의 사망을 숨긴 채 아동 수당■ 등을 받는다.

리쿠가 죽은 후 주인을 잃은 집 우편함에는 광고 전단지가 넘쳐 나고 쓰레기와 시체 썩는 악취가 문밖까지 흘러나왔을 것이다. 하지만 같은 연립주택에 사는 입주민이나 근처 이웃 주민, 관할 행정 직원 그 누구도 사건을 알아채지 못했다.

7년 반이 지난 2014년 5월 30일에야 리쿠의 죽음이 세상에 드러난다. 시신이 발견된 날은 살아 있었다면 열세 살이 되는 리쿠의 생일이었다.

2015년 10월의 어느 아침 나는 요코하마시 시영 지하

■ 아이가 중학교를 졸업할 때까지 지급되는 수당으로 양육 아동 수, 연령에 따라 지급액이 달라진다. 대체로 3세 미만은 1만 5000엔, 3세 이상은 1만 엔이 지급된다.

철을 타고 고난추오역에 내렸다. 하늘은 잔뜩 흐렸다.

역을 나오자마자 바로 옆에 낡은 회색 건물인 고난구청이 보였다. 좁은 골목길로 겨울을 실감케 하는 싸늘한 바람이 휘몰아쳤고 지팡이를 짚은 노인과 추리닝 차림의 중년 여성이 잔뜩 움츠린 채 차례차례 청사로 들어갔다. 입구 계단에 앉은 채 흐린 하늘을 멍하니 올려다보는 남성도 있다.

골목길을 5분 정도 곧장 걸어가자 주택가 끝에 요코하마 교도소가 나타났다. 콘크리트 소재의 높은 벽으로 둘러싸인 요새 같은 건물로, 길 하나를 사이에 두고 교도관이 사는 기숙사 단지가 늘어서 있다. 그 뒤쪽에 내가 찾는 요코하마 구치지소拘置支所가 있다. 그날 나는 리쿠를 살해한 혐의로 기소된 사이토 유키히로를 처음으로 면회했다.

유키히로가 저지른 '아쓰기시 유아 아사 백골화 사건'은 제 자식을 감금해 굶어 죽게 했다는 잔혹함뿐만 아니라 7년 남짓 사건이 발각되지 않았다는 사실 때문에 사람들을 더욱 경악케 했고 언론은 연일 앞다퉈 사건 기사를 쏟아 냈다. 9월부터 시작된 재판에는 약 30명분의 방청석에 신청자가 400명 넘게 몰려 추첨을 해야 했다. 기자들은 유키히로의 법정 발언을 낱낱이 기사로 다뤘으며 하루에도 수차례 속보를 내보냈다.

공판에서 본 유키히로는 감정을 겉으로 드러내지 않는 과묵한 유형이었다. 가끔씩 고개를 갸웃거리고 불만스러운 듯 뺨을 부풀리는 등의 태도를 보이기는 했지만 속마음을 적극적으로 표출하지는 않았다. 구부정하게 앉아 표면적인 사실을 나직이 진술할 뿐이었다.

유키히로가 대부분의 일이 기억나지 않는다고 말하는 점이 마음에 걸렸다. 재판에 불리한 점뿐만 아니라 유리한 점, 상식적으로 생각해 볼 때 절대 잊을 수 없는 일조차 기억에서 사라져 있었다. 그 때문인지 재판에서는 구체적인 부분이 제대로 밝혀지지 않은 채 미궁으로 남았다. 나는 유키히로를 직접 만나 솔직한 얘기를 듣고 싶었다.

구치지소 입구에서 몸수색을 마치고 면회 수속을 끝낸 뒤 벤치에 앉아 기다렸다. 마이크로 이름이 불리고 면회실로 안내받았다. 이전에 편지를 보낸 적이 있어 내 이름을 기억하는 듯했다. 면회실은 3.3제곱미터 남짓한 좁은 방으로 면회자 쪽에 접이식 철제 의자가 세 개, 아크릴판 너머에 용의자의 의자가 하나 놓여 있다.

잠시 후 구겨진 회색 티셔츠를 입은 유키히로가 교도관과 함께 나타났다. 면회 시간은 딱 15분이다. 나는 아크릴판 너머로 간단히 내 소개를 하고는 사건에 대한 솔직한 심정을 물었다. 유키히로는 잠자코 있다가 갑자기 떨리는 목소리로 말을 꺼냈다.

난 리쿠를 죽이지 않았어요. 그리고 걔는 왜 아무 책임이 없냐고요!

지금까지의 공판에서 유키히로가 말하는 '개'는 아내인 아미카(가명)를 가리켰다. 유키히로는 법정에서 단 한 번도 아내를 이름으로 부른 적이 없었고 아내 얘기만 나오면 화가 치미는지 갑자기 얼굴이 일그러지고 목소리 또한 거칠어졌다.

유키히로는 초조해 보였고 아토피피부염이 있는지 팔과 목을 마구 긁어 댔다.

난 2년 넘게 혼자서 리쿠를 키웠다니까요. 밥도 주고 기저귀도 갈아 주고 몸도 씻겨 주고 놀아도 주고 할 일을 했다고요. 근데 왜 살인이니 이런 말 들으면서 체포돼야 하냐고요. 말도 안 돼!

아크릴판 너머로도 분노가 전해졌다. 그 울분은 재판에 대한 것일까. 내 질문에 유키히로는 게거품을 물고 덤벼들었다.

재판도 그렇지만 언론 보도도 엉터리예요. 그놈들은 처음부터 날 나쁜 놈이라고 정해 놓고는 작정한 듯 떠들었어요. 내가 리쿠를 가둬 두고 죽였다는 식으로만. 애를 잘 돌봤던 건 왜 얘기 안 하냐고요.

그 말이 맞을지도 모른다.

솔직히 웃겨요. 이상해요. 리쿠가 죽은 건 맞지만 내가 죽였다든지 그런 식의 보도는 잘못됐어요. 원래 애가 죽는다든가 그런 일 흔하잖아요. 그런데 왜 나만 이렇게 뉴스에서 떠들어 대냐고요.

언론이 이 사건을 대대적으로 다룬 이유는 '거주 불명 아동'▪ 문제가 화제가 되었기 때문이다. 정부는 정기 건강검진, 의무교육을 통해 아동의 안전을 확인하는데 그런 시스템이 제대로 작동하지 않아 아동의 소재를 파악하지 못하는 사례가 있다.

유키히로가 일으킨 사건은 다행인지 불행인지 사람들이 거주 불명 아동에게 관심을 갖도록 만들었다. 언론은 정부의 대응을 비판하는 한편 사건을 더욱 부각해 거주 불명 아동이라는 단어를 대중에게 각인시켰다. 지자체마다 서둘러 조사에 착수했고 후생노동성은 2014년 10월 20일 시점에 일본 전국의 거주 불명 아동이 141명이라고 발표했다. 유키히로 입장에선 왜 자기만 몰매를 맞아야 하느냐는 의문이 들었을지도 모르겠다.

그러니까 내가 아무 잘못도 안 했다는 게 아니에요. 오해하지 마세요. 내가 하고 싶은 말은 이 재판이라든가, 언론이라

▪ 한국의 '소재 불명 아동'에 해당한다.

는 게 이상하다는 거예요.

뭐가 이상하냐고 나는 물었다. 유키히로는 나를 노려보며 대꾸했다.

당신도 재판 봤잖아요. 모르겠어요?

시선을 거두지 않고 말을 이었다.

보면 다들 알 텐데?

재판을 방청하는 내내 가슴속에 남아 있던 께름칙함이 간파당한 느낌이었다. 사건은 겉으로 드러난 부분만 보면 기소장과 언론 보도 그대로다. 하지만 실제로 유키히로와 관계자의 진술을 들으면 사건의 핵심은 오히려 다른 곳에 있다는 생각이 든다. 유키히로는 그런 부분에서 이질감을 느꼈으리라. 이 사건은 과연 무엇이었을까.

아빠, 엄마, 아이 3인 가족

우선 재판에서 밝혀진 사실에다가 직접 취재한 내용을 덧붙이면서 사건의 개요를 적어 보려 한다.

사이토 유키히로는 1978년 가나가와현 요코하마시 쓰루미구에서 태어났다. 도쿄만에 인접한 공업지대로 도시바, 닛산자동차 등의 대기업 공장과 물류센터가 밀집해 있다. 산업도로라 불리는 간선도로와 수도고속도로가 도시를 가로질러 아침부터 밤까지 대형 트럭이 달리는 소리가 거리를 채운다. 기업 사택이 빽빽하게 들어서 있고 주민 대부분은 주변 공장에서 일한다.

유키히로의 아버지도 이곳에 위치한, 도쿄 증시 1부 상장 기업의 한 공장에서 근무했다. 3교대 근무로 오전 근무가 7시, 오후 근무는 오후 3시, 밤 근무는 오후 10시부터여서 오전 근무가 있는 날 말고는 휴일에나 겨우 가족과 얼굴을 마주할 수 있었다. 집안일은 대부분 전업 주부인 어머니 몫이었다.

경기가 좋은 시절이었기에 가족의 경제 사정은 안정적이었다. 한 살 어린 여동생, 네 살 어린 남동생이 있었고 장남인 유키히로는 동생들을 잘 돌봤으며 친구들과도 사이가 좋은 명랑한 아이였다. 굳이 불만을 꼽아 보자면 근처에 아이들이 놀 만한 공원이나 광장이 많지 않은 점, 아버지가 집안일에 비협조적이었던 점 정도랄까.

유키히로가 초등학교에 올라가는 해, 아버지가 가나가와현 아이코군 아이카와초에 위치한 회사 공장으로 전근하게 되어 가족도 그곳 사택으로 이사한다. 공업지대인 쓰루미구와 달리 아이카와초는 나카쓰가와강이 마을 한가운데를 가로지르며 흐르고 주위가 온통 숲으로 둘러싸인 마을이라 산과 밭에서 사계절의 변화를 피부로 느낄 수 있었다.

유키히로의 초등학교 시절은 가정용 컴퓨터가 폭발적인 인기를 끌던 때였다. 학교가 끝나면 유키히로는 친구네 집으로 몰려가 게임을 하기도 했지만 밖에서 노는 걸 더 좋아했다. 사택 근처 공원에서 사위가 어둑어둑해질 때까지 친구들과 야구, 축구를 하거나 동생들과 함께 놀곤 했다.

유키히로는 책상에 붙어 앉아 손으로 하는 작업도 좋아했는데 손재주가 빼어나 아버지가 사온 퍼즐이나 모형을, 설명서를 읽어 가며 혼자서 삽시간에 조립하곤 했다. 여동생도 오빠 유키히로가 묵묵히 앉아 플라모델(조립장난감)을 만들던 일을 기억했다.

유키히로가 초등학교 6학년이던 때 평범했던 일상이 허물어지고 만다. 당시 서른다섯 살이던 어머니가 갑자기 조현병 증상을 보였다. 조현병은 악화하면 환청, 환각이 나타나기도 하고 무기력한 상태로 계속 누워만 있기도 한다.◾

어머니의 증상은 무척 심각했다. 강박관념에 시달렸고 지나칠 정도로 불에 집착했다. 집에 있는 초 10여 개를 쭉 세워 놓아 불을 붙이고는 "악마가 온다! 악마가 온다!"라며 머리를 흐트러뜨린 채 집 안을 빙빙 돌아다녔다. 가족들이 못

◾ 이어지는 내용은 조현병이 적절히 관리되지 않아 심각해졌을 때 나타날 수 있는 문제 현상으로 보인다.

하게 막으면 더 심하게 난동을 부렸다.

당시 이웃 주민의 말을 들어 보자.

A 회사 사택은 4층 건물인데 사이토 씨는 2층인가 3층에 살
았어요. 부인(유키히로의 어머니)은 뚱뚱했는데 한겨울에도
치마에 샌들을 신고 어슬렁어슬렁 돌아다녀 눈에 띄었죠.
주위에서 'A 회사 그 사람'이라고 하면 다들 알았어요.

그 사람은 대개 밤 10시부터 새벽 즈음까지 이상한 일
을 벌이곤 했어요. 창문을 열고 프라이팬을 두드리며 괴성
을 지르기도 했고 도로에 기름을 뿌리기도 했고 길 위에다
소화기나 빨간색 컬러 콘[공사 중임을 알리는 원뿔 모형의 표
시물]을 쭉 늘어놓은 적도 있고요.

한번은 불 때문에 큰 소동이 났었어요. 밤이었던 것 같
은데 그 사람이 길모퉁이에 초를 줄줄이 세워 놓고는 불을
붙인 거예요. 마침 근처에 있던 사람이 발견해 경찰을 부르
는 둥 난리가 났죠. 그 사람은 악귀를 쫓아내려 했다나, 그
런 변명을 했던 것 같아요.

어머니는 촛불이 옷에 옮겨 붙는 바람에 크게 화상을 입
어 반년 동안 병원 신세를 지기도 했고, 망상에 휩싸여 집 베
란다에서 뛰어내리는 바람에 구급차에 실려 가기도 했다. 어
머니뿐만 아니라 아이들까지 언제 목숨을 잃어도 이상하지
않을 나날이었다.

어머니가 그런 상태인데도 아버지는 일이 바쁘다며 집에 거의 들어오지 않았다. 가끔 일찍 들어오는 날에도 피곤하다며 아무런 도움을 주지 않았다. 그러니 장남인 유키히로가 동생들을 지키기 위해 앞장서서 어머니를 제지했지만 아이의 힘으로 감당할 수 없을 때가 많았다. 감수성이 예민해지는 시기에 눈앞에서 어머니가 무너져 가는 모습을 지켜봐야 했던 유키히로의 마음은 어땠을까?

공판에서 유키히로가 "기억나지 않습니다", "잊어버렸습니다."라고 애매한 발언만 계속 늘어놔서 문제가 된 일이 있었다. 검찰은 불리한 일을 고의로 기억나지 않는다고 말하는 게 아니냐고 거세게 몰아붙였지만 유키히로는 "어렸을 때 엄마가 병이 나서 힘든 일을 많이 겪었고 그때부터 안 좋은 일은 모두 잊어버리는 버릇이 들었습니다."라고 말했다.

유키히로의 정신감정을 맡은 야마나시 현립대학 니시자와 사토루西澤哲 교수도 증인으로 법정에 섰을 당시 유키히로의 진술을 인정하며 이런 설명을 덧붙였다.

유키히로 씨는 어머니가 병이 난 이후로 충격적인 광경을 일상적으로 접해야 했습니다. 어렸던 만큼 더욱더 무섭고 참담한 현실을 혼자서 감당할 수가 없었겠죠. 그래서 유키히로 씨는 무의식중에 괴로운 일을 잊는다든가 생각을 정지시키는 등의 방식을 취한 것으로 보입니다. 그것이 그가 현실에 순응하는 방법이었죠.

재판 과정에서 자신에게 유리하게 작용할 만한 일도 유키히로는 많이 잊고 있었다. 정황상 불리해 거짓말을 하지는 않았다는 게 분명했다.

지역의 공립 중학교에 진학한 뒤 유키히로는 집에서 되도록 어머니와 마주치지 않으려고 농구부에 들어가 늦게까지 연습에만 몰두한다. 초등학교 때에는 활발한 편에 속했지만 어머니 일이 있고 나서는 말이 없어졌고 특히 자기 얘기는 전혀 하지 않았다. 그나마 농구공을 쫓아 코트를 이리저리 뛰어다니는 시간만큼은 현실을 저만치 떼어 놓을 수 있지 않았을까.

중학교를 졸업하고 나서는 같은 지역에 있는 일반 현립 고등학교에 진학했다. 편차치■는 40대 중반 정도로 높지 않았지만 언덕 위에 있어서 전망이 좋았고 운동장이 넓었으며 축구부를 비롯해 스포츠로 유명한 학교였다.

유키히로는 고등학교에서도 농구부에 들어갔는데 1학년 때 신발을 도둑맞은 후 미련 없이 그만둔다. 그 뒤로 자동이륜 면허■■를 취득해 오토바이 개조와 라이딩에 열중했다. 어릴 때도 플라모델 조립을 좋아했는데 크면서 더욱 기계 조립의 매력에 빠져들었다.

■ 학력 편차치를 말하며 50을 기준으로 높을수록 학력 수준이 높은 학교이다.

■■ 배기량 50cc 이상 400cc 미만의 이륜자동차를 운전할 수 있는 면허로 일본에선 만 16세부터 취득할 수 있다.

유키히로는 주말이면 오토바이를 타고 돌아다녔고 그때마다 여동생을 데리고 나갔다. 친구가 별로 없기도 했지만 엄마랑 같이 있게 하지 않으려는 배려였을지도 모른다. 여동생의 말을 들어 보자.

오빠랑은 사이가 좋았어요. 어릴 때는 저를 자주 데리고 다녔고 집에서도 게임을 하며 같이 놀았어요. 고등학교에 가고 나서는 오토바이 탈 때도 데려갔어요. 오토바이 뒷자리에 타서 산에도 가고 그랬어요.

고등학교를 졸업한 유키히로는 기계에 대한 관심이 더 깊어져 자동차 전문학교에 입학한다. 하지만 통학에 편도 두 시간이 걸린다는 이유로 반년도 안 돼 중퇴했고 그 후에는 운송 회사에서 비정규직으로 일한다. 이 무렵부터 본가를 나와 아쓰기 시내에 집을 얻어 혼자 살았다.

스무 살 남짓 됐을 무렵 유키히로는 나중에 부부가 되는 가와모토 아미카를 만난다. 당시 유키히로는 친구와 함께 오다큐선 오다하라역 앞 길거리에서 놀다가 만난 여고생과 사귀고 있었다. 10대 때 유키히로는 날렵한 체형에 과묵하고 차가운 인상 때문에 어린 여자아이들에게 인기가 있었다. 그 여고생과는 몇 달 못 가 헤어졌지만 곧이어 그녀의 친구 아미카와 친해진다. 그들은 어느 날 단둘이 술집에 간 걸 계기로 연인이 되었다.

아미카는 유키히로보다 세 살 어린 고등학교 2학년생으로 본가는 하코네에서 대대로 이어져 내려온 전통 있는 료칸旅館을 운영했다. 지역에서는 꽤 이름난 온천 료칸이었다. 하지만 가문의 전통, 명성과는 반대로 집안은 망가질 대로 망가져 있었다. 아버지는 여자가 생겨 집을 나갔고 혼자 자식을 돌보게 된 어머니는 온 신경을 아이들 교육에만 쏟으며 성적에 집착했다. 성적이 나빴던 아미카는 매일같이 어머니의 닦달에 시달렸다.

커가면서 아미카는 그런 가정환경에 반발해 공부를 멀리했고 학교가 끝나면 늦게까지 친구들과 오다하라의 번화가를 돌아다녔다. 자신을 들볶는 엄마가 밉다, 울적한 마음을 달래고 싶다, 집 밖에서 재미를 찾고 싶다는 마음이 컸을 듯하다. 그렇게 방황하던 때 유키히로를 만난다. 아미카의 눈에 유키히로는 부모보다도 자신을 더 잘 이해해 주는, 기대고 의지할 만한 어른스러운 남성으로 보였을지 모른다.

아미카는 유키히로에게 빠져들면서 그의 집에 자주 드나들었다. 유키히로도 아미카에게 흠뻑 빠졌다. 어느 날 아미카는 엄마와 싸운 뒤 가출했고 유키히로의 집에서 동거를 시작한다. 고등학교도 중퇴했다.

두 사람만의 생활은 하루하루가 즐거웠다. 유키히로가 운송 회사에 다니면서 벌어 오는 돈으로 생활을 이어 갔고 아미카는 주말이면 둘이서 파친코를 하러 가거나 드라이브를 했다. 기계를 다루기 좋아하는 유키히로의 관심은 자동차로 뻗어 갔고 차를 개조하는 비용이 점점 늘어나더니 이 무렵에는 은행에 총 15만 엔의 빚을 진다.

동거한 이듬해 아미카가 생리를 하지 않아 확인해 봤더니 임신이었다. 두 사람은 뛸 듯이 기뻐했다. 유키히로의 말이다.

그때는 정말 서로 좋아했어요. 임신했다는 걸 알고 바로 결혼하자고 했죠. 걔가 옛날부터 애들을 좋아해서 아기 낳고 싶다고 했었고 나도 생기면 생기는 대로 좋겠지 싶었고.

본가에선 반대하지 않았어요. 우리 아버지는 너도 어른이니까 알아서 하라는 식으로 허락했고 걔네 부모도 아기가 생겼으니 어쩔 수 없다는 식으로.

하코네에 있는 집으로 처음 인사하러 간 건 결혼하기로 정해졌을 때였나 그랬는데, 두 번 정도 밥 먹으러 갔어요. 집이 엄청 커서 놀랐죠. 그때 우린 돈이 없어서 결혼식은 하지 않고 가족끼리 식사만 하고 혼인신고를 했어요.

결혼식 대신 마련한 식사 자리에 유키히로의 가족은 모두 참석했고 아미카 쪽에선 집 나간 아버지를 대신해 작은아버지가 참석했다.

출산에 대비해 두 사람은 신혼집을 구하러 다녔다. 부동산에 나온 집들을 둘러보다 찾아낸 곳이 사건 현장이 된 아쓰기 시내의 노란색 연립주택이었다.

우선 유키히로 혼자 신혼집에 들어갔고 아미카는 출산하고 한 달간 본가에서 몸조리한 뒤 오기로 했다. 하코네의 본가에서도 첫 손주가 태어난 만큼 아미카를 다시 받아들일 수밖에 없었다. 아미카는 2001년 5월 30일 리쿠를 낳았다. 출산을 축하하러 찾아온 친척들이 유키히로와 아미카가 젖먹이를 안고 행복해하는 모습을 바라봤다.

출산 한 달 후 아미카는 예정대로 리쿠를 안고 신혼집으로 들어왔고 3인 가족의 신혼 생활이 시작됐다. 이 무렵 유키히로는 운송 회사를 그만두고 기술을 익히려고 도장 업체에 들어갔다. 하지만 비정규직이라 비가 오는 날은 일이 없어서 일당을 받지 못했고 생활은 점점 쪼들렸다. 하코네의 친척에게 자주 손을 벌렸고 소비자금융대출로 13만 엔을 빌리기도 했다.

이듬해 3월 유키히로가 아쓰기 시내의 운송 회사에 기사로 취직하면서 생활은 점차 안정되었다. 정규직으로 매달 실수령액이 23만~25만 엔이었다. 여기에 회사에서 주는 가족수당도 추가된다. 유키히로는 월수입 가운데 5만~10만 엔을 아미카에게 생활비로 건네고 나머지는 월세와 대출금 상환에 썼다.

기사 일은 꽤나 고되었다. 일찍 출근하는 날은 오전 4시 전에 집을 나섰고 하루 평균 근무시간은 10, 11시간이었다. 휴일은 일주일에 하루, 잔업은 월 평균 70~80시간이었다.

유키히로는 새벽에 출근해 일찍 귀가하는 날이면 아미

카 대신 리쿠를 목욕시키고 기저귀를 갈아 주곤 했다. 육아를 번거롭다 여기지 않았고 서툴지만 아버지 역할을 다하려 했다.

아미카도 어떻게든 행복한 신혼 생활을 꾸려 보려고 나름껏 애썼다. 집안일을 해본 적이 없어서 요리도 빨래도 제대로 할 줄 몰랐지만 매일같이 본가와 친구에게 전화해 일일이 배워 가며 열심이었다. 이 부분에 대해 니시자와 교수는 "자신들이 보고 자란 붕괴된 가족 관계 때문에 오히려 더욱 제대로 된 가정을 만들려 노력했던 것 같습니다."라고 말했다.

부부 싸움

결혼한 지 1년쯤 지나자 부부 관계가 조금씩 엇나갔다. 먼저 아미카가 육아에 지쳐 "밖에서 친구들이랑 실컷 놀고 싶다."는 말을 꺼낸다. 한 살배기 아기의 엄마이지만 아직 스무 살. 중·고등학교 때 친구들이 한껏 꾸미고 자유롭게 놀러 다니는 모습을 보면서 혼자 남은 듯한 고립감도 느꼈을 것이다.

아미카가 집안일을 하나둘 소홀히 하면서 집 안 곳곳에 쓰레기가 쌓여 갔다. 더러운 옷이 몇 주째 방치되었다. 좋은 엄마, 좋은 아내가 되려는 마음이 꺾였다.

유키히로와 부딪히는 일도 잦았다. 유키히로가 일을 마치고 돌아와도 저녁 식탁은 텅 비어 있었고 밤에 아이가 울어도 본체만체했다. 유키히로가 불만을 터트리면 아미카는 버럭 화를 내며 덤벼들었고 서로 손찌검까지 하며 싸우기도 했다. 법정에서도 아미카는 판사와 변호사가 주의를 주면 욱하고 치받는 등 공격적인 성향을 보였다.

부부 싸움에 대한 두 사람의 공판 진술은 상반됐다. 부부 관계에 대해 물으면 아미카는 흥분해서 갈라진 목소리로 속사포처럼 말을 뱉어냈다.

난 집에서 내내 얻어터졌어요. 가정 폭력을 당했다고요! 동거 시작했을 때부터. 이유 같은 거 없어요. 이유도 모른 채 갑자기 폭발해서는 후려갈겼어요. 너덜너덜 나가떨어질 때까지.

무서웠어요. 뭔 말 하는지 알아들을 수도 없었고 내내 당하기만 했어요. 집도 부쉈어요. 방이랑 부엌 사이에 있는 미닫이도 발로 차서 구멍이 났고. 섹스할 때도 폭력적이었어요. 내가 싫다고 거부하면 막 때리면서 강제로 했어요.

자신은 어디까지나 가정 폭력의 일방적인 피해자였다면서 눈물을 흘리며 호소했다. 하지만 판사가 그 주장을 의심하며 "동거 중일 때부터 가정 폭력을 당했다면 왜 결혼을 했습니까", "왜 변호사에게 상담을 하지 않았습니까." 등의 질문을 하자 입을 다물어 버렸다.

한편 유키히로는 부부 싸움을 할 때 손이 올라간 적이 있다고 인정했지만 그런 일은 손에 꼽을 정도이며 분명한 이유가 있었다고 항변했다.

걔가 바람피워서 싸운 거예요. 거짓말을 하거나. 한번은 걔가 모르는 남자랑 문자메시지를 했어요. 봤더니 러브호텔 어쩌고저쩌고 그런 말이 적혀 있어서 이게 뭐냐고 했더니 모른다고 잡아떼니까 싸우게 된 거죠.

하지만 가정 폭력 그런 거 아니에요. 나 혼자만 때린 게 아니라고요. 싸우다 보면 걔는 꼭 주먹질했어요. 리모컨을 던지기도 하고 미닫이 유리를 깬 적도 있고. 그러니까 나도 막 화가 나가지고.

부부를 아는 친구는 아미카의 몸에 멍이 있는 걸 여러 번 봤다고 했다. 아무리 이유가 있어서 부부 싸움을 했다 하더라도 남자의 힘을 당해 낼 수는 없었을 테니 대등하게 싸웠다는 변명은 통하지 않는다.

싸움은 둘만의 문제에만 머물지 않고 어린 리쿠의 양육을 방치하는 일로 이어진다. 아미카가 아르바이트를 시작하고부터 상황은 한층 심각해졌다.

2002년 말 어느 날 아미카는 오다큐선 모토아쓰기역 근처 유흥업소에 취업한다. M이라는 점포형 패션헤르스 였다.

가게 영업시간은 오전 10시부터 자정까지로 아미카는 주 5
일 근무했다. 그사이 리쿠는 역 근처 비인가 보육 시설 N(현
재 폐업)에 맡겼다.

몇 개월 후 아미카는 집 근처 편의점에서 새벽 아르바
이트까지 한다. 리쿠를 돌볼 시간은 없다시피 했다.

유키히로가 새벽에 출근하고 나면, 아미카는 오전 4시
반에 리쿠를 집에 혼자 남겨 두고 편의점으로 간다. 근무시
간은 오전 5시부터 10시. 집으로 돌아와 리쿠에게 밥을 먹
이고 이번에는 버스를 타고 모토아쓰기역 근처 보육 시설 N
에 리쿠를 맡기고 패션헤르스 M에서 정오부터 심야까지 일
한다. 결국 깨어 있는 리쿠의 얼굴을 볼 수 있는 시간은 버스
를 타고 보육 시설로 이동하는 잠깐뿐이었다.

법정에서 변호사가 아이가 있는데 왜 그렇게 장시간 일
했는지 묻자 아미카는 대답했다.

생활비만으로는 도저히 한 달을 버틸 수 없었으니까요. 밥
뿐만 아니라 리쿠 옷도 사야 하잖아요. 또 내가 맘대로 쓸
수 있는 돈도 필요하고. 그래서 내가 벌기로 한 거예요.

아미카가 정말로 자신이 번 돈을 아이를 위해 썼는지는

■ 패션fashion과 헤르스health가 조합된 일본식 조어로 여성
직원이 성적 서비스를 하는 일본 유흥업소의 한 형태.

알 수 없다. 아르바이트를 시작하고 나서도 리쿠가 입은 옷은 얼룩투성이에 머리는 덥수룩하고 손톱도 길었다. 아르바이트를 시작하기 전에 유키히로에게 생활비를 더 달라고 요구한 적도 없었다.

어찌 됐든 이런 생활은 분명 아이 양육에 악영향을 끼치게 마련이다. 리쿠는 두 살이 되도록 말을 못 했고 혼자서는 밥도 먹지 못했다. 부부와 친구 관계였던 다카하시 가오리(가명)는 당시 리쿠의 상태를 이렇게 전한다.

집 안이 정말 지저분했어요. 리쿠의 몸에선 항상 오줌 냄새가 났고. 두 살 넘어서도 말을 전혀 못 했고 밥도 손으로 집어먹는 식이었죠. 숟가락 쓰는 걸 본 적이 없어요. 식사하는 법을 배운 적이 없는 것 같았어요.

다카하시가 또렷이 기억하는 일이 있다. 편의점에서 아르바이트를 하던 아미카에게서 아침 일찍 전화가 왔다. 아미카는 "집에서 리쿠가 울고 있는 모양이야. 지금 아르바이트 중이라 못 나가니까 대신 좀 가줄래?"라고 부탁했다. 서둘러 달려갔는데 눈을 의심할 광경이 펼쳐져 있었다. 현관문을 열자 바닥은 한 발짝도 더 내딛지 못할 만큼 쓰레기로 뒤덮여 있었고 쓰고 난 콘돔까지 버젓이 나뒹굴고 있었다.

1년 전만 해도 이렇게까지 더럽지는 않았다. 그사이 무슨 일이 일어났던 걸까. 현관 앞 방에서 리쿠가 목이 쉬어라

우는 소리가 들렸다. 다카하시가 쓰레기를 밀치고 미닫이를 열었더니 쓰레기에 파묻힌 리쿠가 혼자 울고 있었다. 매일 이렇게 방치된 채 있었을 걸 생각하니 화가 치밀었다.

다카하시는 이렇게 말했다.

결혼 초기와는 집안 분위기가 완전히 달랐어요. 딴 집에 온 줄 알았다니까요. 아무래도 아미카가 집안일을 하지 않으면서 그렇게 됐겠죠.

원래 사이토(유키히로)는 생활 능력이 손톱만큼도 없어요. 애처럼 뭘 먹고 나서 그냥 그대로 놔두고 가버리는, 쓰레기를 제대로 버린다든가 그런 건 아예 머릿속에 없는. 정말 무책임했어요. 그나마 아미카가 집안일을 하니까 어떻게든 아슬아슬한 상태로 버텼던 거죠.

그러다 부부 사이가 나빠지면서 아미카가 아르바이트로 밤낮없이 일하니 그렇게 된 거예요. 가정이 붕괴된 걸 누가 봐도 똑똑히 알 만큼 엉망진창이었어요.

결국 두 사람의 관계가 완전히 깨지는 사건이 일어난다. 아미카가 유흥업소에서 아르바이트한다는 사실을 유키히로가 알아챘다. 유키히로는 흥분해서 당장 그만두라고 다그쳤지만 아미카는 말로는 알았다고 하면서도 계속 일했다. 부부 싸움은 빈번해졌고 폭력도 격렬해졌다.

아내의 가출

리쿠가 세 살이 된 2004년 10월 초 두 사람의 결혼 생활은 결국 파국에 이른다.

재판 진술에 의거해 경위를 살펴보자. 다만 아미카의 증언은 신빙성이 의심스럽기에 어디까지나 아미카 본인의 해명임을 염두에 두길 바란다.

10월 6일 저녁, 오랜만에 유키히로, 아미카, 리쿠 셋이 집에 같이 있었다. 유키히로는 새벽 출근이라 저녁 무렵 집에 왔고 아미카는 유흥업소 일을 쉬고 있었다. 저녁을 먹고 느긋이 쉬는데 아미카의 휴대전화가 울렸다. 상대는 패션헤르스 M의 동료 여성이었다. 그 여성은 전화로 불쑥 이런 말을 했다고 한다.

"나, 죽어 버릴 거야!"

어떤 상황인지 파악되지는 않았지만 동료가 위험한 것만은 분명했다. '일단 가봐야겠다.'는 생각에 아미카는 유키히로에게 사정을 말하며 리쿠를 맡기고 집을 나섰다.

아미카의 법정 진술에 따르면 이 친구는 어떤 연유에선지 모토아쓰기에서 한 시간 넘게 걸리는 니시신주쿠에 살았다. 내가 아미카의 증언을 의심하는 이유는 판사가 구체적인 내용을 물을 때마다 너무도 허술한 답변만 되풀이했기 때문이다. 아미카는 갑자기 말을 더듬으면서 "(친구 이름은?) (성은 모르고) 이름밖에 기억나지 않아요", "(집 위치는?) 몰라요",

"(이날 밤은 어디에서 잤나?) 잘 기억이 안 나는데 아마 친구 집이었을 거예요."라고 대답했다. 자살하겠다는 말을 듣고 한밤중에 달려갔는데 친구의 이름도 주소도 모른다는 것이었다.

그날 밤 아미카는 니시신주쿠의 친구 집에 '아마도' 아침까지 머물렀다. 새벽녘에 아미카의 전화기가 울렸다. 유키히로가 건 전화였다. 유키히로가 전화기 너머로 말했다.

"아쓰기 아동상담소에서 전화가 왔는데 리쿠를 데려가라고 하네. 리쿠가 혼자서 집을 나간 모양이야. 난 지금 일하는 중이니까 네가 가볼래?"

이날 10월 7일, 유키히로는 오전 근무여서 새벽 4시 전에 출근했다. 그 직후 집에 남겨진 리쿠는 부모를 찾으려고 그랬는지 혼자 집 밖으로 나왔다.

당시 아동상담소 기록을 보면 오전 4시 반 경찰은 신고를 받고 리쿠를 보호한다. 리쿠는 기저귀에 빨간 티셔츠만 입고 맨발로 길가에서 떨고 있었다. 경찰은 아동상담소로 아이를 데려갔고 그곳에서 유키히로에게 연락을 했다.

아동상담소 직원이 리쿠에 관해 남긴 소견을 보면 방임의 영향으로 보이는 증상이 적혀 있다. 리쿠는 세 살인데도 "대화를 할 수 없었"으며 "직원이 묻는 말에 앵무새처럼 똑같이 따라" 말했고 하는 말도 "일본어인지 무슨 말인지 알아들을 수 없었으며 괴성을 지르기"만 할 뿐이었다. 게다가 "귓속에는 귀지"가 잔뜩 들어 있고 "손톱은 길었"으며 밥을 주자

"왼손으로 집어 먹었다."고 한다. 리쿠는 왼손잡이였다.

오전 10시가 지나 아미카가 아쓰기 아동상담소에 도착했다. 이날은 이 지역을 담당하는 아동복지사가 휴가 중이라 다른 직원이 대응했다. 직원은 아미카에게 리쿠가 보호되기까지의 상황을 설명하고 왜 아이를 혼자 두었는지 물었다. 아미카의 대답은 이랬다.

"어젯밤 갑자기 친구에게 큰일이 생겼거든요. 자살한다고 해서. 그래서 남편에게 리쿠를 맡기고 친구네로 갔는데 남편이 출근한 사이에 애가 집을 나갔나 봐요. 이런 일 생긴 거, 저도 반성해요."

직원은 그 설명을 듣고 상황을 이해했으며 앞으로 가정방문을 하겠다는 조건만 내걸고는 '일시보호'를 해제하고 리쿠를 돌려보냈다.

돌이켜보면 그때가 리쿠의 생명을 구할 절호의 기회였던 것 같다. 하지만 경찰은 '길 잃은 아이'가 있다는 건으로 아동상담소 직원에게 아이를 인도했고 아동상담소 직원도 미아 발생 건으로 기입해 담당 아동복지사에게 인계했다. 나중에 지역 아동복지 담당자는 기재 내용을 문자 그대로 이해해 중대한 문제가 있으리라고 짐작하지 못한 채 넘겼다.

그날 저녁 유키히로가 집에 돌아왔을 때 아미카는 리쿠와 둘이 있었다. 셋은 잠시 집 안에 함께 있었는데 아미카가 갑자기 일어서며 말했다.

"나, 잠깐 뭐 좀 사러 나갔다 올게."

유키히로는 편의점에 먹을 걸 사러 가나 싶어 알았다고 대답했다. 아미카는 가방만 들고 나갔다.

하지만 아미카는 돌아오지 않았다. 어디로 갔는지 알 수도 없었다. 한밤중까지 돌아오지 않아 전화를 걸어 봤지만 받지 않았다. 이튿날도 그다음 날도 연락이 되지 않아 유키히로는 아미카가 가출했다고 확신했다.

왜 아미카는 리쿠를 남기고 자취를 감췄을까.

법정에서 이 질문을 받았을 때 아미카는 "(유키히로의) 가정 폭력이 무서워서 도망쳤다."고 답했다. 하지만 아미카는 아동상담소에서 면담할 당시 가정 상황에 대한 질문을 받았다. 정말 가정 폭력 때문에 가출할 생각을 했다면 얼마든지 사정을 얘기해 볼 수 있지 않았을까.

변호사가 그 점을 묻자 아미카는 한참 머뭇거리다 "아동상담소가 뭐 하는 곳인지 몰랐어요!"라고 대답했다. 하지만 판사가 똑같은 질문을 던지자 이번에는 "아동상담소에서 상담을 했지만 아무런 도움도 받지 못했어요!", "아동상담소는 '또 무슨 일이 있으면 연락 주세요.' 하고 끝났어요." 등 여러 차례 발언을 번복했다.

가출 이후의 생활에 대해서도 그랬다.

집 나오고 나서 만화 카페랑 찜질방 같은 곳에 있었어요. 오늘은 여기 내일은 저기. 돈은 집 나올 때 아르바이트로 모은 몇만 엔뿐이어서 조금씩 쓰며 몇 개월인가 버텼고. 다 쓰고 나서는 다시 업소에서 아르바이트했어요.

이 증언도 모순이 있다. 아미카가 유흥업소와 편의점에서 모은 돈이 꽤 있었을 테고, 그렇지 않고 수만 엔뿐이었다면 몇 개월씩 만화 카페나 찜질방에서 지낼 수는 없다. 도대체 아미카는 가출 이후 무엇을 했을까.

변호사와 판사도 그 부분을 캐물었다. 하지만 아미카는 다시 화를 내며 "기억 안 나요, 정말", "아, 모르겠다고요."라는 말만 되풀이하다가 나중에는 입을 다물고 한마디도 하지 않았다. 끈질기게 되물으면 정색을 하고는 "그땐 어렸으니 알 리가 없죠", "그걸 어떻게 기억해요."라고 답했다.

매번 이런 식으로 나오니 재판에서는 아미카가 가출한 진짜 이유도 그 후 무엇을 했는지도 밝혀지지 않았다.

감금 생활

10월 7일 아미카가 집을 나간 이후 아쓰기의 연립주택에선 유키히로와 리쿠 둘만의 생활이 시작된다. 운송 회사의 업무 시간이 불규칙적이라 리쿠의 양육을 유키히로 혼자 해나가기는 어려웠다. 상식적인 사람이라면 어린이집에 맡기거나 본가 가족의 도움을 받는 방법 등을 찾아볼 것이다.

하지만 유키히로는 그렇게 하지 않았다. "출퇴근이 들

쑥날쑥하고 아이를 일찍 맡기기도 힘들 테고."라는 이유로 어린이집은 포기한다. 회사에 사정을 말하고 출퇴근 시간을 변경하는 방법도 떠올리지 못했다.

가족의 도움을 받는 일에 대해서도 본가는 병든 어머니를 돌보는 것만으로도 벅찰 테니 리쿠까지 맡길 수는 없다고 여겼고, 하코네에 있는 아미카의 본가에는 이런 상황조차 알리지 않았다. 유키히로는 연립주택에서 아이와 단둘이 살아가는 삶을 택한다.

쓰레기로 꽉 찬 방에서 유키히로는 리쿠에게 이렇게 말한다.

"앞으로는 우리뿐이야. 둘이 살자."

생활이 순탄치 않으리라는 건 뻔했다. 그런데도 유키히로는 현실을 마주하고 해결책을 짜내는 대신 어떻게 되겠지 하는 심산으로 상황을 끌어안았다. 이렇게 지옥으로 가는 첫걸음을 뗐다.

유키히로는 전처럼 운전기사 일을 하면서 근무 중에는 리쿠를 집에 혼자 두었다. 밥은 출근 전과 집에 돌아온 뒤 하루에 두 번 줬는데 모두 근처 편의점 등에서 구입한 음식으로 유키히로는 이를 '식사 세트'(빵 하나, 주먹밥 하나, 500밀리리터짜리 레몬수 하나)라고 표현했다. 리쿠 혼자서는 봉지를 어쩌지 못해 유키히로가 뜯어서 건넸다. 기저귀도 하루에 한 번 갈았고 목욕은 며칠에 한 번 했다. 한 달에 두세 번쯤 외출했는데 차를 타고 유키히로의 본가 근처 공원에 가서 놀다 오는 코스였다.

　유키히로는 이런 생활에 대해 당당하게 "난 제대로 육아를 했다", "보통 사람들처럼 아이를 돌봤다."고 주장했다. 금붕어를 키우는 일이라면 하루에 두 번 먹이를 주고 한 달에 두세 번 물을 갈아 주면 그만일지 모른다. 하지만 인간을 키우는 일은 그렇지 않다. 마주 앉아 웃음을 나누고 어깨를 나란히 하고 생활을 함께하며 감정을 나누는 것도 중요하다. 유키히로는 그런 걸 전혀 의식하지 못했다.

　이런 생활마저 지속되지 못했다. 아미카가 집을 나가고 나서 일주일이 지나 전기가 끊겼고 이어서 가스, 수도도 요금 체납으로 끊기고 만다. 덧문이 내려진 쓰레기 방은 서로의 표정도 알아보지 못할 정도로 깊은 어둠 속에 파묻혔다.

　유키히로는 밀린 요금을 납부하기는커녕 어두컴컴한 방에서 그대로 지냈다. 앞서 말했듯이 유키히로의 한 달 수입은 실수령액이 23만~25만 엔이었고 얼마간 빚이 있었다지만 자동차를 파는 방법도 있었다. 상식적이라면 전기, 가스, 수도 등 끊겨 버린 생활의 선로를 복구하는 일을 최우선으로 삼았을 것이다.

　하지만 그는 손전등을 아기 침대 옆에 비치해 두고, 사용하지 않는 휴대전화를 천장에 실로 매달아 소형 전구 대신 사용했다. 마실 물은 근처 공원에서 길어 왔고 소변은 2리터 페트병에 대변은 비닐봉지에 담아 쓰레기 배출일에 버렸다. 목욕은 하지 않았고 며칠에 한 번 자기 몸과 리쿠의 몸을 젖은 수건으로 닦았다. 이에 대해서도 유키히로는 "(리쿠의) 몸을 깨끗하게 했습니다", "잘 닦아 줘서 더럽지 않았어요."라고 떳떳하게 말했다.

이즈음부터 유키히로는 리쿠를 방에 가두었다. 둘만의 생활을 막 시작했을 때에는 현관문만 잠가서 리쿠는 집 안을 자유롭게 돌아다녔다. 하지만 어느 날엔가 일로 집을 비운 사이 리쿠가 다시 문을 열고 집 밖으로 나가는 일이 일어난다. 다행히 집 뒤편에서 금방 발견했지만 같은 일이 또 일어나면 아동상담소에 보호되고 불려 갈 것이라는 생각에 외출할 때마다 리쿠를 방에 가뒀다. 덧문을 내리고 미닫이에 접착테이프를 붙여 틈을 막았다.

유키히로는 이런 생활에 대해 아무렇지 않게 말했다.

방은 어두웠어요. 하지만 눈이 익숙해지면 어쨌든 어디에 뭐가 있는지 알 수 있거든요. 그러니까 불편하다거나 그런 건 없었어요. 방에는 아기 침대 옆에 이불이 늘 깔려 있어서 리쿠는 대부분 그 위에 앉아 있는 편이고. 리쿠는 일어서서 걸어 다니거나 하지 않았어요. 원래부터 말도 별로 없었고 울지도 않았고. 조용하고 얌전한 아이였어요.

내가 집에 돌아오면 리쿠가 좋아했어요. "아빠, 아빠." 하고 부르며 일어나 다가왔어요. 머리라든가 만지면서. 나도 일에 지쳐 힘든 날이 아니면 방 안에서 리쿠랑 같이 놀아 줬어요.

할 일은 다 했어요. 기저귀 들여다보고 응가했으면 갈아 주고. 밥으로 빵이나 주먹밥을 사와서 봉지를 뜯어 건네 주면 혼자 손에 잡고 먹고. 영양은 충분히 섭취했어요.

어두운 방 안엔 기저귀 뭉치와 먹다 남긴 음식 쓰레기가 내뿜는 강렬한 악취가 진동하고 거실 곳곳엔 벌레가 우글거렸을 터였다.

유키히로는 이런 상황을 이상히 여기지 않았고 집에 돌아오면 어두운 방에 앉아 추하이[소주에 약간의 탄산과 과즙을 넣은 일본의 알코올음료]를 세 캔 정도 마시며 느긋이 쉬다가 얼근하게 취해 리쿠와 한 이불에서 잤다. 그렇게 2년 남짓 지냈다.

재판이 진행되는 동안 유키히로의 기막힌 생활 방식을 듣고 방청석 여기저기서 한숨이 새어 나왔다. 판사가 고개를 갸웃거리며 불편하지 않았는지 물어도 유키히로는 "별 문제 없었어요", "잘 보이지 않을 때는 손전등을 쓰면 됐으니까." 라며 무엇이 문제인지를 알지 못했다. 유키히로에게 그 정도의 일은, 다른 사람이 생각하듯, 리쿠를 방임했다는 증거가 되지 못했다.

방청석에선 유키히로에게 지적장애가 있는 게 아니냐는 소리가 적잖이 흘러나왔다. 그렇지 않고서야 이런 생활을 아무렇지 않게 받아들일 리가 없다고. 하지만 유키히로는 적어도 일반 고등학교를 다닐 만한 학습 능력이 있었고 오토바이나 자동차 개조 기술도 있었다. 회사에서의 근무 태도도 우수했으며 여자를 사귈 만한 소통 능력 또한 있었다. 즉 일반적으로 의심할 만한 정신적 문제는 없었다.

증인으로 법정에 선 니시자와 교수도 이 부분은 인정했다. 니시자와 교수는 정신감정 결과를 바탕으로 유키히로의 성격에 대해 다음과 같이 분석했다.

일상적인 생활을 했고 모든 일에 현저하게 뒤떨어진 것은 아니었다고 보입니다. 다만 전기, 수도가 끊기는 등의 생활 환경은 일반적으로는 무척 이상한 상황입니다. 그럼에도 유키히로는 이런 환경을 아무렇지 않게 받아들이고 생활했습니다. 그 원인으로는 그가 지닌 '지극히 강한 수동적 대처 방식'을 꼽을 수 있습니다.

정신감정 중에 그런 집에서 살아가는 일을 어떻게 생각하는지 물었을 때 피고는 "어떻게 되겠지", "내가 할 수 있는 일은 했다."고 대답했습니다. 대부분은 그렇게 생각하지 않고 환경을 개선하려 하죠. 그렇지만 그는 모든 일을 '어떻게 되겠지.'라고 받아들이고 '내 나름대로는 어떻게든 했다.'고 생각한다는 겁니다. 이것이 유키히로가 지닌 특수한 수동적 대처 방식입니다.

니시자와 교수는 어머니의 조현병이 유키히로의 성격 형성에 큰 영향을 미쳤다고 지적한다. 유키히로는 어린 시절

어머니의 비정상적인 언행을 곁에서 매일 지켜봤다. 열두세 살의 아이 힘만으로는 불과 기름을 들고 소리치며 난동을 부리는 성인을 막아 낼 도리가 없었다. 그 때문에 유키히로는 눈앞에서 일어난 부조리한 일을 '어떻게 되겠지.'라며 그대로 받아들이게 됐다. 그런 일이 계속 반복되고 쌓여 그의 일그러진 인격을 형성했다고 니시자와 교수는 말한다.

그리고 또 한 가지, 니시자와 교수는 유키히로가 지닌 성격의 특이성으로 '육아 이미지 빈곤'을 꼽았다.

대부분은 육아에 대한 이미지를 갖고 있기 마련입니다. 밝은 방에서 아이를 돌보고, 밥은 하루 세 번 잘 먹여야 한다는 식이지요. 하지만 유키히로에게는 그런 이미지가 매우 빈약해 보입니다.

식사의 경우 그 내용물은 둘째 치고 우선 하루에 두 번 주기만 하면 된다는 식이고, 외출도 한 달에 한두 번 공원에 데려가면 된다고 봤고, 아이와의 대화도 "밥 먹을래?", "응가?" 하고 묻는 것만으로 소통하고 있다고 여겼습니다. 그래서 '나는 육아를 제대로 했다.'고 생각한 거죠. 일반인과 상당한 차이를 보이는 지점입니다.

유키히로는 공판에서 몇 번이나 "리쿠를 사랑했어요", "생활은 제대로 했어요."라고 당당하게 말했는데 교수의 설명을 듣고 나니 그 대답엔 유키히로 나름의 진심이 담겼던 듯하다. 그의 왜곡된 성격은 의학적으로는 정신장애로 정의되지 않는다. 그러니 사회복지 차원의 어떤 생활 지원도 받을 수 없었다.

아미카가 가출한 지 2개월이 지나 연말이 되자 추위가 몰아닥쳤고 일도 바쁜 시기가 되면서 유키히로는 리쿠를 공원에 데리고 나가는 일을 그만두었다. 깜깜한 방에 갇힌 리쿠는 점점 근력이 약해져 걸어 다니는 일조차 할 수 없었다. 언젠가부터 리쿠는 유키히로가 돌아와도 이불 위에 앉아 기쁜 기색만 내비칠 뿐이었다.

그런 리쿠에겐 아빠와 함께 포르노 잡지를 잘게 찢어 눈송이처럼 흩뿌리는 일이 유일한 놀이였다. 잘게 잘린 사진 조각은 덧문 틈으로 비쳐 드는 빛에 반사되어 희미하게나마 반짝거렸을지 모른다. 유키히로가 종잇조각을 날리면 리쿠는 "꺅꺅!" 소리를 지르며 좋아했다.

이 놀이가 꽤나 즐거웠는지 리쿠는 유키히로가 나간 뒤에도 혼자서 종잇조각을 모아서는 공중에 던지며 놀았던 것 같다. 사건 발각 이후 어마어마한 쓰레기 더미 속에서 증거가 될 만한 물건을 선별하던 경찰은 잘게 찢은 종잇조각이 가득 든 페트병을 발견한다.

왜 구하지 못했나

집 안에서 이런 일이 전개되는 동안 아동상담소는 무엇을 했을까.

2004년 10월 7일 새벽 아쓰기 아동상담소는 경찰로부터 '미아'가 있다는 연락을 받고 리쿠를 보호했다. 그때 이 일을 접수한 직원은 리쿠의 엄마 아미카와 면담한 뒤 별다른 문제가 없다고 판단해 '일시보호'를 해제하고 '미아'라는 안건명 그대로 지역 담당자에게 인계했다. 5일 후에 열린 처우회의(가정을 어떻게 지원할지 결정하는 회의)에서 사이토 유키히로 가정을 지속적으로 방문하며 상황을 살피기로 했지만 그 결정은 실행되지 않았다.

왜 이런 사태가 벌어졌을까. 당시 아동상담소의 위기 관리 체계가 미흡했기 때문이다.

최근 10년 사이 수많은 아동 학대 사건이 표면화되고 사회적으로도 예방의 중요성에 대한 인식이 확대되면서 아동상담소의 근무 환경은 대폭 개선되었다. 인력 증원, 전문가 배치, 타 기관과의 연계 구축 등이 이루어졌다. 달리 말하면 [사건] 당시에는 모든 면에서 무엇 하나 제대로 정비되어 있지 않았다.

위기관리 면에서 보자면 리쿠를 일시보호 했을 당시 방임으로 보이는 행동을 확인할 수 있었고 이에 관한 소견도 남아 있어서 지금의 기준으로 보자면 학대 상황임을 쉽사리 판단할 수 있을 터였다. 하지만 2004년 당시에는 담당자의 판단에만 의존해 생모의 주장을 받아들여 미아 발생 사건으로 처리되었다.

만성적인 인력 부족 문제도 있었다. 아동복지사 한 명이 담당 지역의 150세대나 되는 가정을 관리했고 날마다 새로 접수되는 신고까지 대응했다. 그중에는 한눈에도 참혹한 폭력 상황이 그려지는, 증거가 명확한 학대 사건도 많아서 '미아'라고 처리된 리쿠의 안건은 후순위로 밀려 가정방문조차 이루어지지 않았다.

다른 기관과의 업무 연계 체제 구축도 미흡했다. 리쿠는 생후 3년 6개월에 건강검진을 받은 이후 정기검진을 받은 적이 없고 초등학교에도 입학하지 않았다. 하지만 아동상담소에는 그런 정보가 전달되지 않았다.

당시 아쓰기 아동상담소의 지역 담당자였던 아동복지사 시카야마 나오토(가명)는 이 모든 사항을 인정하면서 이렇게 덧붙였다.

결과적으로 참담한 사건이 일어나고 말았습니다. 하지만 그때의 판단이 잘못됐는지를 묻는다면 딱 잘라 말하기는 어렵습니다. 당시 아동상담소 체계에서는 어쩔 수 없는 부분도 있었다고 봅니다.

제대로 정비되지 않은 아동상담소의 어설픈 관리 체계

는 리쿠를 안전망의 성긴 그물코로 빠져나가게 만든다.

그렇다면 다른 누군가가 리쿠를 구할 수는 없었을까. 이를테면 생모인 아미카가 정말로 리쿠를 생각했다면 아이를 떠맡을 수도 있었을 터이다.

가출하고 몇 개월 후 집에 찾아온 적이 있는 아미카는 전기, 수도, 가스가 끊긴 집 안의 비정상적인 상황을 알아챘을 것이다. 아미카는 집에 "딱 한 번" 들렀다고 말했는데 유키히로는 "네다섯 번 왔었다."고 주장했다. 가출하고 4개월 후인 어느 겨울날 돌아왔던 일에 대해서만 둘의 말이 일치했다.

그날 아미카는 만화 카페와 찜질방을 전전하다가 "리쿠가 걱정"되어 집으로 돌아왔다. 여전히 아미카에게 화가 났지만, 유키히로는 일단 아미카를 집에 들어오게 하고 리쿠를 만날 수 있게 했다. 아미카는 오랜만에 만난 리쿠가 반가워 껴안고 말을 걸면서 한껏 귀여워했다.

이날 밤은 집에서 잤다고 하니 아미카는 집에 전기, 수도가 끊기고 쓰레기가 산더미처럼 쌓인 불결한 상태를 몰랐을 리 없다. 리쿠에게 애정이 있었다면 어떻게 해서든 데리고 나갔을 것이다. 하지만 아미카는 만났으니 이제 됐다는 투로 "쓰레기 좀 치워."라는 말과 함께 리쿠를 놔둔 채 다시 집을 나가 버린다.

재판에서 왜 리쿠를 그냥 두었는지 묻자 아미카는 이렇게 말했다.

계속 (리쿠를) 걱정했어요! 하지만 그때는 돈도 그렇고 살 곳도 없었고. 내가 애를 떠맡는 건 진짜 불가능했으니까! 나중에 돈 모아서 꼭 데려가 키워야지 했어요. 그건 전화로도 문자로도 (유키히로에게) 말했었어요!

살 만한 환경을 마련해 놓고 나서 리쿠를 데리러 오려 했다지만 실상은 달랐다. 아미카는 도쿄의 유흥업소에서 일하는 동안 씀씀이가 커졌고 유키히로에게까지 금전적 부담을 떠넘겼다.

그중 하나가 휴대전화 요금 납부였다. 집을 나간 뒤에도 아미카의 휴대전화 요금 청구서는 유키히로에게 날아왔다. 유키히로는 아미카의 요금까지 내지 않으면 가족 명의로 계약된 자신의 휴대전화가 해지될지 모른다는 생각에 꼬박꼬박 납부했다. 납부액은 아미카의 요금만 해도 매달 5만 엔쯤이었다고 하니 한 달 수입의 5분의 1에서 4분의 1을 차지했던 셈이다.

게다가 아미카가 진 외상값을 갚아야 했다. 아미카는 가출하고 몇 개월 후 "살아가기 위해, 리쿠를 데려오기 위해" 유흥업소에서 일했다. 그런데 앞날을 준비하며 돈을 모으기는 커녕 친구들과 함께 호스트 클럽에서 새벽까지 놀았다. 돈이 없어 술값을 내지 못할 때에는 건강보험증을 담보로 맡겨 놓고 도망치기도 했다.

어느 날 유키히로가 출근하자 상사가 호스트 클럽에서

어마어마한 청구서가 날아왔다고 알렸다. 아미카가 호스트 클럽에서 30만 엔어치나 쓰고는 건강보험증을 두고 갔다고 했다. 아미카의 본명으로 인터넷 검색을 하자 호스트끼리 정보를 공유하는 사이트에서 호스트 여럿이 아미카를 '미수'(돈을 안 내고 튀는 일) 상습범이라고 적어 놓은 걸 발견했다.

한번은 의료비 미납 청구서가 날아온 적도 있다. 도내 안과에서 유키히로 앞으로 청구서가 왔는데 무슨 일이냐고 물었더니 아미카가 치료비를 내지 않았는데 보험증 기록만 남아 있고 연락이 안 되는 상황이라고 했다. 또 한참 지나서지만 아미카는 2014년 사건이 발각된 당시에는 도쿄 도내에 유키히로 명의로 집을 빌리고 월세 250만 엔을 체납하고 도망간 상태이기도 했다.

호스트 클럽 외상도 안과 치료비도 유키히로가 모두 전액 납부했다는 얘기를 듣고 나는 아연실색했다. 상식적으로는 변호사에게 상담할 만한 내용이었지만 순순히 돈을 대신 냈다는 점에서도 유키히로가 지닌 '지극히 강한 수동적 대처 방식'을 엿볼 수 있다.

아미카가 떠넘긴 부채는 유키히로의 경제적 상황을 점점 압박했다. 유키히로의 한 달 지출은 이랬다.

식비 : 10만 엔
휴대전화 요금(두 명) : 7만~8만 엔
자동차 할부 : 2만 5000엔

소비자금융 부채 상환 : 2만 엔

월세 : 6만 엔

이것만 해도 한 달에 28만 엔 정도로 수입보다 많다. 이 밖에 의료비, 자동차와 오토바이 보험료, 유류비, 피복비 등 그때그때의 지출을 고려하면 때때로 상여금이 들어온다 해도 생활은 팍팍했을 것이다. 그러니 아미카에게서 날아오는 청구서가 유키히로와 리쿠의 생활을 얼마나 옥죄였을지 짐작할 만하다.

유키히로는 아무리 열심히 일해도 빈곤의 늪에서 허우적대고 집에 돌아오면 리쿠를 돌봐야 하는 현실에 지쳐 갔다. 2005년 봄 자기보다 여덟 살 어린 여성을 만난 유키히로는 마치 현실에서 도피하듯 사랑에 탐닉한다.

욕망과 죽음

모토아쓰기역 캬바쿠라■에서 그 여성을 처음 만났다. 이름을 나카야 하루나(가명)라고 밝혔다. 나카야 하루나는

■ 캬바레(카바레)cabaret와 클럽club의 합성어로 일본식 단란주점을 일컫는다. 화려한 드레스를 입은 여성 직원이 손님 옆에 앉아 함께 술을 마시고 대화를 나누는 술집이다.

고등학교를 졸업하고 미용전문학교에 다니며 파리 연수 겸 여행 경비를 마련하기 위해 밤에는 캬바쿠라에서 아르바이트를 했다. 하루나는 가게에 온 유키히로가 마음에 들었는지 곧바로 연락처를 교환했다.

며칠 후 유키히로는 하루나와 단둘이 술집에 갔고 그때부터 연인이 되었다. 유키히로는 자신이 독신이라고 속였고 아이가 있는 것도 숨겼다. 하루나는 그렇게 믿었다. 유키히로를 '유키탄'이라 불렀으며 둘 사이는 점점 더 깊어졌다.

일주일에 한 번꼴로 만났고 만날 때마다 러브호텔에 갔다. 오후 7시 무렵에 유키히로는 오토바이, 하루나는 자전거를 타고 와 아쓰기 시내의 러브호텔에서 이튿날 낮까지 함께 머물렀다. 호텔 숙박비와 식비 등 데이트 한 번에 1만 5000~2만 엔쯤 들었고 비용은 모두 유키히로가 냈다.

하루나는 법정에서 다음과 같이 진술했다.

유키히로와 편의점에서 술을 사서 호텔로 가기 일쑤였어요. 가끔 호텔에 가기 전에 술집에서 술을 마시기도 했고요. 그러고는 파친코에 가거나 게임 센터에서 스티커 사진을 찍거나 메달 게임▪을 했어요.

정말 자상했어요. 내가 디즈니랜드를 좋아하는 걸 알고

▪ 오락실용 게임의 한 유형으로 현금을 동전 모양 등의 메달로 교환해 다양한 게임을 즐길 수 있는 형태.

는 몇 번 데려가 준 적도 있고요. 함께 있을 때 폭력을 쓴 적은 한 번도 없어요. 크게 싸우거나 화를 낸 적도 없었고요. 자기 의견을 잘 표현하지 않는 편이었고 조용하고 성실한 사람이었어요.

아미카가 말하는 유키히로의 이미지와는 정반대이다. 유키히로는 상대가 화를 내면 감정적으로 치달아 손을 치켜들지만 상대가 상냥하면 자신도 다정해지는 유형일지도 모른다.

이 무렵의 유키히로에게 하루나는 어두운 현실에 비쳐 든 한 줄기 빛과 같은 존재였을 듯하다. 러브호텔에서 살짝 취기가 도는 상태로 시간을 함께 보내는 동안에는 집의 현실을 잊을 수 있었는지도 모른다. 하지만 유키히로가 현실에서 도피해 하루나에게 빠져들수록 리쿠가 홀로 어두운 집에서 보내는 시간은 늘어만 갔다. 오전 출근으로 새벽 4시에 나선 날에 데이트를 했다면 적어도 하루 하고도 반나절 넘게 집을 비우는 셈이 된다.

유키히로는 법정에서 "호텔에서 자는 날은 식사 세트를 많이 두고 나왔어요."라고 말했지만 페트병 뚜껑조차 열지 못하는 아이가 캄캄한 방에서 음식을 제대로 챙겨 먹었을 리가 없다. 기저귀는 똥오줌으로 뒤범벅되고 물에 젖은 이불도 방치되었다. 방이 덥거나 추워도 그저 참을 수밖에 없었다.

아미카가 가출한 지 1년이 지나도록 아동상담소뿐만 아

니라 친척조차 이런 상황을 눈치채지 못했다. 유키히로의 아버지는 집에서 차로 30~40분 걸리는 곳에 살았지만 사소한 일로 아들과 말다툼을 벌인 이후 사이가 나빠져 연락을 끊었다. 여동생과 남동생은 병든 엄마를 돌보는 것만으로도 벅찼다. 그 때문에 누구 하나 아미카가 집을 나간 일이나 리쿠가 혼자 방치된 일은 모르고 그저 잘 살겠거니 여겼다.

아미카는 여전히 행방이 묘연했다. 두세 달에 한 번 문득 생각난 듯이 "오랜만이야. 리쿠 잘 지내?"라는 식의 짧은 문자메시지를 보내기는 했지만 새 연인을 만난 유키히로는 아미카를 뿌리치듯 짤막한 답장을 보냈다.

"괜찮아."

"잘 지내."

아미카는 아미카대로 "리쿠 잘 지내는구나."라며 답장을 자기 편한 대로 받아들였다.

리쿠의 생활환경은 2006년 4월 하루나가 전문학교를 졸업한 무렵부터 더욱 악화된다. 하루나가 미용실에서 일하기 시작하면서 둘은 일주일에 두세 번 꼴로 만났다. 평일은 일을 마치는 저녁 8시에 러브호텔에 들어가 새벽 2, 3시에 체크아웃 하고 집에 돌아갔지만, 이튿날이 쉬는 날이면 숙박을 하고 낮까지 함께 있었다.

하루나는 유키히로와 앞날을 함께할 마음으로 이렇게 자주 만났던 듯하다. 하루나의 눈에 비친 유키히로는 다정하고 성실했으며 무엇보다 마음 편히 기댈 만한 사람이었다.

유키히로의 인간성에 대한 하루나의 생각을 들어 보자.

일하는 태도가 정말 진지하고 성실했어요. 비가 와도 몸이 안 좋아도 꼭 출근했어요. 꽤 바쁜 듯했지만 일 얘기는 별로 안 했어요. 한번은 회사 앞까지 같이 간 적도 있어요.

근무처의 상사인 아쓰기 영업소 소장도 비슷한 인상을 전했다.

사이토 씨는 한마디로 '성실한 직원'입니다. 지각, 조퇴, 결근을 한 적이 없어요. 고객과도 잘 지내서 근무평정은 늘 A였습니다. 근무평정은 상사가 네 단계로 나눠서 주는데 A를 받는 직원은 전체 직원의 20퍼센트 정도입니다.

자격증 공부도 하고 있었고 운행 관리자, 정비 관리자 등의 자격을 취득해 운전기사에서 주임으로 승진도 했고요. 다만 사내에 동료는 없었던 것 같습니다. 누군가랑 친하게 지내거나 마음 터놓고 얘기하기보다는 혼자 묵묵히 일하는 유형이었죠.

그해 가을이 되자 유키히로가 집에 들어오는 날은 이삼일에 한 번, 어떨 땐 일주일에 한 번으로 줄었다. 유키히로에겐 밖에서 하루나와 지내는 달콤한 시간이야말로 진짜 삶이었다.

2006년 10월부터 11월 사이 리쿠는 주먹밥과 빵을 먹는 횟수가 줄어들면서 앙상하게 말랐던 것으로 보인다. 유키히로는 "(어둠 속에서) 손전등으로 비추어 봤더니 괜찮았다", "말랐다거나 그러지 않았다."고 주장했지만 부검의는 이 말을 부정했다.

엑스레이상으로는 몸 전체가 까맣게 변색되었고 뼈 두께가 같은 연령 아동의 절반에도 못 미쳤습니다. 영양부족으로 뼈가 쇠약해졌기 때문으로 보입니다. 아마도 움직이지 못할 정도로 운동 능력이 퇴화해 있었을 겁니다.

다른 의사도 사체검안에서 '이수'羸瘦, '구축'拘縮[오그라듦]의 흔적을 발견하고 기아 상태였을 가능성이 높다고 말했다. '이수'는 뼈와 가죽만 남게 여위고 말라서 쇠약해진 상태, '구축'은 손발, 손가락 관절 등이 영양실조로 굳어지거나 휘어진 상태를 말한다. 사망 추정일이 이듬해[2007년] 1월이라고 나온 걸 보면 분명 이 시기에는 이수, 구축 등의 증상이 나타났을 것이다.

어쩌면 이때 유키히로가 리쿠를 병원에 데려가기만 했어도 최악의 사태는 막을 수 있었다. 유키히로는 방이 어두워서 알아채지 못했는지, 학대를 의심받을까 두려웠는지 아니면 현실을 직시하고 싶지 않아서 그랬는지 하루나와의 사랑에만 더욱 몰두했다.

12월 5일 리쿠가 죽기 약 한 달 전의 데이트가 이를 상징적으로 보여 준다. 유키히로는 하루나의 휴가에 맞춰 새벽 6시쯤 모토아쓰기역을 나와 디즈니랜드로 향했고 폐관 시간인 오후 9시까지 그곳에서 놀았다. 그때 찍은 스티커 사진에는 둘이 사이좋게 붙어 선 모습과 함께 하루나가 쓴 "영원히 함께하자."라는 메시지가 찍혀 있다. 운송 회사에 취직한 이후 처음으로 받은 유급휴가였다.

디즈니랜드에서 데이트를 한 지 한 달쯤 후 리쿠는 사망한다. 유키히로가 기억하지 못해 사망 날짜는 정확하지 않다. 경찰은 집에서 나온 2톤 남짓한 쓰레기 더미를 뒤지며 식품의 유통기한을 조사해 2007년 1월 중순이라고 추측했다. 유키히로가 리쿠의 죽음을 알아챈 때를 유키히로 본인의 진술에 기반해 재현해 보자.

그날 유키히로는 일을 마치고 집으로 돌아오는 길에 편의점에서 식사 세트를 샀다. 현관문을 열고 들어간 집은 여전히 어둡고 쓰레기와 기저귀에서 나는 악취가 진동하고 한기로 썰렁했을 것이다. 그는 문틈에 붙여 둔 접착테이프를 떼어내고 평소처럼 방문을 열었다.

이불 위에는 리쿠가 '티셔츠 한 장만 걸친 채' 누워 있었다. 유키히로가 돌아오면 기뻐서 뒤돌아봤는데 이날은 꿈쩍하지 않았다. 기척이 없어서 말을 걸며 '어깨 부근'을 만졌다. 리쿠는 미동도 하지 않았다.

유키히로는 상황이 심상치 않음을 느끼고 방에 있던 '손전등으로 비춰’ 봤다. 그러자 리쿠가 ‘눈을 뜨고’ 있다는 걸 알 수 있었다. 다시 한번 손을 뻗어 봤다. 숨을 쉬는 것 같지 않았다. ‘리쿠가 죽었다.’는 생각이 떠오른 동시에 ‘패닉’에 빠졌다. 유키히로는 그 이후의 일을 전혀 기억하지 못했지만 몇 시간 동안 어두운 방에 머물렀다.

정신을 차린 유키히로의 머릿속엔 ‘죽었다는 사실이 알려지면 체포된다.’는 생각이 퍼뜩 떠올랐다. 이는 하루나와 쌓아 온 관계가 무너지는 것을 의미한다. 시체를 그냥 두고 도망칠 수밖에 없다. 하지만 ‘방이 추워서 (리쿠가) 불쌍하다.’는 생각이 들어 옆에 있던 담요를 덮어 주고는 서둘러 집을 나왔다.

그 후로 유키히로는 집에 돌아가지 않았다. 차 안에서 자거나 하루나와 함께 러브호텔에서 잤다. 딱 한 번 집에 간 적이 있다. 일주일쯤 지난 어느 날 리쿠에 대한 죄의식을 떨칠 수 없어 장례만은 치러 주려고 마음먹었다.

보통의 부모라면 제 자식을 ‘묻어 주는 일’ 정도는 생각하는 법이다. 하지만 유키히로는 달랐다. 근처 편의점에서 크로켓 빵과 페트병에 든 주스를 사서 문을 열고 현관에 차려놓은 뒤 두 손을 모았을 뿐 다시 도망치듯 그곳을 빠져나왔다.

그날부터 7년 6개월이 흐르는 동안 유키히로는 그 집에 발길을 끊었다. 누구도 알아채지 못한 채 리쿠의 시체는 어두운 방에서 미라가 되어 갔다.

유키히로는 이후 어떻게 했을까.

리쿠가 사망하고 나서 5개월 후인 2007년 6월 하순 유키히로는 다른 집을 빌려 하루나와 동거한다. 차에서 지낼 수는 없었고 그렇다고 자기 명의로 집을 두 채나 빌리면 의심을 살 수 있다. 그래서 보증금, 수수료, 월세를 모두 낸다는 조건으로 하루나 명의로 집을 빌리고 함께 살림을 차린다. 새 집은 사건 현장이 된 노란색 연립주택에서 차로 30분 정도 떨어진 곳에 있었다.

유키히로는 월세 6만 엔을 매달 내면서까지 리쿠의 시체가 있는 집을 유지한 이유에 대해 "시체를 버릴 용기가 없었기 때문"이라고 했다. 그는 사건 이후의 심경을 다음과 같이 밝혔다.

(언제 들킬까) 늘 조마조마했어요. 리쿠에게도 '잘못했어', '미안해.'라는 마음이 들었고요. 나쁜 짓 하고 있다는 건 알았습니다. 한 번도 잊은 적이 없습니다. 일을 하는 동안에도 늘 리쿠가 생각났어요.

리쿠의 잔상이 머릿속에 눌어붙어 괴로웠다.

유키히로는 좁은 집에서 페럿[족제빗과 포유류]을 아홉 마리나 길렀다. 동물을 좋아하지도 않는데 그렇게나 많은 동물을 기른 건 위안을 받고 싶어서였을까. 혹은 리쿠 대신 작은 생명이라도 기르고 싶어서였을까.

하루나는 동거 당시의 유키히로에 대해 이렇게 말했다.

동거를 시작한 직후에는 아직 마음을 다 열어 주지 않는다는 느낌이 많이 들었어요. 자기 얘기는 절대로 하지 않았거든요. 뭔가 혼자 비밀을 품고 있는 듯한……. 본가에 대해서도 들은 적이 없고요.

　　밤에 잘 때면 자주 가위에 눌렸어요. 잠이 깨서 보면 (유키히로가) '윽' 하고 이상한 소리를 내고 있어요. 나중에 물어보면 "엄청 무서운 꿈을 꿨어."라고 했어요.

유키히로는 리쿠를 죽게 놔둔 뒤로 '살해당하는 꿈'을 자주 꾸었다고 말했다. 어느 날은 죄책감에 시달리다 '빨리 잡혔으면 좋겠다', '잡히면 편해지겠지.'라는 생각이 든 적도 있다고 한다. 혼자서 죄를 숨기고 살아가는 일에 지쳐 갔다.

이때 아쓰기 아동상담소의 대응은 계속 미뤄졌다. 초등학교 입학 전의 '취학 대상자 건강검진'을 받지 않았는데도 이 사실은 아동상담소에 통보되지 않았고 초등학교에 입학하지 않았다는 사실이 밝혀지고 나서야 가정방문이 이루어졌다. 하지만 집에 인기척이 없다며 "거주하지 않는 것 같음"이라고 보고됐을 뿐이다. 그 후 아동상담소가 가정방문을 할 때마다 '부재 중'으로 처리되었고 관심 대상 가정 일세 점검을 실시할 때도 조사 대상 목록에서 누락되었다. 이렇게 몇 년 동안이나 실상은 어둠 속에 꽁꽁 싸여 있었다.

리쿠가 열두 살이 넘어도 중학교에 입학하지 않자 교육위원회가 조사를 개시했다. 그러면서 사건의 전모가 드러났다. 2013년 12월부터 이듬해 1월에 걸쳐 유키히로의 소재 파악에 나선 담당자가 유키히로를 찾아내 리쿠가 어디 있는지를 물었다. 유키히로는 "아이는 엄마(아미카)와 도쿄 어딘가에 있다."고 거짓말을 한다.

교육위원회는 이 말을 듣고 아미카와 아미카의 본가를 조사했다. 아미카의 친척은 "두세 살 때 본 뒤로 한 번도 만난 적 없다."고 답한다. 그때서야 교육위원회는 사건 가능성을 의심해 경찰에 신고했고 리쿠가 행방불명인 사실이 드러난다. 경찰은 곧바로 본격적인 수사에 착수했다.

2014년 5월 30일 모든 일이 낱낱이 드러난다. 배송을 마치고 사무실로 돌아온 유키히로를 경찰이 기다리고 있었다. 경찰이 리쿠의 행방을 묻자 유키히로는 모른다고 답했지만 그 자리에서 임의동행에 응해 경찰서로 향했다.

경찰서 취조실에서 조사가 시작되었다. 잡히고 나니 차라리 마음이 편해졌는지 유키히로는 진상을 순순히 털어놓았다. 진술을 듣자마자 집을 찾아간 경찰은 방에서 백골이 된 리쿠의 시체를 발견한다.

시체는 1미터가 안 됐다. 미라가 되어 정확하지는 않지만 오래 감금된 채 생활한 탓인지 사망 당시 5세 8개월로 추정되는 리쿠의 키는 네 살 아이의 평균 신장에 불과했다.

판결 이후

2015년 10월 28일 나는 아침 일찍 차를 타고 요코하마 구치지소로 향했다. 다시 유키히로를 면회할 작정이었다.

6일 전 요코하마 지방재판소는 1개월여의 재판을 마치고 유키히로에게 '징역 19년'을 선고했다. 비슷한 사건에 비하면 무거운 형량이었다. 판사는 그 이유를 다음과 같이 설명했다.

상당히 쇠약해진 아들은 아무런 죄가 없음에도 유일하게 기댈 수 있는 존재였던 생부에게서 충분한 식사도 제공받지 못하고 목숨을 구하기 위한 그 어떤 조치조차 받지 못한 채 쓰레기에 파묻혀 불결하고 괴기한 환경에 방치되어 적어도 한 달 이상 장기간에 걸쳐 극도의 배고픔에 의한 고통을 느끼다 중증도의 구축에까지 이르러 목숨을 잃었습니다. 그 잔혹함은 상상을 뛰어넘으며 그 실상에 눈물이 멈추질 않습니다.

배심원 가운데 한 사람은 판결을 듣고 오열했다. 하지만 유키히로는 낯빛 하나 변하지 않은 채 묵묵히 듣고 있었다.

요코하마 구치지소 1층 면회 접수처에서 수속을 마치고 혼자 벤치에 앉아 기다렸다. 15분쯤 지나자 이름이 불러 노트랑 펜을 챙겨 면회실로 들어서니 유키히로가 아크릴판 너머에 앉아 있었다. 지난번과 똑같은 회색 티셔츠 차림이었다.

그는 내가 의자에 앉자마자 다짜고짜 차입差入을 넣어 줄 수 있는지 물으며 "초코파이, 가린토[일본의 전통 과자], 커피 사탕" 등 단 음식을 열거했다. 아이처럼 하나하나 손가락으로 꼽으며 말하는 걸 보니 오래전부터 생각했던 듯하다.

나는 일단 부탁한 것들을 메모하고 나서 면회 오는 사람은 없는지 물었다.

없어요. 아무도 안 와요.

— 가족도?
아버지도 동생도 온 적 없어요.

나는 법정과 자택에서 유키히로의 아버지를 만난 적이 있는데 그는 누구에게랄 것 없이 위압적인 말투를 썼다. 법정에서도 유키히로에게 강한 분노를 드러냈던 것으로 보아 사건이 발각되자마자 부자의 연은 끊겼는지도 모른다.

시간이 없어서 나는 재빨리 징역 19년이라는 판결에 대해 어떻게 생각하는지 물었다. 유키히로는 입을 살짝 삐죽거리며 대꾸했다.

충격이었어요. 너무 길지 않아요? 살인이라는 식으로 결론이 났지만 왜 그게 살인인지 모르겠어요. 의사도 리쿠의 시신을 실제로 보지 못했잖아요. 사진만 보고 살인이라니, 어떻게 그렇게 판단할 수 있냐고요?

— 그러면 리쿠는 왜 죽었다고 생각하십니까?
그건 나도 알고 싶어요. 난 정말 그 앨 사랑했고 할 일을 했으니까. 누구보다 리쿠를 가장 잘 돌봤으니까!

체포되고 판결에 이르기까지 변호사와 검찰은 유키히로에게 객관적으로 보면 당신이 한 일은 방임에 해당한다고 줄기차게 말했다. 그럼에도 유키히로는 판결이 나오고 나서도 일말의 의심 없이 계속 자신은 아이를 제대로 돌봤다고 믿었다.

혹시 무죄라고 생각했냐고 물었다. 유키히로는 고개를 갸웃거렸다.

어쨌든 집에서 죽었으니 죄가 없지는 않겠죠. 시신도 그대로 두었고. 그래도 기껏해야 7, 8년 정도일 줄 알았어요.

아이를 혼자 죽게 내몰고는 왜 7, 8년이라고 봤을까.

애가 죽는 일이야 흔하잖아요. 아닌가요? 어쩌면 내가 잘못했는지도 몰라요. 하지만 일부러 죽인 것도 아니고. 19년은 너무 길어요. 항소할 거예요. 재판 다시 할 거예요.

비록 사춘기 때 어머니와의 관계에서 형성된 '미숙함', '수동적 대처 방식', '망각 증세'와 같은 유키히로의 두드러진 성격 특성을 감안하더라도 리쿠가 캄캄한 쓰레기 집에서 굶어 죽은 과정을 생각하면 그의 책임은 막중하다. 하지만 그는 아직 그 사실을 마주할 수 없었다.

— 재판이 전부 이상하다고 말했는데 그중에서 특히 인정할 수 없다고 여기는 게 있나요?

걔.

그는 못마땅한 듯 말을 내뱉었다.

당연하죠. 걔가 제일 이상해요.

분에 못 이겨 입술이 떨리기 시작했다. 아미카 얘기다.

재판에서 걔가 한 말 들었죠? 다 거짓말이에요. 거의 다. 걔, 리쿠 키우는 게 귀찮으니까 나한테 내팽개쳐 놓고 사건을 전부 내 탓으로 떠넘기고 도망갈 작정인 거죠. 웃기지 말라 그래요.

다시 침이 튀었다.

왜 판사나 다른 사람들은 이상하다는 생각을 안 하는 거죠? 걔는 자기 좋을 대로 맘대로 사는데 왜 나만 교도소에서 그렇게 오래 있어야 하냐고요. 진짜 이상하다고요.

나는 2015년 10월 1일 제8차 공판에 증인으로 나온 아미카를 떠올렸다. 사생활 보호를 이유로 증인석에 칸막이를 세워 방청석에서는 아미카의 얼굴을 볼 수 없었다. 아미카는 답답한 대답만 되풀이했다.

처음에는 흐느끼는 목소리로 자기는 가정 폭력 피해자이며 가정 폭력에서 도망쳤을 뿐이라고 주장했지만 판사가 이치에 맞지 않는 점을 지적하자 반박하다가 나중에는 입을 다물어 버렸다. 방청객조차 몇 번이나 고개를 갸웃거렸으니 곁에서 듣던 유키히로가 분노를 느낀 것은 어찌 보면 당연하다.

이시이 씨, 사건에 대한 글 쓰는 거면 걔 얘기 써주세요. 그런 식의 재판으로는 사건에 대해 아무것도 알 수 없어요.

대답을 못 하고 머뭇거렸다.

진짜, 써주세요. 걔도 벌 받아야 해요.

이 사건으로 아미카를 법정에 세우고 이런저런 죄를 따

져 묻기는 어렵다. 아미카는 직접적인 가해자가 아니다. 하지만 사건을 파고들수록 아미카가 유키히로에게 죄를 뒤집어씌우고 자신은 아무렇지 않게 살아가는 게 아닐까 하는 의구심이 커졌다.

육아는 부모의 책임이며 어느 한쪽이 모든 책임을 짊어져서는 안 된다. 아미카의 가출은 사건의 발단 가운데 하나이다. 방임의 원인을 제대로 파헤치고자 한다면 아미카가 가출한 경위 또한 자세히 밝혀야 한다.

유키히로의 분노는 제쳐 두고라도 재판이 끝나도 사라지지 않는 의혹을 해소하기 위해 나는 의문투성이인 아미카의 족적을 좇아 보기로 마음먹었다.

아이를 낳아서는 안 되는 부부

도쿄 신주쿠에서 급행을 타면 오다큐선 모토아쓰기역까지 한 시간도 안 걸린다. 아쓰기시는 가나가와현 중앙부에 위치한 도시이다. 가나가와현의 번화한 주요 도시를 꼽자면 바다 근처로는 가와자키와 요코하마, 내륙 쪽으로는 아쓰기를 들 수 있다. 근처에 미 해군과 해상자위대가 공동으로 사용하는 항공기지가 있어서 거리에선 외국인을 흔히 볼 수 있다.

모토아쓰기역에는 대형 상업 시설이 들어서 있어 평일

대낮에도 북적댔다. 주변에 대학을 비롯해 교육 시설이 많아서인지 역 앞 로터리에는 쇼핑백을 든 중년에 섞여 학생으로 보이는 무리도 눈에 띈다. 젊은 층을 겨냥한 디저트 가게와 대형 서점도 보인다.

상점가를 조금 벗어나면 풍경이 확 바뀌어 통속적인 가게 간판이 나타난다. 왠지 스산한 상가 건물에는 층마다 핀사로, 헤르스* 등 다종다양한 유흥업소가 들어서 있고 가게 앞에는 검은 복장 차림의 남자들이 휴대전화를 손에 쥔 채 주위를 흘깃거리며 호객한다. 주간부와 야간부로 나눠 영업하는지라 호스트 클럽 간판은 대낮부터 반짝반짝 환하게 불을 밝힌다.

역 주변을 벗어나자 그런 소란함도 사라졌다. 택시를 타고 외곽으로 10분쯤 달리자 산과 숲이 이어지는 소박한 풍경이 펼쳐졌다. 기업의 거대 공장이 종종 눈에 띄었고 공장 주변엔 신흥 주택지가 들어서 있었다.

모토아쓰기는 도쿄의 베드타운이라기보다는 가나가와현으로 출퇴근하는 회사원과 공장 노동자가 많이 거주하는 곳이라고 택시 운전기사는 말한다.

2015년 11월 그날, 나의 목적지는 역 외곽에 있는 나라 마이(가명)의 자택이었다. 나라 마이는 2002년부터 2003년

■ 성적 서비스를 제공하는 일본 유흥업소 형태들로, 각각 핑크 살롱의 줄임말 및 헬스의 일본식 발음이다.

까지 패션헤르스 M에서 아미카와 일한 동료였다. 30대가 된 지금은 전업주부이다.

택시는 갓 지은 듯한 단독주택 앞에 멈췄다. 따듯한 오후, 나라 마이가 마중 나와 있었다. 청바지에 하얀 셔츠, 샌들을 신은 편한 차림에 화장기 없는 수수한 얼굴이다.

창문으로 비추는 햇빛 덕에 거실이 환했다. 거실에 놓인 아기 침대에는 생후 몇 개월 안 된 젖먹이가 숨소리를 내며 자고 있었다.

방금 잠들었어요. 이야기하는 중에 깰지도 모르겠네요.

방 안 공기에 젖 내음이 엷게 섞여 있다.

마이는 나를 테이블 의자에 앉게 하고 정면에 보이는 부엌에서 차가운 차를 준비했다. 귀여운 머그잔이 나란히 놓여 있다. 마이는 부엌에서 손을 움직이며 말을 꺼냈다.

아미카를 만난 건 리쿠가 아직 돌이 되지 않았을 때일 거예요. 친구가 사이토랑 아미카를 소개해 줘서 알게 됐어요. 마침 나도 첫애를 막 낳은 참이었고 아미카도 이쪽으로 이사 온 지 얼마 안 된 때여서 친구가 없었고. 애 키우는 엄마들이 금방 친해져서 시장도 같이 다녔어요.

아미카는 고등학생 때 가출한 뒤 곧바로 임신을 해서 운전면허가 없었다. 그래서 먼 곳으로 놀러 갈 때에는 마이에게 부탁해 같이 가곤 했다.

아미카는 그때 스무 살쯤이었을 거예요. 언뜻 보기에는 양키[일본에서 불량 청소년을 이르는 속어] 같은 느낌. 키는 160센티미터 정도에 좀 마른 편이에요. 용이랑 개 모양 자수가 들어간 추리닝을 자주 입었고 늘 키티가 그려진 건강용 지압 샌들을 신었어요. 또 한때 유행했던 프라다의 나일론 백팩 있잖아요. 그걸 매고 다니고.

유흥업소에서 일했으니 남성들에게 인기 있는 유형이었을까.

음. 그렇지는 않았던 것 같아요. 글쎄요, 그런 쪽은 아니었을 것 같은데. 아토피가 심하고 이마가 넓고. 쌍꺼풀이 없는 게 콤플렉스였는지 쌍꺼풀 테이프를 붙이곤 했어요. 아토피 피부에 맞지 않았는지 눈이 볼록 부어올라 속상해했죠. 특이하죠? 아무튼 엉뚱한 구석이 있었어요.

마이가 찻잔을 들고 와 테이블 의자에 앉았다. 아기 침대에선 아기가 조용히 자고 있다.

나는 유키히로와 아미카의 관계에 관해 물었다. 마이는 다리를 꼰 채 담담히 이야기를 이어 갔다.

사이좋았어요. 아미카는 사이토를 정말 좋아했던 것 같고 리쿠도 귀여워했어요. 자주 뽀뽀를 하면서요. 어린애들끼리 좋아서 사귀다가 그대로 결혼까지 했구나 싶은, 보고 있으면 왠지 흐뭇해지는 구석도 있었고요.

— 하지만 결국에는 가정이 무너지게 됐죠.
그렇게 된 건 아미카가 유흥업소에서 일하기 시작하면서부터예요. 그 전에도 둘이 싸우기는 했지만. 둘 다 야무지지 못했어요. 그렇지만 어찌어찌 잘 지내 왔죠. 그러니까…… 그러니까, 내가 그 가정을 무너뜨린 게 아닌가 싶은 죄책감이 들어요. 내가 리쿠를 그렇게 만든 게 아닌가 하는…….

무슨 말일까.

사실 제가 먼저 유흥업소 얘기를 꺼냈거든요……. 그래서 사건을 알고 나서부터 내내 후회했어요.

마이는 아미카와 있었던 일을 이야기했다.
마이가 아미카와 친해진 건 둘 다 어린애를 키우는 초보 엄마로 서로 도우며 지내고 싶어서였다. 마이가 아미카보다 세 살 정도 위였지만 무슨 말이든 편하게 나누는 관계였다고 한다.
둘이서 자주 시내의 레스토랑이나 쇼핑센터에 갔다. 아

미카는 쇼핑센터 안의 가게들을 온종일 둘러보는 걸 좋아했다고 한다. 특별히 뭘 사지는 않았고 그저 진열된 물건을 보고 즐겼다.

외출할 때면 아미카는 늘 리쿠를 안거나 유아차에 태워 데리고 나왔다. 하지만 마이가 보기에 아미카는 아이를 잘 돌보지는 못했다. 아미카는 말로는 리쿠가 귀여워 죽겠다면서도 모든 일에 자기가 우선이라 육아는 뒷전일 때가 많았다.

이를테면 식당에서 밥을 먹을 때 마이는 의식적으로 아이에게 먼저 밥을 먹이고 식기 사용법을 가르치곤 했지만 아미카는 이야기에 빠져서 10~20분 넘게 리쿠에게 눈길 한 번 안 주었다. 리쿠가 더러운 바닥을 기어 다녀도 쳐다보지 않았다.

아미카가 보기에는 사소한 일일지도 모르지만 이런 작은 일이 하나둘 쌓이다 보니 자랄수록 리쿠의 발달 지체가 두드러졌을 것이다. 재판에서 밝혀진 언어 발달 지체 말고도 여러 발달 지체 행동을 보였는데 식기에 입을 댄 채 밥을 먹고 컵을 어떻게 쥐는지 몰라 엎지르곤 했다.

아미카는 그런 리쿠를 야단치기만 할 뿐 자세히 가르쳐 주려고 하지는 않았다. 마이는 그런 아미카를 볼 때마다 '애를 잘 키울 수 있을까.' 하는 불안을 느꼈다.

유흥업소 아르바이트 이야기가 나온 건 2002년 말이었다. 수다를 떨다가 마이가 불현듯 말을 꺼냈다.

"요즘 시간도 많은데 업소에서 일이나 해볼까."

별 뜻 없이 한 말이라 금방 다른 화제로 넘어갔다.

하지만 집안일에 흥미를 잃은 채 툭 하면 유키히로와 싸우던 아미카는 그 말이 마음 깊이 남았는지도 모른다. 몇 주가 지난 뒤 아미카가 느닷없이 말을 꺼냈다.

"그때 업소에서 일하고 싶다고 했잖아? 그래서 좀 알아봤는데 모토아쓰기역 앞에 새로 오픈하는 M이라는 가게에서 신입 스태프를 모집한대."

고수입 아르바이트 구인 사이트에서 봤다고 했다. 아미카는 이미 가게에 가서 면접을 봤다면서 이렇게 덧붙였다.

"가게에 가서 점장이랑 얘기해 봤거든. 연수(점장이 현장에서 성적 서비스를 가르치는 일)도 없으니까 편하고 안심도 되고. 같이 일해 보자."

"애는 어떻게 하고?"

"가게에서 시설을 소개해 준대. 거기다 맡기면 돼."

당장 일할 기세였다. 말려 본들 듣지 않을 터였다.

마이는 다른 아르바이트가 아니라 왜 유흥업소인지 물었다. 아미카의 대답은 이랬다.

"나, 빚이 있어. 유찌(유키히로) 거. 그러니까 업소에서 일하고 얼른 갚아 버리려고. 응, 하자."

마이는 그 말을 믿었고 자기가 먼저 꺼낸 말이기도 해서 M에서 같이 일하기로 했다.

M은 모토아쓰기역에서 걸어서 몇 분 거리의 상가 건물에 있었다. 가게 안에는 부스가 일곱 개 있었고 각각 침대가

놓여 있었다. 직원이 남성 손님을 공용 샤워실로 안내하고 몸을 씻은 뒤 부스로 돌아와 입이나 손을 써서 손님이 사정하게 이끄는 식이었다. '진짜'[성관계]는 엄격히 금지되어 있다. 가게 오픈 당시 여성 스태프는 네 명이었다.

마이는 아이가 어리기도 해서 오후 2, 3시쯤 일을 끝내기로 했다. 하지만 아미카는 비인가 사설 보육 시설인 N에 리쿠를 맡겨 놓고 매일같이 밤 12시 폐점할 때까지 일했다. 가게 입장에서는 그런 아미카를 가게의 보물인 양 애지중지했다. 아미카도 기대에 부응하고자 가게에서는 활달하고 유쾌하게 행동했다.

어느 날 마이는 아미카에게 업소 일을 어떻게 생각하냐고 물어봤다.

"나, 유키히로 말고 다른 남자랑 해본 적 없거든. 그래서 이렇게 다양한 남자랑 만날 수 있는 게 너무 좋아!"

아미카는 업소 일을 하는 동안 자신을 원하는 이들을 보며 기쁨을 느꼈을지도 모른다.

업소 일을 시작하고 얼마 후 아미카는 유키히로의 폭력 때문에 괴롭다며 마이에게 고민을 털어놓는다. 아미카는 종종 "집에서 얻어맞았다", "발로 차였다."고 말했고 몸에 남아 있는 멍을 보여 주기도 했다. 업소에서 일하는 걸 들켜 사이가 나빠졌다는 시기와 겹쳤다.

마이는 아미카의 말만 들었기 때문에 아미카를 편들며 집에 숨겨 주거나 중재해 보려고도 했다. 아미카와 유키히로는 화해했다가도 집으로 돌아가면 다시 싸웠다. 똑같은 일이 반복되자 마이도 질릴 대로 질려 이혼을 권했고 아미카와 같이 시청에 가서 이혼 신고서를 받아오기도 했다. 하지만 이혼 얘기는 어느새 흐지부지됐다.

그러다가 아미카와의 관계가 갑작스럽게 끊겼다. 2003년 봄부터 연락이 되지 않았다. 수시로 만나 얘기를 들어주고 감쌌는데 아무 말 없이 사라지더니 전화를 해도 받지 않았다. 무슨 일이 있었는지는 알 수 없었지만 자기를 피하는데 집까지 찾아가 확인하는 것도 내키지 않아 마이도 그 후로는 연락을 하지 않았다.

마이는 차를 한 모금 마시고 말을 이었다.

연락을 그만둔 건 아미카를 포기하고 싶은 마음이 커서였을지도 몰라요. 솔직히 이제는 받아 주고 어쩌고 하는 게 힘들다고 느꼈거든요……. 아미카는 업소 말고 편의점에서도 아르바이트했잖아요. 그때 그 애가 "매일 아침 아르바이트 갈 때 리쿠가 헤어지기 싫다며 울어."라고 말했는데, 그러면서도 아미카는 자기 하고 싶은 대로 했어요. 그래서 난 "그럼 안 되지. 리쿠가 불쌍해. 아르바이트 그만둬!"라고 화를 냈지만 끝까지 말을 듣지 않았고, 리쿠를 계속 내팽개쳐 두다시피 해서. 이젠 이 애한테 무슨 말을 해도 안 되겠구나 싶어 거의 포기했죠.

창밖으로 이웃집 정원에 핀 주황색 금목서 꽃이 보였다. 마이는 머그잔을 양손으로 감싸듯이 쥐고 한숨 섞인 목소리로 말을 이었다.

난, 아미카랑 사이토는 아이를 낳아서는 안 되는 부부였다고 봐요. 그 두 사람은 헉하고 입이 다물어지지 않을 정도로 미숙하고 옆에서 보고 있으면 "밥을 해먹이기는 하지?", "기저귀 갈아 주는 거 맞아?"라고 묻고 싶은 수준이었어요. 사이토는 늘 멍하니 있을 뿐 별생각이 없는 듯했고 아미카는 처음에는 열심히 하려고 했지만 결국 이상해졌고. 보통 사람들이라면 그래도 부모로서 최소한의 책임감이 있어서 본가라든가 주민센터라든가 어디든 도움을 청해 어떻게든 아이만은 지키려 하잖아요. 그런데 그 두 사람은 마치 사슴벌레 키우다 말듯이 손을 놓아 버리는 거예요.

두 사람을 아는 사람들은 다들 입을 모아 둘을 '미숙'하고 '어리숙하다'고 했다. 이번 사건은 초등학생이 곤충채집통에 곤충을 넣어 기르다 흥미를 잃고는 거들떠보지 않게 된 일과 같은 걸까.

그 두 사람, 딱 봤을 땐 정말 평범해요. 뭔가 아주 불량해 보이는 인상도 아니고. 아미카도 애였고 사이토도 열심히 일했잖아요. 그래도 사고방식이나 상식, 애정을 표현하는 방

식, 모든 게 조금씩 어긋나 있었어요. 그런 약간의 차이가 확
커진 거죠. 그래서 언뜻 보기에는 평범한 부부인데 엄청난
일을 저지르고 말았죠. 이번 사건은 그렇게 해서 일어난 게
아닐까요.

잠들어 있던 아기가 꿈틀대는가 싶더니 작은 소리로 울
기 시작한다. 마이는 부엌에 놔둔 젖병을 들고 다가가 아기
를 안아 올린다. "오우, 오우, 일어났구나."라며 젖병 젖꼭지
를 아기 입술에 갖다 댄다. 아기는 울음을 그치고 얌전히 분
유를 먹기 시작한다. 방에 젖 내음이 퍼진다.
마이는 아기를 안은 채 말한다.

아미카도 사이토도 그런 사람이라서 역시나 싶은 부분이 있
었어요. 다른 집 같았으면 주위에서 눈치채고 말렸겠지만
이번 사건은 말려 줄 사람이 없었던 거죠.

보육 시설 N은 방임을 알아채지 못했을까.

N은 아주 개판이었어요. 나도 딱 한 번 갔었는데 어찌나 황
당한지, 연립주택에 있는 집 하나를 빌린 곳이에요. 아마 비
인가였을 거예요. 거기에 업소 다니는 엄마들이 맡겨 놓은
애들만 서른 명 정도 바글바글 누운 채 방치되어 있었어요.
언뜻 보기에도 저건 정말 아니다 싶어서 난 바로 되돌아 나

왔거든요. 그런 시설에 애를 맡기는 부모도 어이가 없지만 거기 직원도 너무 이상했어요.

일단 어둠의 세계에 발을 들이면 나락으로 굴러떨어지는 외길만 존재하는 양 주위 환경은 점점 악화되고 당사자의 감각은 마비된다. 아미카는 그런 상태에 빠져 있었을지도 모른다.

나는 주머니에서 민트 사탕을 꺼내어 입에 넣었다. 창밖으로 보이는 맑게 갠 하늘에는 비행운이 또렷했다.

아미카가 한 달에 얼마나 벌었는지 마이에게 물었다.

M에서는 한 번(손님 한 명) 5000엔이 기본. 파리 날리더라도(손님이 없더라도) 시급이 1200엔 정도였어요. 아미카처럼 일하면 하루에 2만~3만 엔은 벌었을걸요.

M에서 받는 돈만 해도 한 달에 40만~50만 엔. 여기에 편의점 아르바이트로 버는 돈 10만 엔 정도가 추가된다. 재판에서 밝혀진 유키히로의 부채는 수십만 엔으로, 대신 빚을 갚는다고 해도 한두 달 만에 갚을 수 있었다.

생활은 괜찮았던 것 같아요. 아미카는 씀씀이가 헤프지 않았으니까. 늘 비슷한 차림이었고 자동차가 없으니 어디 밖으로 놀러 다닐 수도 없었고. 술도 그다지 잘 마시지 않았고. 게

다가 그렇게 장시간 일을 했으니 놀 시간 자체가 없었죠. 그래서 나도 걔가 왜 그렇게 일에 매달렸는지 모르겠어요.

나는 하늘을 올려다봤다. 아무리 일이 재미있다지만 잘 시간조차 거의 없었으니 체력적으로 무척 힘들었을 터이다. 그렇게까지 일에만 집착한 다른 이유가 있었을까.

분유를 다 먹인 뒤 트림을 시키려고 마이는 아이의 등을 곧추세우고 가볍게 두드렸다. 아이는 기분이 좋은 듯 마이의 어깨에 머리를 얹은 채 엄마의 움직임에 몸을 맡겼다.

그러고 보니 아미카랑 연락이 끊기기 직전에 "이제 업소 그만두고 리쿠랑 같이 하코네 본가로 돌아가."라고 충고했었어요. 사이토한텐 기댈 수 없고 아미카도 그런 생활을 하다 보니 집이 엉망진창이 됐잖아요. 이러다간 리쿠한테 안 좋겠다 싶었어요. 아미카는 내 말을 전혀 듣지 않았어요. "엄마랑 사이도 안 좋고 여동생이 수험생이라 안 돼."라고 핑계를 대면서요. 그때 강제로라도 본가에 돌아가게 했다면 리쿠는 죽지 않았을지도 모르겠네요…….

마이는 아이의 등을 두드리면서 고개를 떨궜다.
입안의 민트 사탕이 차가웠다. 나는 마지막으로 아미카가 가출한 이유를 아는지 물었다.

모르겠어요. 나랑은 그 전에 끝났거든요. 하지만 그런 생각을 해요. 왜 그렇게 쉽게 리쿠를 버렸을까.

어느새 아기는 마이의 어깨에 턱을 얹은 채 눈을 감고 잠이 들었다. 가벼이 몸을 흔드는 엄마의 몸짓에 취해 다시 잠에 빠져든 모양이다.

창으로 비쳐 든 햇살이 투명하기 그지없는 뽀얀 피부를 어루만진다. 아기를 안은 마이의 모습을 보고 있자니 같은 환경에서 일했는데 마이와 아미카는 무엇이 어떻게 달랐을까 하는 상념에 사로잡혔다.

유흥업소에서 일할 때

유흥업소가 빽빽이 자리한 모토아쓰기 거리는 요란한 네온사인 불빛에도 불구하고 해가 지자마자 으스스한 적막에 휩싸였다.

낮에는 역으로 향하는 지름길로 정장 차림의 사람들이 빈번히 지나다니지만 음산한 공기에 휩싸이는 밤이 되면 일반인은 걸음을 하지 않는다. 드문드문 사람이 보이다가도 금세 목적지인 가게로 사라졌다. 삭막한 밤 풍경 속에 가게에서 흘러나오는 묘한 리듬감의 음악만이 나직했다.

'핀사로 H'는 거리 한 모퉁이 건물에 위치해 있었다. 비좁고 지저분한 엘리베이터에서 내리자마자 정면에 접수대가 보였고 검은 옷을 입은 40대로 보이는 남자가 손님을 맞았다. 오후 9시 반 나는 이 가게의 끝에 있는 3.3제곱미터 남짓한 좁은 대기실에서 주인인 스즈키 가쓰야(가명)와 마주 앉았다. 2015년 11월의 일이다.

스즈키는 과거 아미카가 일하던 패션헤르스 M의 점장이었다. 나는 그가 수년 전에 패션헤르스 M을 핀사로 H로 새롭게 단장해 운영하고 있다는 사실을 알아내 취재 요청을 했다. 응하지는 않겠지 싶으면서도 혹시나 해서 가게 스태프에게 사정을 설명하고 명함을 두고 나왔는데 곧바로 스즈키가 직접 전화를 걸어 만나자고 했다.

대기실과 가게 안을 나누는 건 커튼 한 장뿐이었다. 커튼 저편에선 천장에 달린 미러볼이 돌고 중저음의 댄스음악이 공기를 가른다. 두 줄로 나란히 놓인 소파는 전부 여덟 개. 그곳에 앉은 남녀는 나체나 다름없는 상태로 서로의 몸을 더듬었다. 커튼을 쳐도 그들이 내는 소리가 대기실까지 흘러들어 온다.

큰 키에 모델 같은 풍모의 스즈키는 검은 브이넥 셔츠와 재킷을 입었다. 40대 초반 정도로 보인다. 스즈키는 스태프에게 캔 커피를 가져오라고 시킨 뒤 재킷을 벗고 담배에 불을 붙이고 나서야 입을 열었다.

사건 보도에서는 걔(아미카) 이름이 나오지 않았잖습니까.

그래도 난 늘 걔를 집까지 데려다줘서 뉴스에 나오는 집을 보고 '아, 걔가 그랬군.' 하고 바로 알았어요.

유키히로처럼 아미카를 '개'라고 부르는 게 마음에 걸렸다. 스즈키는 담배 연기를 내뱉으며 말을 이었다.

댁이 찾아봤듯이 2002년에 M을 개점한 게 맞아요. 걔는 그때 오프닝 스태프. 그때는 이 주변에 그런 업소가 하도 많아서 경쟁이 치열했거든. 하루하루가 힘들었어요. 그런 와중에 개가 아침부터 밤까지 가게를 지켜 줬으니 도움을 받았다면 받은 셈이죠.

표정이 일그러지더니 스즈키는 잠시 뜸을 들였다.

그렇지만 악질 중에 악질이었어요. 난 오랫동안 이 바닥에서 일했지만 그렇게 지독한 애는 손에 꼽아요. 대개 이 바닥에선 이름까지 기억 못 하거든. 그런데 걔한테선 너무 큰 충격을 받아서 도저히 잊을 수가 없어.

20대 무렵부터 유흥업소에서 일한 그가 이렇게 말할 정도면 보통내기는 아니었던 듯하다. 난 아미카가 어떤 성격이었는지 물었다.

악랄한 짓만 골라서 대놓고 하는 애였어요. 사람 안 가리고 막 덤비는 그런 애.

스즈키가 보기에 아미카는 결코 남자들이 좋아할 만한 유형은 아니었다고 한다. 밋밋한 얼굴에 목과 팔에는 아토피피부염이 도드라졌고 마른 체형에 궁색해 보이는 인상이었다. 그다지 육감적인 매력은 없었다고 한다.

하지만 아미카는 다른 스태프들보다 열심히 일했고 서비스 정신도 투철해 손님들에게는 평판이 나쁘지 않았다. 스물한 살이라는 젊음도 한몫했으리라. 게다가 겨우 네 명인 오프닝 스태프 가운데 개점부터 폐점 시간까지 매일같이 일한 사람은 아미카뿐이니 상대한 손님 수만 따지면 당연히 넘버원이었다.

스즈키는 가게에서 매일 풀타임으로 일하는 아미카가 고마워 처음 찾아온 손님을 아미카에게 우선 배정했다. 아미카도 살면서 처음으로 누군가가 나를 필요로 한다는 벅찬 감정을 느꼈고 가게의 핵심이자 최고 직원이라는 자부심도 있었다. 종종 과자와 주스를 챙겨 동료들에게 나눠 주거나, 스즈키가 바빠서 접수대를 비우지 못할 때에는 도시락을 사다 주기도 했다. 손님이 없어 한가한 날은 우스갯소리를 하며 분위기를 띄우는 역할을 자처했다.

매일 밤 가게 문을 닫고 나면 스즈키가 아미카를 차로 집까지 데려다줬다. 그때마다 역 근처 연립주택 2층에 있는 보육 시설 N에 들렀다. 아미카에게 안긴 리쿠는 자고 있거나 잠이 깨서 울거나 했다.

아미카는 스즈키가 편해졌는지 가게에서 둘만 있을 때나 차 안에서 개인적인 이야기를 자주 했다. 자신이 하코네에서 온천 료칸을 운영하는 이름 있는 가문 출신이라는 사실과 명문 여학교에 다녔던 일을 자랑스레 이야기하던 모습을 스즈키는 아직도 기억했다.

남편 얘기를 꺼낸 적도 있었다. 어느 날 유키히로의 사진을 보여 주며 "이게 우리 남편이니까 만약 가게에 찾아오면 절대로 나한테 붙이지 마."라고 말했다고 한다. 업소에서 일하는 걸 들켜 사달이 났던 때인지도 모른다. 사진으로 본 20대 초반의 유키히로는 단정해 보였다고 한다.

어느 날 아미카가 얼굴에 푸른 멍이 든 채 출근했다. 깜짝 놀라 왜 그러냐고 묻자 남편이 때렸다고 했다. 그 이후로 비슷한 일이 생길 때마다 유키히로에게 맞았다는 사연을 듣게 되었고 "이혼하고 싶은데 어떻게 하면 돼요?" 등의 말을 한 적도 있다고 한다.

거기까지 말하고 나서 스즈키는 담배를 비벼 끄고 곧바로 새 담배에 불을 붙였다. 좁은 대기실이 담배 연기로 자욱했다. 바닥과 벽이 군데군데 벗겨져 있었다.

처음 얼마간은 걔, 본성을 숨겼어요. 나도 좋은 애라고 착각했고. 가면이 벗겨진 건 가게가 점차 자리를 잡아 여자애가 하나둘 더 들어오면서부터였어요. 손님 회전이 빨라져서 새로운 애들이 계속 들어왔죠. [아미카는] 본래 그렇게 매력적이진 않았으니까 신입에다 이쁜 애들이 들어오니 단박에 밀린 거지. 랭킹도 훅 떨어지고. 그게 짜증이 났는지, 다른 애들을 질투하며 못살게 구는 거야. 최고참으로 가게를 끌어왔다는 자부심이 있었으니 더욱 심했지.

어떻게 못살게 굴었다는 걸까.

닥치는 대로, 정말 닥치는 대로 했어요. 이를테면 H라는 여자애 가방에서 물건을 훔치잖아. 그게 들킬 것 같으면 "W가 훔쳤어."라고 뻔뻔하게 거짓말을 나불거리고. 나한테 "쟤, 손님이랑 진짜 하는 거 봤다", "쟤는 가게 밖에서 손님이랑 만났다." 등등 있지도 않은 일을 고자질하기도 하고. 상대를 밀어내려 했던 거야. 진짜 지독했어요.

가게에서 일하는 여성은 모두 피해를 당했다고 한다.

걔를 제치고 넘버원이 된 가요(가명)라는 애가 가장 심하게 당했어요. 걔, 가요가 가게에 막 들어왔을 때에는 선배 노릇한답시고 친절했는데 자리를 뺏기자마자 돌변해서는 별짓다 했어. 휴대전화를 맘대로 엿보고 문자 내용까지 확인하고. 맞다, 맞다, 나랑 가요가 사귄다고 소문도 냈다니까. 질투의 화신이 따로 없었지.

커튼 바로 뒤쪽 소파에서 남녀가 서로를 핥는 소리가 들린다. 2미터 남짓한 거리였다. 스즈키는 손님이 내는 소리에는 전혀 신경 쓰지 않고 담배 연기를 뿜으며 말을 이었다.

가게 애들 모두 걔가 얼마나 못됐는지 알게 됐거든. 하는 짓이 하도 서툴고 바보 같았으니까 다들 쉽게 눌러 버렸지. 아무도 말을 안 걸고 따돌렸어. 나도, 걔는 위험한 애니까 가까이 하지 말라고 했을 정도니까.

왜 해고하지 않았을까.

지금 생각해 보면 정 때문. 어쨌든 가게 오픈하고 가장 힘든 시기에 도와준 빚이 있으니까. 또 애를 한밤중에 시설에 맡기면서까지 일하지 않으면 안 되는 사정이 있나 보다 싶기도 했고. 하지만 그게 결국 탈이 났지. 걔를 오냐오냐 봐주다 보니 나중엔 가게까지 힘들어지게 생긴 거야.

아미카의 거짓말은 점점 심해져만 갔다.

M은 개인실에서 일대일로 하는 거거든요. 걔, 샤워 끝내고 손님이랑 방에 둘이 있으면 2, 3분도 안 돼서 벽을 탕탕 두

드리면서 "손님이 진짜 해버렸다!"라고 외치며 소란을 피우는 거야. 나야 그 말 믿고 규정을 위반한 손님을 내쫓을 수밖에 없고. 그런데 그렇게 소동을 피우는 게 태반이 거짓말이었더라고. 개인실에 들어가자마자 진짜 해버렸다고 하면 아무것도 안 하고 돈만 챙길 수 있거든. 걔, 그렇게 해서 편하게 돈을 벌려 했어. 한두 번이야 괜찮지만 계속 똑같은 짓을 하니 소문이 났는지 U라는 유흥업소 관련 잡지에 "아쓰기의 문제 많은 황당한 가게"라고 기사가 난 거야.

스즈키는 담배 연기 속에서 당시를 떠올리며 불쾌한 듯이 말했다.

정말 어떻게 할 수 없는 애였어. 나도 더는 참을 수 없어서 손님이 오면 다른 애한테 다 돌렸지. 그러니 자기가 따돌림 당한다는 걸 알아챘겠지. 그래서 걔는 그만두었고.

스즈키는 다리를 떨었다. 나는 아미카가 가게를 어떻게 그만두었는지 물었다.

무단결근이야, 무단결근. 정말 갑자기. 나야 뭐 잘됐다 싶어서 그냥 내버려뒀고.

— 언제쯤이었나요?

언제지……. 걔가 우리 가게에 있던 게 1년 반에서 2년 정도? 그러니 계산해 봐요.

2002년 말 오픈하자마자 시작해 2년쯤 했다면 2004년 10월 유키히로와 리쿠를 두고 자취를 감춘 시기와 겹치는 듯하다.

아마도 아미카는 M에서의 일에 집착한 나머지 가정을 전혀 돌보지 않았던 것 같다. 집이 점점 엉망진창이 되고 부부 관계가 돌이킬 수 없게 악화되어도 아미카는 업소 넘버 원이라는 자신감에 뭐든 혼자 해나갈 수 있다고 생각했는지도 모른다. 하지만 아미카는 가게에서 설 자리를 잃는다. 구석에 몰린 아미카의 선택은 가출이었고 결국 모든 것을 버리고 아쓰기를 떠난 게 아닐까.

여기서 한 가지 의문이 남는다. 아미카는 그 후 어디로 갔을까. 나는 공판에서 그녀가 말한 '니시신주쿠에 사는 자살하려던 동료'의 존재를 스즈키에게 물었다. 스즈키는 담배 연기에 컥컥대며 실소했다.

그런 애가 있을 리가 없지. 신주쿠에 널리고 널린 게 이런 업소인데 왜 니시신주쿠에서 한 시간이나 걸리는 모토아쓰기까지 와서 헤르스에서 일을 하겠냐고. 우리 가게에서 일하는 애들은 다 이 근처 애들뿐이에요.

— 그래도 공판에서 아미카는 그렇게 증언했습니다.

거짓말, 당연히 거짓말이지. 걘, 입만 열면 거짓말이었으니까. 뻔하지. 남자 집에 놀러 갔겠지. 그래도 재판에서 그렇게 말하면 정신 나갔다는 소리나 들을 테니까. 그래서 니시신주쿠 친구네에 갔다고 거짓말한 거지.

집에서도 가게에서도 마음 둘 곳을 찾지 못한 아미카가 밖에서 남자를 사귀었을 가능성은 크다. 유키히로가 봤다는 휴대전화 문자로 성적인 대화를 주고받았다던 상대가 떠올랐다. 만약 남자에게로 갔다면 리쿠를 집에 내버려두고 나간 것도 이해가 간다. 그날 아미카는 모든 걸 버리고 새로운 사람과 인생을 다시 시작하려 했던 게 아닐까.

스즈키가 담배를 껐다. 피가 머리로 쏠리는지 이마에 땀이 맺혀 있었다. 스즈키는 다시 담배 한 대를 꺼내며 말했다.

생각난 게 하나 있는데. 걔, 무단결근하고 몇 개월 지났을 때 갑자기 가게에 찾아와 난리를 쳐놨어요. 그날 난 볼일 있어서 다른 스태프에게 가게를 맡기고 외출했었거든. 그랬더니 스태프가 전화해서는 "아미카가 친구를 데리고 가게에 들어와서 난리 치는데 어떻게 해요?"라는 거야. 걔, 가게에 복수할 작정이었겠지. 일부러 내가 없는 때를 노리고 친구 몇 명 데려와 자기가 이 가게를 이렇게 키워 놓은 거라고 떠벌렸다데. 미친. 내가 달려왔을 땐 도망치고 없었어.

가게 안 스피커에서 손님에게 서비스 종료 시간을 알리는 스태프의 목소리가 흘러나왔다. 잠시 후 커튼 너머의 손님들이 옷을 입고 일어나 가게 출입구로 걸어가는 소리가 들렸다. 다른 소파에서는 여전히 누군가가 뒤엉켜 소리를 냈다.

스즈키는 캔 커피를 한 모금 마시고 몇 대째인지 모를 담배에 불을 붙였다.

이번 사건이 뉴스에 났을 때 리쿠 사진이 나왔잖아. 난 M을 오픈하고 나서 2년 가까이 매일 리쿠를 집까지 데려다줬으니까 그 얼굴 똑똑히 기억해. 마루코메군[일본 식품 회사 마루코메의 마스코트] 같은 진짜 귀여운 아이였는데.

실내는 담배 연기로 자욱했다.

난, 이혼을 했지만, 애가 있어요. 그러니 그 또래의 애가 얼마나 부모를 찾고 따르는지 알아. 그렇잖아, 아이한테는 부모밖에 없잖아. 애를 그런 식으로 죽게 하다니⋯⋯.

— 아미카에게도 책임이 있다는 뜻인가요?
남편도 형편없는 쓰레기 같은 놈이고. 인간이 아니야. 그렇지만 맨 처음 버린 건 그 여자 쪽이지. 남자가 일하면서 혼자 애 키운다는 게 가능하겠냐고. 걔는 그걸 알면서도 집을 나갔는데, 아무런 벌도 받지 않고 맘대로 하고 다니잖아. 판사든 경찰이든 멍청이들이야.

스즈키는 하고 싶은 말이 많은 듯 쉼 없이 떠들었다.

걔 성격 아는 인간은 다들 그렇게 생각할걸. 내가 단언하건 대 걔, 절대 이 사건에 대해 별생각 없을 거야. 어쩌면 걔가 가출이 아니라 자살하는 게 나았을 거야. 그러면 아이는 구할 수 있었을지도 모르지.

스즈키의 이마에 맺힌 땀이 뺨을 타고 흘러내렸다. 분명 스즈키는 아미카에 대한 분노를 누군가에게 털어놓고 싶어서 내 취재에 응했던 듯싶다.

커튼 반대편 소파에 다시 직원의 안내를 받은 새 손님이 자리를 잡았다. 가게 안에 방송이 나오고 잠시 후 샌들을 끄는 듯한 소리가 가까워지더니 코맹맹이 목소리로 "안녕하세요."라고 인사하는 소리가 들린다. 스즈키는 다리를 꼰 채 씁쓸한 얼굴로 담배 연기를 내뱉었다.

하코네의 유서 깊은 료칸

11월 중순 단풍으로 물든 하코네는 마을이 온통 불타는 듯했다. 겹겹의 산 위를 새들이 유유히 날아간다. 하나가 울면 다른 하나가 응답하듯 울고 그 소리가 겹쳐 쌓이며 주위에 퍼져 갔다.

이날 나는 하코네 숲속의 한 료칸에 묵었다. 아미카의 본가가 운영하는 이름난 료칸으로 하코네에서도 전통이 오래된 곳이다. 호화로운 노천 온천이 특히 유명했다.

깊은 밤 아무도 없는 노천 온천에 들어갔더니 멋들어진 기목세공寄木細工*으로 장식된 벽과 격자무늬 천장이 눈길을 끌었다. 유황 냄새를 내뿜는 탕에서 가이린야마산의 산 그림자가 펼쳐 내는 밤 풍경을 호기로이 즐겼다. 뽀얀 목욕물에 몸을 담그고 수증기에 휩싸여 있는 사이 이 장엄한 풍경 속에서 어린 시절을 보낸 아미카는 어떤 성장기를 거쳤을까 하는 생각이 머릿속을 파고들었다.

이튿날 나는 택시를 타고 료칸에서 몇 분 거리에 있는 아미카의 본가로 향했다. 아미카의 출생과 성장 과정을 조사하기 위해서였다. 택시는 잠시 언덕을 오르다 옆길로 새는가 싶더니 숲으로 둘러싸인 좁은 외길을 달렸다. 료칸이 늘어선 운치 있는 길과는 달리 마른 나무만 늘어선 숲에는 오래된 별장과 주택이 드문드문 서있었다. 벽이 떨어져 나간 폐허도 눈에 띈다.

■ 다양한 종류의 목재를 조합해 목재 각각의 색상 차이로 모양을 만드는 목공 기술. 일본에서는 하코네의 전통 공예품으로 유명하다.

주소를 더듬어 찾아가다 보니 깊은 산속 막다른 좁은 길에 이르렀다. 주택은 손에 꼽을 정도여서 한 채 한 채 명패를 확인했다. 길 끝자락 조금 못 미친 곳에 아미카의 본가가 있었다. 녹슨 철문을 지나 15미터쯤 돌계단을 오르자 3층 단독 주택이 나타났다.

언뜻 보기에는 멋진 집이었지만 외진 숲에 덩그러니 우뚝 서있으니 어딘가 스산했다. 이런 곳에서는 학교에서 돌아와도 가족과 지내거나 혼자 게임을 하는 정도밖에 할 일이 없을 것 같다. 만약 가족과의 관계가 나빴다면 집에서는 숨 막히는 시간을 보낼 수밖에 없었을 듯하다.

초인종을 눌러 봤지만 소리가 들리지 않았다. 돌계단을 올라 현관문을 두드려도 응답이 없다. 정원을 빙 돌아 창문 안을 들여다봤다. 놀랍게도 어두컴컴한 실내엔 가구 하나 없다. 빈집이었다.

나는 하릴없이 하코네 일대에 흩어져 사는 친척 집을 돌아다니며 아미카의 본가 가족이 어디로 갔는지 물어보았다. 그때 친척 중 한 사람인 가와모토 유코(가명)를 만났다.

유코는 주위 시선을 의식해 집 현관 안으로 나를 불러들였다. 그리고 아미카의 본가가 빈집이 된 경위를 알려 주었다.

그 집은 아미카의 본가가 맞아요. 세 자매가 독립한 뒤로 아미카의 엄마인 미키(가명) 혼자 료칸에서 일하며 그 집에 살았어요. 그렇지만 그때 그 사건이 알려진 이후로 미키는 료칸 일을 그만두고 집도 비우고 본가로 돌아갔어요.

이번 사건은 친척들에게는 청천벽력과 같은 소식이었을까. 그 점을 묻자 유코는 고개를 갸웃거렸다.

그 집에서 큰일이 터지는 건 시간문제였어요. 이번 사건과 같은 형태였을지는 모르지만 그 가족은 큰 불씨를 안고 있었으니 언젠가 크게 터지겠구나 싶어 늘 조마조마했죠.

유코는 '불씨'의 의미를 이렇게 설명했다.

가와모토 집안의 료칸을 창업한 할아버지는 전대미문의 인물로 후대에까지 화를 미칠 불씨를 만들어 놨어요. 이 집안은 지금까지도 거기에 발목이 잡혀 있는 상태이고 가장 큰 희생자가 아미카였어요. 그런 의미에선 이번 사건은 가문이 떠안은 문제와 무관하지 않다고 봐요.

아미카가 희생자라는 말은 무슨 뜻일까. 나는 조바심을 억누르며 아미카의 출생과 성장부터 차례로 듣기로 했다.
가와모토 가문이 운영하는 료칸은 제2차 세계대전이 끝난 직후에 지어졌다. 하코네는 예부터 온천지로 유명했지만 전쟁 중 그리고 전쟁이 끝나고도 한동안은 환자와 상이군인이 요양차 찾는 일이 많았다. 전쟁이 끝나고 5년 후 오다큐 전철이 하코네 등산철도 운행을 확장하자 하코네는 온천지로 다시 인기를 구가했고 아미카의 조부는 발 빠르게 일반 고객용 온천 료칸을 지어 큰 성공을 거둔다.

하코네 여행 붐이 일자 아미카의 조부는 단숨에 큰돈을 끌어 모았고 지역의 유지로 거듭났다. 젊은 나이에 큰 부를 거머쥐었으니 얼마나 기고만장했을까. 하지만 그에겐 여자 문제가 끊이지 않았다. 결혼 전에 아이를 한 명 낳았지만 혼인신고를 하지 않은 채 헤어졌고 곧이어 유부녀와 바람이 나 아이가 생겼지만 "내 애인지 남편 애인지 알 게 뭐요."라는 이유로 임신중절을 시킨 뒤 나중에 그 유부녀와 정식으로 혼인신고를 한다. 그 후 본처와의 사이에서 애를 둘 낳았고 료칸의 여성 종업원과의 사이에도 아이 둘을 낳았다. 인지認知*한 자식만 다섯이었고 그 외에도 여성 관계는 복잡다단했던 듯하다.

아미카의 조부가 60대 초반에 세상을 뜨면서 료칸 후계 문제가 불거졌다. 잠시 분쟁이 일었지만 도쿄의 기업에서 일하던, 본처의 장남이 후계자로 정해졌다. 하코네로 불려 온 그는 20대 중반이라는 젊은 나이에 사장에 취임한다. 본처의 차남도 형과 함께 료칸에서 일했다. 이 차남이 하코네에서 레

■ 법적인 혼인 관계가 아닌 남녀 사이에 태어난 아이에 대해 법률상의 친자 관계를 발생시키는 일로 일본은 〈민법〉 제779조에서, 한국은 〈민법〉 제855조에서 인지에 대해 규정하고 있다.

스토랑을 운영하는 집안의 딸인 미키와 결혼해서 낳은 세 자매 중 둘째가 바로 아미카이다.

사장이 된 장남은 경영자로서의 수완을 발휘해 료칸을 더욱 번성시켰지만 차남은 품행도 칠칠치 못했고 가정도 나몰라라 했다. 틈만 나면 취미인 골프에 빠져 지냈고 여윳돈이 생기는 족족 자동차를 구입하거나 개조하는 데 썼다. 고급 스포츠카인 흰색 쉐보레 콜벳을 소유한 적도 있다고 하니 무척 사치스럽게 생활했던 듯하다.

게다가 [아미카의] 조부처럼 여성 편력이 심해 늘 애인과의 유흥을 즐겼다. 배우자인 미키에게 들켜 큰 싸움으로 번지는 일도 자주 있었지만 바람기는 쉬이 잦아들지 않았다. 미키는 그런 울분을 아이들 교육에 몰두하며 해소하려 했는지 세 딸에게 철저한 스파르타식 교육을 시킨다. 딸 셋 모두 초등학교 입시*를 거쳐 지역의 명문 여학교에 입학시켰고, 밤낮 공부하라고 들볶으며 아이들 성적에 목을 맸다.

첫딸은 공부에 재능이 있고 성적이 좋아서 엄마의 귀여움을 받았다. 하지만 둘째인 아미카는 달랐다. 책상 앞에 앉아 있는 일이 맞지 않았는지 아무리 공부를 해도 성적이 오르지

■ 일본의 사립·국립 초등학교는 공립 초등학교와 달리 입학시험을 통해 학생을 선발한다. 전체 초등학교에서 차지하는 비중은 10퍼센트 정도이다. 질 높은 교육, 진로상 이점 등을 고려해 사립·국립 초등학교를 선호하는 경향이 커서 경쟁률이 높고 학비도 비싸다.

않았고 시도 때도 없이 닦달하는 엄마의 강압적인 요구에 공부할 의욕은 점점 더 사라졌다. 성적은 바닥을 기었고 그러면 엄마에게 또 야단을 맞고 그래서 더욱 공부가 싫어졌다.

아미카는 학습 성적이 뒤처진 데다가 손버릇이 나빴고 거짓말을 일삼았다. 남의 집에 가서는 서랍장에 들어 있는 귀금속을 훔치고 냉장고에서 간식거리를 멋대로 꺼내 먹곤 했는데 들켜서 야단맞는 상황이 벌어지면 "내가 안 했어." 하고 딱 잡아떼곤 했다. 집에서 느끼는 소외감 때문에 그런 행동이 나왔을까. 친척들은 그런 아미카를 냉랭하게 바라봤다.

초등학교 고학년 무렵에는 학교에서도 아미카의 불량한 품행이 문제가 됐다. 성적도 형편없는데 학교 안팎에서 문제 행동을 일으키자 담임교사는 엄마인 미키를 여러 차례 학교로 불러 상담을 했다. 명문 여학교여서인지 학교의 생활지도는 일반 학교보다 훨씬 엄격했다.

미키는 자기 얼굴에 먹칠을 한다며 아미카를 매섭게 몰아세웠고 더욱더 엄하게 대했다. 아미카는 집에선 엄마에게 시달리고 학교에선 규칙에 칭칭 얽매인 채 따라가지도 못하는 공부를 붙잡고 있어야만 했다. 아빠는 애인이 생겨 밖으로만 나도니 어디에도 기댈 곳이 없었다. 아미카는 점점 더 사면초가 상태에 놓인다.

외진 숲속 외따로 덩그러니 자리해 도망칠 곳 하나 없는 저택은 숨이 막혔다. 좁은 지역사회에서 나쁜 소문은 금방 퍼졌고 차가운 시선만 쏟아졌다. 결국 아미카는 다니던 여자 중학교를 중퇴하고 공립학교로 전학을 간다.

그 무렵 밖으로만 돌던 아빠가 집에서 아예 '증발'하는 사건이 일어난다. 아빠는 여성 편력에 낭비벽이 심했으면서도 언젠가 주위를 놀라게 하겠다는 야망을 품고 있었다. 한때 생수 판매 사업에 도전했지만 크게 실패했고 형에게 울며불며 매달려 뒷수습하는 처지가 됐다. 그런 일을 겪으며 자신의 처지에 절망했던지, 어느 날 자포자기라도 한 듯 "나를 해고한다."라는 말이 적힌 편지를 놔두고는 애인과 함께 하코네에서 자취를 감춘다. 엄마인 미키에게는 초등학생, 중학생, 고등학생인 세 딸과 약 600만 엔의 주택 대출금만 남았다.

미키 입장에서는 남편에 대한 분노보다 앞으로 어떻게 살아갈지 막막함이 더 컸다. 세 딸이 클수록 돈 들어갈 일은 점점 많아질 터였다. 미키는 료칸의 대표인 시숙에게 사정을 설명하며 자취를 감춘 남편 대신 료칸에서 일하게 해달라고 부탁한다. 시숙은 동생의 아내와 조카를 못 본 체할 수 없어 료칸에서 일하도록 허락했다.

료칸에서의 일은 매일 이른 아침부터 늦은 밤까지 이어졌고 새벽에 불려 나가는 일도 흔했다. 미키는 다른 종업원보다 급여가 훨씬 많았던지라 더 열심히 일해야 한다는 책임감을 느꼈는지 정신없이 일만 했고 그러다 보니 가족을 돌볼 새가 없었다. 딸들은 편의점 음식이나 미키의 본가가 운영하는 레스토랑에서 얻어 온 남은 음식으로 끼니를 해결했고 서로 마주보며 대화를 나누는 일도 없어졌다(다른 관계자의 말로는 이 무렵 미키가 료칸 종업원과 사귀었다고 한다).

가정환경이 변하면서 아미카의 마음속 상처도 더욱 깊어졌을 법하다. 고등학교에 진학하고부터는 집에 거의 붙어 있지 않았고 오다하라 번화가에서 또래 불량배들과 밤늦게까지 어울렸다. 이때 아미카는 약물 과다 복용으로 쓰러져 병원에 실려 가기까지 했다.

아미카가 유키히로를 만난 것도 이 무렵이었다. 당시 유키히로는 개조한 회청색 차를 몰고 다니는 사회인이었다. 세 살 연상의 유키히로에게 어른의 매력 같은 것을 느낀 아미카가 유키히로의 집으로 들어가는 건 어찌 보면 자연스러웠다. 아미카는 엄마와 싸우고는 하코네의 집을 나와 유키히로의 집으로 거처를 옮겼고 그대로 고등학교를 중퇴한다.

친척인 내가 이런 말 하는 것도 뭐하지만 가와모토 집안의 업보가 아미카를 낳은 거예요. 할아버지가 만든 복잡한 혈연 관계, 아버지의 여성 편력, 미키의 극성스러울 정도로 엄한 양육 태도, 그리고 붕괴된 가정. 그런 것이 아미카를 그런 인간으로 만들지 않았나 싶어요. 어떤 의미에서는 아미카도 불쌍하죠. 아미카의 언니는 머리가 좋았으니 별 고생 안 했고 동생은 잠깐 길을 잘못 들기는 했지만 아미카의 일도 있고 해서 친척들이 발 벗고 나서서 거두었죠. 아미카만 아무런 도움을 받지 못한 채 집을 나가 버린 꼴이 됐으니까요.

왠지 아미카의 인생을 슬쩍 엿본 기분이었다. 겉보기에는 가정환경이 좋아 보였지만 아버지는 가정을 망칠 대로 망친 채 사라졌고, 어머니는 자신의 가치관을 자식들에게 강요할 뿐 딸의 마음을 헤아리려 하지 않았다. 하코네의 숲속에서 아미카는 열등감과 소외감에 치를 떨며 성장했고 결국에는 집을 뛰쳐나와 유키히로와 가정을 꾸리려 했지만 실패하고 유흥업소의 세계에서 겨우 삶의 보람을 찾아낸 셈이다.

언론 보도로 처음 사건을 접했을 때 아미카는 어린아이인 채로 어른이 됐구나 싶었어요. 집을 나가 유키히로와 살면서도 변한 게 없었던 거죠. 아미카는 리쿠를 두고 집을 나온 것 같던데 그건 옛날에 아빠가 집을 나간 방식과 완전히 똑같잖아요. 자기도 모르는 사이에 아빠를 따라 한 거죠.

유코가 안쪽 방의 유리문을 쳐다봤다. 텔레비전이 켜져 있었고 개가 이쪽으로 나오려고 발톱으로 문을 긁어 댔다.
나는 조금 거슬러 올라가 리쿠가 태어났을 때 아미카가 한 달 남짓 본가에 돌아와 있던 시기에 대해 물었다. 친척들과는 어떻게 지냈는지 알고 싶었다.

미키 입장에서는 이런저런 사고를 치고 가출까지 한 딸이었으니 내심 거리를 두고 싶었을 거예요. 하지만 리쿠는 첫 손주였고 친척들 눈도 있으니 매정하게 내칠 수 없었겠죠. 그래서 딱 한 달이라고 다짐받고 본가에서 몸조리를 해줬던 걸로 기억해요. 아미카는 영악해서 늘 리쿠를 구실 삼아 이게 없네, 저게 필요하네 하면서 재산 좀 있는 할머니를 등쳐먹었죠. 미키도 자기가 당하는 게 싫으니까 할머니한테 말하라며 떠넘겼고요. 그래서 아미카는 할머니를 살살 구워삶아서 집 보증금이랑 집세를 얻어내기도 하고 아기 침대 같은 생활용품을 받아 내기도 했어요.

본가는 아미카가 돈을 뜯어내는 곳이 되었고 아쓰기로 이사한 뒤에도 아미카는 종종 본가로 찾아왔다.

내가 기억하기론 아미카가 유키히로랑 같이 리쿠를 데리고 불쑥 찾아오곤 했어요. 친구와 함께 온 적도 있고요. 그러고는 친척 집을 돌면서 "애 키우느라 필요하니 돈 좀 빌려주세요."라고 부탁하며 다녔죠. 물론 빌려 간 돈을 갚았다는 얘기는 못 들어 봤어요.

하코네에서 취재하는 동안 나는 다른 친척에게서도 똑같은 이야기를 들었다. 갑자기 아미카가 한밤중에 혼자 찾아와서는 생활비가 없다며 수만 엔을 빌려 갔다고도 했다.

이런 에피소드는 아미카가 가족, 친척과 좋든 싫든 인연을 이어 가고 있었다는 사실을 보여 준다. 그렇다면 왜 아쓰기의 집에서 가출할 때 리쿠를 친척에게 맡기거나 부탁하지 않았을까.

유코의 말을 들어 보자.

그건 어렵죠. 미키가 아미카를 완전히 차단했으니까. 가와모
토 집안과 엮이지 못하도록 철저히 막았죠. 미키는 남편이
집을 나갔는데도 며느리라는 자리를 지키며 료칸에서 일을
했어요. 첫째랑 셋째가 대학까지 진학할 수 있었던 건 집안
의 장남인 시숙이 나름껏 지원해 준 덕분이고요. 그러니 만
약 아미카가 돌아와 문제를 일으키고 가와모토 집안에 먹칠
을 한다면 그 집 장남이 화를 내며 일을 못 하게 할 수도 있
겠죠. 두 딸과 집을 지키려면 미키 처지에선 문제아인 아미
카를 멀리할 수밖에 없었어요.

미키의 태도는 확고했다고 한다.

미키는 이상하리만치 아미카 얘기를 입에 담지 않았어요. 나
도 친척이니까 걱정도 되어 술자리에서 "아미카는 어떻게
지내?" 하고 슬쩍 묻곤 했거든요. 그럴 때마다 미키는 정색
을 하면서 "몰라!" 하고 벌컥 화를 내곤 했어요.

가와모토 집안에서 아미카는 가시 같은 존재였을까. 유
리문 저편에서 개가 이쪽으로 나오길 포기하고 바닥에 앉는
모습이 보인다.

— 미키는 아미카가 리쿠를 두고 사라진 사실을 알았습니까?

그건 모르겠어요. 적어도 나는 미키에게서 그런 얘기를 들은 적이 없어요. 아무래도 아미카가 그런 얘기를 하지는 않았을 거예요. 아미카도 엄마가 자신을 멀리한다는 걸 알았을 테니까. 아미카도 친척들에게 더는 손을 못 벌리겠다는 생각 정도는 하지 않았을까요.

미키는 가족을 지키고 싶다는 마음 하나로 아미카와의 연을 끊으려 했다. 그것이 결과적으로 리쿠를 버리는 일이 되었다.

한 가지 의문이 더 남았다. 아미카는 왜 유흥업소뿐만 아니라 편의점 아르바이트까지 하면서 돈을 벌어야 했을까.

이 말을 꺼내자 유코는 고개를 갸웃거리며 "왜 그랬을까요."라고 중얼댔다.

그게 이유인지는 모르겠지만 2002년인가 2003년에 본가 앞에 검은색 벤츠가 쭉 늘어선 적이 있어요. 딱 보기에도 조직폭력배 같은 사람들이었죠. 아미카를 찾으러 온 것 같았는데 나중엔 료칸까지 찾아갔대요. 아미카가 진 빚을 받으러 왔다고 해요. 나는 그 말을 듣고 아미카가 정말 위험한 짓을 했구나 싶었죠. 돈 얘기라고 하니 그 일이 떠오르네요.

따져 보니 유흥업소에서 일하던 때였다. 폭력단이 벤츠

를 몰고 집까지 찾아올 정도면 빚이 어마어마했을 듯싶다.

하지만 그렇게 바쁘게 일하는 와중에 아미카에게 놀 시간이 있었을 것 같지는 않으며 유흥업소 동료였던 마이도 "낭비벽은 없었다."고 말했다. 문득 고등학생 때 약물 과다 복용으로 병원에 실려 갔다던 일이 떠올랐다. 고액의 위법 약물에라도 손댔던 것일까.

유리문 너머 텔레비전에서 들리는 버라이어티 프로그램 소리가 왁자지껄하다. 손목시계를 보니 벌써 정오가 되었다.

마지막으로 이 사건에 대해 어떻게 생각하는지 물었다. 유코가 갑자기 신중히 말을 아낀다.

아미카는 이런저런 사정이 있어서 집을 나갔을 거예요. 그렇지만 리쿠를 생각하면 무슨 일이 있었든지 간에 한마디라도 좋으니 우리에게 알려 줬으면 좋았겠다 싶은 게 솔직한 심정이에요. 이런 친척들이지만 리쿠가 그런 환경에 놓여 있다는 걸 알았다면 분명 다들 어떻게 하면 좋을지 상의했을 거예요. 하지만 아미카랑 미키는 아무것도 알려 주지 않았죠. 참 안타깝네요.

— 그렇게 된 건 아미카랑 미키가 친척들 사이에서 고립돼서 그랬겠죠. 지금 둘은 어떻게 지내고 있습니까?
미키는 이 근처에 살고 있고 다른 곳에다 아미카를 숨겼다고 들었는데 어디 있는지는 아무에게도 안 알려 줬어요. 장소를 아는 사람은 미키랑 두 자매뿐이지 않을까 싶어요. 사건의 열기가 식을 때까지 그러고 있을 거예요.

— 그럼 아무것도 해결이 안 된 거네요.
그렇긴 하지만 우리가 할 수 있는 게 없어요. 미키는 어차피 가와모토 집안에서 쫓겨날 예정이고요. 미키는 집 나간 남편과 여전히 호적상으로 부부예요. 하지만 료칸을 그만두고 집까지 버린 마당에 가와모토 집안과 연을 이어 갈 이유가 없잖아요. 그래서 이번에는 이혼해서 위자료를 받으려고 소송을 걸었어요. 그렇게 가와모토 집안과 미키가 결별했으니 더 손쓸 수가 없어요.

왜 미키도 남편이 그랬듯이 지금까지 의지해 왔던 가와모토 집안과의 연을 끊으려 하는 것일까. 이는 곧 미키 자신을 고립시키는 길이 되지 않을까.

엉망진창이에요, 이 집안은……. 정말이지 질렸어요.

유코는 이젠 할 만큼 했다는 듯 고개를 저었다. 개는 여전히 유리문 앞에 무심히 앉아 있고 텔레비전에서는 계속 시끌벅적한 소리가 흘러나왔다.

유코의 집에서 나온 뒤 나는 다시 택시를 타고 마지막

목적지로 향했다. 아미카의 엄마인 미키의 본가이다. 얼마 전에 취재 요청 편지를 보냈는데 사건에 대한 감상을 직접 듣고 싶었다.

본가는 산 밑 국도 근처에 위치해 있었다. 커다란 단독 주택으로 주변 대지에는 오래된 단층 조립식주택이 있었다. 사전에 듣기로 미키는 가와모토 집안과 결별한 이후 이 조립식주택에서 혼자 산다고 했다.

문가에 달린 초인종을 누르자 잠시 후 문이 열리고 60대 초반 여성이 나왔다. 핏기 하나 없이 창백한 얼굴에는 주름이 깊이 패여 있었다. 새빨갛게 충혈된 눈이 젖어 있었다. 그럼에도 맹수에게서 몸을 숨기려는 동물처럼 얼굴만은 묘하게 긴장으로 굳어 있다.

나는 그에게 "미키 씨인가요?" 하고 물었다. 그는 적잖이 당황한 듯했다. 나는 명함을 건네며 이곳에 온 경위를 설명했다. 미키는 끝까지 들으려고도 하지 않고 거친 목소리로 소리쳤다.

그 애에 대해선 몰라요! 여기에 없어요! 이제 그만하세요!

괴이하게 느껴질 만큼 정신없이 허둥댔다.

나는 미키를 진정시키려고 설명을 이어 갔다. 당신을 비난하러 온 게 아니다, 어디까지나 리쿠를 구하지 못한 이유와 가족의 생각을 묻고 싶을 뿐이라고.

하지만 미키는 전혀 들으려 하지 않았다. 몸을 부르르 떨며 고개를 거칠게 내저었고 목소리까지 뒤집혔다.

그 애가 한 짓이에요! 내가 한 게 아니라고요!

— 아, 알고 있습니다. 그러니……
이제 그만해요! 지겨워! 정말 지겹다고! 그 애가 무슨 생각을 하는지 나도 모른다고. 내버려 두라고!

마음을 가라앉혀 보려 했지만 그는 고개를 격렬하게 흔들며 더더욱 목소리를 높였다.

난 아무 말도 안 합니다! 아무것도 모르고 알고 싶지도 않아요. 이제 정말 지쳤다고! 빨리 돌아가요! 얼른 가라고!

미키는 들으려 하지 않았고 사건에 대해 말하기를 거부했다. 목이 잠긴 소리로 한바탕 소리를 질러 대더니 문을 닫고 잠가 버렸다.
나는 문 앞에 선 채 미키는 분명 지금까지 아미카의 일에 대해 가와모토 집안사람들에게 이런 태도를 취했겠다는 생각이 들었다. 나는 모르는 일이다, 나랑은 관계없다고 외치며 입에 올리는 일조차 피했다. 그렇게 매정하게 떨쳐 내다 보니 결국 리쿠는 그 어두운 방에 홀로 갇혀 지내야 했던 게 아닐까.

돌아보니 눈앞에는 단풍으로 물든 산이 우뚝 솟아 있고 숲 깊은 곳에선 들새들이 지저귄다. 초겨울의 냉기를 머금은 바람이 매서워 절로 움츠러들었다.

나는 숲에 둘러싸여 자란 아미카의 마음을 헤아리고 싶었다. 공판 증언에서 아미카는 서비스업을 하며 생계를 이어가고 있다고 했다. 어쩌면 30대 중반이 된 지금도 끈 떨어진 연처럼 거리를 방황하며 살아가고 있을 터이다.

가와모토 집안과의 인연이 단절된 이상 친척 중에 아미카의 모든 것을 이해하고 손 내밀어 줄 사람도 없을 듯하고 사회에서도 아미카를 도우려는 움직임은 생겨나지 않으리라. 아미카가 똑같은 잘못을 되풀이하지 않기만을 기원하는 것밖에 할 수 있는 게 없다.

산에서 찬바람이 미끄러지듯 불어닥친다. 나는 취재하면서 들은 리쿠의 유골 얘기를 떠올렸다. 경찰서에 보관했던 유골은 사건이 밝혀진 얼마 후 아미카에게로 전해졌다고 한다. 가와모토 집안의 묘에 매장할 수 없는 이상 미키의 본가 묘에 묻히게 될 터이다.

아미카가 이곳에서 리쿠와 둘만의 시간을 마주하는 건 리쿠가 태어난 직후 산후조리를 하려고 잠시 머물렀던 때 이후로 처음일 것이다. 그 작은 뼈를 앞에 두고 아미카는 어떤 마음이 들었을까.

찬바람이 쉴 새 없이 단풍잎을 흔들어 댄다.

영아 연속 살해 사건

이즈반도 남쪽

시즈오카현 이즈반도의 사가미만 쪽에는 아타미, 이토 등 이름난 관광지가 모여 있다. 수도권과 중부지방에서 손쉽게 오갈 수 있을 뿐만 아니라 온천, 해수욕장이 몰려 있어서 쇼와 시대▪ 고도 경제성장기에는 신혼여행지로 인기를 떨쳤다. 옛 명성에 대한 향수가 남아 있는지 지금도 노부부와 고령층이 자주 찾는다.

이즈반도 동쪽에는 지방 철도 이즈급행이 다닌다. 이 열차를 타고 검푸른 바다를 바라보며 남쪽으로 가다 보면 종착역인 시모다역에 닿는다. 그 옛날 페리 제독이 이끄는 미해군이 일본에 들어와 에도막부에 개국을 요구하며 미일 화친조약을 맺었을 때 하코다테函館(이전 표기는 箱館)와 함께 개항지가 된 곳이라고 소개하면 알기 쉬우려나.

시모다 또한 온천과 해수욕장이 유명해 경기가 좋을 때에는 관광객이 몰려들어 문전성시를 이뤘다. 시모다시 인구는 약 2만 3000명. 오늘날에도 해변과 언덕 위에는 호경기

▪ 일본 쇼와 천황의 재임 기간인 1926년 12월 25일부터 1989년 1월 7일까지를 일컫는 연호.

시절에 지은 대형 호텔이 늘어서 있고 항구에는 요트가 빽빽이 정박해 있다. 해안가 근처에는 다이버들이 모이는 가게와 멋들어진 바도 있지만 어디든 낡은 느낌을 지울 수 없다.

패밀리 레스토랑 '조나단 시모다점'은 이곳 바다 근처 국도 옆에 위치해 있다. 핑크 빛이 밝게 감도는 외관과 거대한 기둥 위의 빨간 간판이 눈길을 끈다. 시모다의 유일한 패밀리 레스토랑이어서인지 아침 6시 반 문을 열자마자 경차를 몰고 찾아오는 손님이 끊이지 않는다. 아침부터 시작된 번잡함은 한밤중까지 이어진다.

2015년 5월 말 나는 이 가게 안쪽 소파에 앉아 있었다. 마침 낮 12시여서 가게 안은 젊은 엄마들과 중년 부부들로 붐볐고 음료 코너 앞에도 기다리는 줄이 길었다. 창밖으로 야자나무가 바람에 살랑거리고 바다에서 뱃고동 소리가 들려 남국의 정취에 젖게 한다.

10분쯤 기다리니 종업원이, 주문한 그라탱을 가져다주었다. 빨강과 흰색 체크무늬 셔츠에 검붉은 앞치마, 검은 바지가 패밀리 레스토랑 조나단의 유니폼이다. 귀에 착용한 이어폰은 주방과 소통하는 데 쓰이나 보다.

종업원은 전표를 테이블에 두고는 주방으로 휙 걸어가 또 다른 음식을 쟁반에 얹고 다른 자리로 날랐다. 점심 시간대는 숨 돌릴 틈조차 없이 바쁠 터다.

나는 그 종업원을 눈으로 쫓으며 과거 이 가게에서 일했던 다카노 이쓰미高野愛(체포 당시 28세)의 모습을 그려 봤다. 다카노 이쓰미는 열여덟 살이던 2004년 봄부터 10년 동안 이 레스토랑에서 아르바이트를 했다. 2014년 9월 레스토랑에서 아침 근무를 하던 중에 갑자기 양수가 터졌고 이튿날 새벽 집에서 아기를 낳은 뒤 바로 살해했다. 그런데 그 집에는 1년 전인 2013년 똑같은 방식으로 낳은 또 다른 아기 시체가 숨겨져 있었다.

이쓰미는 2013년 첫 사건을 일으킨 출산 당일에도 그리고 다음 날부터도 아무렇지 않은 얼굴로 출근했다. 2014년 10월 2일 체포되던 날도 아침부터 손님을 응대했다. 아기를 살해한 일을 가슴속 깊이 묻어 둔 채 가게에서 웃으며 손님을 맞던 그의 마음은 어땠을까.

내가 조나단 시모다점을 방문하기 나흘 전인 2015년 5월 25일 시즈오카 지방재판소 누마즈 지부 2층 법정에서 다카노 이쓰미에 대한 국민참여재판이 열렸다.

오전 10시 수갑을 차고 법정에 들어선 이쓰미는 검은 정장에 검은 스타킹 차림이었다. 머리는 어깨보다 조금 더 내려왔고 살짝 뚱뚱한 편이었으며 눈매가 가늘고 화장기 없는 맨 얼굴엔 아토피피부염 흔적이 남아 있었다. 굳이 따지자면 교실 구석에 고개 숙이고 앉아 있는, 말이 없고 눈에 띄지 않는 여자아이에 가까운 인상이다.

판사는 50대쯤 되어 보였다. 공판 첫날에는 이쓰미가 증언대에 서서 사건에 대해 진술했고 둘째 날에는 반나절에 걸쳐 피고인 질의가 이어졌다. 이쓰미는 비록 나이는 어려도 열한 살인 첫딸을 포함해 아이 셋을 키우는 엄마였지만 질문에 대한 대답은 무척 어눌했다.

이를테면 사건에 대해 어떻게 생각하느냐는 질문에 이렇게 대답했다.

이런 사건 일으켜 아이들에게 미안한 생각이 들어서, 그렇게 말하고 싶습니다.

왜 아기를 살해했느냐는 질문에 대한 대답은 이랬다.

어떻게 되겠지 싶었는데 잘 안 돼서, 어쩔지 몰라서…… 아무튼 내가 잘못한 것 같습니다.

이쓰미는 일반 공립 고등학교에 다녔으니 고등학교에 다닐 만한 학력 수준을 갖췄다고 볼 수 있다. 레스토랑 조나단에서도 손님을 살갑게 응대하며 10년 동안 성실히 일했다. 지적 수준이 현저히 낮은 것도 아닌데 이쓰미의 입에서는 초등학교 저학년 아이의 서툰 변명 같은 말만 흘러나왔다.

대체 왜 한 번도 아니고 두 번씩이나 제 자식을 집에서 출산한 뒤 살해하고 시체를 유기했을까.

사건이 발각되자 언론은 이쓰미 사건을 젊은 싱글맘이 빈곤 때문에 일으킨 사건이라는 논조로 보도했다. 2014년

11월 8일자 『요미우리신문』 기사를 보자.

"임신중절수술 비용 마련 못 했다." 영아 살해 혐의로 생모 체포

시모다시 주택에서 영아 두 명의 사체가 발견돼 살인 혐의로 체포된 시모다시 다코우마의 아르바이트 점원 다카노 이쓰미 씨(28세. 사체유기죄로 기소)가 "임신중절수술 비용을 구할 수 없었다."는 등의 진술을 했다고 수사 관계자가 7일 밝혔다.

다카노 씨는 수사 과정에서 산부인과를 찾았을 때에는 이미 임신중절수술을 할 수 없는 시기였고, 일반적으로 10만~50만 엔 정도로 알려진 수술 비용을 마련하지 못해 포기했다고 말한 것으로 드러났다.

다카노 씨는 지난 9월 하순 자택에서 여아를 출산하자마자 천으로 말아 비닐봉지에 넣어 살해한 혐의로 체포되었고 또 다른 영아에 대한 사체유기죄로 10월 말 기소되었다.

다카노 씨는 자신의 생모와 어린 동생 둘 그리고 자신이 낳은 아이 셋 등 여섯 식구와 함께 산다. 가족들에게는 "살이 쪘다."고 설명했고 복지 담당 공무원이 방문했을 때에는 "임신하지 않았다."고 부정했다. 지금까지의 경찰 조사에서는 "생활이 힘들어서 유기했다. 전혀 기를 생각이 없었다."고 말했으며 경찰은 생활고를 이유로 유기했다고 보고 조사 중이다.

시모다 경찰서는 7일 다카노 씨를 시즈오카 지검 누마즈 지부에 송치했다.

사건 당시 이쓰미가 생활고를 겪은 것은 사실이다. 전셋집인 본가에 방 한 칸을 빌려 아이 셋을 키우고 있었는데 낮에 레스토랑 조나단에서 일하는 것만으로는 부족해 밤에는 다른 아르바이트도 했다. 돈을 모으기는커녕 매달 아슬아슬하게 줄타기하듯 빠듯하게 살았다.

오늘날 일본의 모자가정 절반 이상이 빈곤에 처해 있으며 이쓰미와 처지가 비슷한 싱글맘도 많다. 특히 이쓰미의 경우는 가족과 동거하고 있었고 시청 복지 담당 공무원의 개입도 있었다. 그럼에도 중절수술 비용을 마련하지 못했다는 이유로 가족과 함께 사는 집에서 두 차례나 몰래 아기를 낳고 살해하는 끔찍한 일이 벌어졌다.

어떻게 이런 일이 가능할까 싶어 취재를 시작했는데 조사하다 보니 언론 보도에서는 드러나지 않았던 이쓰미의 또 다른 얼굴을 볼 수 있었다. 이쓰미는 고등학교 2학년 때부터 10여 년에 걸쳐 여덟 명의 아이를 임신한다. 그 가운데 살아 있는 아이는 세 명이다.

이쓰미는 왜 거의 매해 임신을 반복하고 결국엔 영아살해를 두 건이나 저질렀을까.

집 안에 영아 시체가 두 구나 방치됐다면 분명 시체가 부패하며 내뿜는 악취가 났을 터이다. 동거 가족 여섯 명, 혹은 친하게 지내던 친구들이나 여동생들은 어째서 임신과 살인을 알아채지 못했을까.

지금부터 재판에서 밝혀진 사실에 이쓰미의 가족, 전남

편, 살해된 영아의 생부 등을 취재하면서 얻은 내용을 덧붙여 이쓰미가 걸어온 삶과 사건을 좇아가 보려 한다.

공판에서 이쓰미는 제 손으로 죽인 아이를 "천장 아이", "서랍 아이"라고 불렀다. 두 아이는 이름조차 얻지 못했다.

모자가정

시모다역에서 산 쪽으로 향하는 곳은 관광지로 개발된 해변 지역과는 달리 조용한 시골 마을 풍경이 펼쳐져 있다. 먼지 쌓인 거리는 한적했고 띄엄띄엄 보이는 라멘 가게와 미용실도 셔터가 내려져 있었다. 문 앞에 서있는 녹슨 오토바이를 보니 가게 문을 닫은 지 몇 년은 지난 듯싶다.

시모다역에서 시모다 거리를 지나 북쪽으로 5분쯤 차를 타고 가면 짙은 녹음에 싸인 첩첩의 산과 논밭이 보이고 시냇물이 졸졸 흐르는 소리가 들린다. 바람도 어느새 바다 대신 숲 내음을 전하고 낡은 집, 정치가의 얼굴이 찍힌 빛바랜 포스터가 붙은 입간판이 거리를 채운다.

사건이 일어난 집은 시모다시 다코우마역에서 2킬로미터쯤 떨어진 나지막한 산기슭에 있다. 주택이 스무 채쯤 모여 있는 골목 어귀에 자리 잡은 목조 단층집이다. 담장 높이가 1미터도 안 되어 길가에서 집 안이 훤히 들여다보였고 창문을 닫아도 안에서 나누는 대화며 텔레비전 소리가 밖으로 흘러나왔다. 초등학생 아이가 학교에서 만들었는지 담벼락에 꽂힌 바람개비 두 개가 착착 소리를 내며 돌아간다.

사건이 발각된 당시 다카노 이쓰미는 두 차례 이혼한 뒤 싱글맘으로 이 집에서 아이 셋을 키웠다. 아이의 아버지에게 양육비를 받은 적은 없었고 큰딸은 [혼인 외에 출생한 자녀에 대해 그 부모가 자기 자식임을 확인하는] 인지조차 하지 않았다. 이쓰미의 집안에선 흔한 일이었다. 이쓰미의 어머니도 할머니도 남자의 도움 없이 혼자 아이를 길렀다.

친척의 말에 따르면 이쓰미네 가족은 돌아가신 할머니 대부터 시모다 시내와도 바다와도 멀리 떨어진 곳에 살았다고 한다. 할머니는 이 마을에서 결혼해 자식을 일곱 명 낳았는데 남편과의 불화로 이혼했다. 시대가 시대였으니 작은 마을에서 모자가정에 쏟아지는 시선은 결코 곱지 않았을 것이다. 그래도 할머니는 열심히 일하며 자식 일곱 명 모두를 혼자 힘으로 키웠다. 그중 첫째가 이쓰미의 어머니인 나쓰미(가명)이다.

가족의 삶은 궁핍했다. 할머니는 생활비를 벌기 위해 밤낮없이 일하느라 양육까지 신경 쓸 여력이 없었는지 나쓰미를 비롯해 자식들에 대한 평판은 몹시 나빴고 주위에선 "그 집안사람들은 영 아니에요."라고 수군거렸다. 특히 나쓰미에 대해선 마을 주민이 "정말 이상한 여자"라고 딱 잘라 말했으며, 둘째인 마사코(가명)에 대해서도 한 친척은 "인간이 아니다", "자기랑 돈밖에 모른다."고 말했을 정도다.

나도 쉰한 살인 나쓰미를 몇 번 만난 적 있지만 제대로 된 대화가 불가능한 상대라는 사실은 첫눈에 알 수 있었다. 눈사람처럼 둥근 비만 체형에 턱을 치켜들고 숨을 헐떡거리며 말을 하는데 일단 입을 열면 다른 사람이 하는 말은 전혀 듣지 않았고 자기 말만 따발총처럼 쏟아 냈다. 내가 무슨 말을 하든 귀를 기울이는 척도 하지 않았다.

　　법정에 증인으로 섰을 때도 마찬가지였다. 증인신문을 하는데 변호사와 검사의 질문에 일일이 감정적으로 반응하며 소리를 질렀고 관계없는 일까지 떠들어대는 형국이라 판사가 여러 차례 주의를 주었다. 어린 시절부터 이런 성격이었던 듯하다. 덧붙이자면 지역신문 기자가 "[이쓰미의] 어머니에게 장애가 있는 것 같아 가족에 관한 보도는 자제했다."고 말할 정도였다.

　　나쓰미가 고향인 시모다를 떠난 건 10대 후반이다. 가나가와현에 와서 일자리를 잡았다. 나쓰미는 고향을 떠나고 얼마 되지 않아 열세 살 연상인 오토모 슈헤이(가명)라는 남성을 만난다. 나쓰미는 오토모와 지내며 임신을 한다. 그 아이가 훗날 사건을 일으킨 이쓰미이다.

　　1985년 12월 마지막 날 나쓰미는 시모다로 돌아와 병원에서 이쓰미를 출산한다. 나쓰미는 오토모와는 혼인신고를 하지 않았고 인지도 양육비 청구도 하지 않았다. 나쓰미는 자식에게조차 그 이유를 밝히려 하지 않았는데 오토모의 나이를 고려하면 유부남이었을 가능성이 크다.

나쓰미는 시모다의 본가에서 지내며 이쓰미를 키우는 한편 오토모와도 계속 만났다. 오토모가 시모다로 불쑥 찾아와 섹스만 하고 돌아가는 식이었다.

그런 무책임한 사이였음에도 둘은 피임을 하지 않았고 나쓰미는 이쓰미를 출산한 이듬해에 둘째 딸 게이코(가명)를, 3년 후에는 셋째 딸 후미코(가명)를 낳는다. 셋 모두 오토모의 딸이었지만 오토모는 아무런 책임도 지지 않았고 셋째 딸이 태어나자 종적을 감추어 연락이 끊긴다.

결국 나쓰미는 본가에서 독립해 고향 마을에서 아르바이트하며 생계를 이어 간다. 나쓰미는 딸들을 위압적으로 대했다. 자신의 생각만을 계속 떠들었고 타인의 의사를 조금도 존중하지 않았다.

이를테면 이쓰미가 왜 자기에게는 아버지가 없는지 물으면 "없으니까 없는 거지!"라고 소리를 질렀고 다른 딸들이 똑같이 질문하면 버럭 화를 내며 달려들었다. 그래서 이쓰미, 게이코, 후미코는 아빠 오토모의 얼굴을 사진으로만 봤을 뿐, 두 사람이 결혼도 하지 않고 자식을 인지조차 하지 않는 이유를 아직도 모른다.

굳이 나쓰미를 옹호하자면 아르바이트하며 딸 셋을 기르는 삶은 무척이나 고됐을 것이다. 과거 관광도시로 번영했던 시모다는 거품경제가 붕괴하자 눈에 띄게 쇠락했고 나쓰미 같은 처지의 사람들은 가장 먼저 빈곤의 늪으로 내몰렸다. 직장에서는 저임금에 혹사당했고 피곤에 절어 집에 돌아오면 어린 딸들의 투정에 시달렸다. 때로는 분통을 터트리고 싶기도 했으리라.

나쓰미의 날선 감정의 칼날은 주로 큰딸인 이쓰미를 향했다. 둘째인 게이코의 말을 들어 보자.

엄마는 우리를 사랑했어요. 어른이 될 때까지 길러 줘서 정말 감사하고요. 하지만 엄마는 원래 성격이 이상해서 육아를 제대로 할 수 있는 사람이 아니에요. 누가 어떻게 보더라도 엄마가 우리를 대하는 방식은 잘못됐어요. 정말 아무 이유 없이 버럭 화를 내고 호되게 야단쳤거든요. 우리에겐 나쁜 기억만 남겨 줬어요.

물론 잇짱(이쓰미의 별명)이 가장 큰 피해자예요. 엄마는 상대에 따라 태도가 달랐는데 후미코(셋째)를 가장 귀여워했고 반면에 잇짱한테는 늘 매정했어요. 동생한테는 당근만, 잇짱한테는 채찍만 주는 식이었죠. 잇짱을 야단치던 엄마에 대한 기억이 지금도 또렷해요.

온종일 일하는 나쓰미 대신 이쓰미는 두 여동생을 돌보는 등 집안일을 도맡아 했다. 그렇기에 나쓰미의 눈에는 이쓰미가 미처 다 해놓지 못한 일들만 눈에 들어와 욕설을 쏟아붓지 않았을까.

대답해 봤자 소용없다는 걸 안 이쓰미는 늘 속을 억누르고 고개를 떨군 채 지냈다. 구박을 심하게 받으며 살다 보니 무슨 말이든 한 귀로 듣고 한 귀로 흘리며 아무것도 느끼지 않으려 마음을 닫았다. 여동생들조차 '저런 말까지 듣는데 가만히 있다니.' 하고 이상하게 생각할 정도였다. 가끔 참을 수 없을 때가 있어도 이불을 뒤집어쓰고 자고 나면 몇 시간 후에는 깨끗이 잊고 괜찮아졌다.

게이코가 말을 이었다.

잇짱은 자기주장을 할 줄 모르고 무슨 말이든 들어주는 편이에요. 엄마 때문일 거예요. 엄마가 계속 이상한 말을 해대니까 어떤 말이든 들어주게 된 거죠.

본인도 그런 성격 탓에 괴로웠을 거예요. 남들이 억지스러운 부탁을 해도 절대 거절하는 법 없이 "좋아!", "알았어." 하고 수락해 버린다니까요. 결국 늘 스스로 제 목을 조르는 꼴이 되고 말죠.

이쓰미를 아는 사람들이 모두 이쓰미를 "예스맨", "뭐든 오케이인 애"라고 입을 모으는 것도 그런 성격 때문일 것이다.

이쓰미는 초등학교 졸업 후 시립 중학교에 진학한다. 동창의 말에 따르면 눈에 잘 안 띄는 얌전한 아이였다고 한다. 실제로 중학교 졸업 앨범을 보면, 이쓰미는 조금 오동통한 편에 극히 평범한 중학생이었다.

이 무렵 세 딸을 키우던 엄마 나쓰미에게 새 애인이 생겼다. 이오카 데쓰야(가명), 시모다 시내에 사는 세 살 연하 남성이다. 나쓰미는 애인의 존재를 숨기지 않았고 딸들과도 종종 같이 만났다. 이쓰미와도 친해서 자주 얘기를 나누거나 놀곤 했다.

이쓰미가 중학교 2학년 때 나쓰미는 이오카 데쓰야의 아이를 임신한다. 아이를 낳기로 정하자 오토모 때와는 달리 결혼 얘기도 나왔다. 하지만 이오카의 본가에서 극렬히 반대해 없던 일이 되었고 나쓰미는 오토모 때처럼 혼인하지 않은 상태로 아들을 출산한다. 이때도 양육비를 요구하지 않았으며 생활은 한층 더 어려워졌다. 이쓰미는 엄마의 이런 남자관계를 지켜보며 성장했고 중학교 3학년 때 이성과의 첫 경험을 한다.

중학교 졸업 후 현립 시모다미나미 고등학교(현 시모다 고교)로 진학했다. 아버지가 다른 어린 남동생을 돌보거나 어려운 집안 형편을 도우려고 아르바이트를 하느라 동아리 활동 등 학교생활을 열심히 하지는 못했다고 한다. 한편 학교에서는 이성에게 유별난 관심을 보이며 먼저 말을 걸기도 했다. 고등학교 입학 후 1년 반 사이에 모두 다섯 명의 남성과 육체관계를 가졌다.

고등학교 2학년 2학기부터 사귄 도이 가즈키(가명)에게도 이쓰미가 먼저 다가갔다. 가즈키는 같은 고등학교 1년 후배로 학생회 소속 우등생이었다. 이쓰미는 그런 가즈키를 보자마자 "전 남친이랑 닮았다."며 만나자는 말을 꺼냈고 사귀기 시작한다.

이듬해인 2003년 2월 이쓰미에게 뜻밖의 일이 일어난다. 생리를 하지 않아 임신 테스트기를 해보니 임신이었다. 여태껏 피임은 상대에게 맡겨 두고 신경을 쓰지 않았다.

고등학생이라 아이를 낳을 수 없다고 생각한 이쓰미는 임신중절을 결심했다. 하지만 집안 상황이 좋지 않았다. 몇 개월 전 엄마인 나쓰미가 애인인 이오카와의 사이에 생긴 두 번째 아이를 막 출산한 참이었다. 전처럼 결혼도 할 수 없고 양육비도 못 준다는 조건하에 아이를 낳았으니 집에 돈이 있을 리가 없었다. 이런 때에 엄마에게 수술비를 달라고 하면 길길이 날뛸 게 뻔했다. 고등학생인 가즈키가 수술비를 마련하는 일도 쉽지 않을 터였다. 고민만 할 뿐 아무에게도 말을 못 꺼낸 채 한 달, 두 달 시간만 흘러갔다.

고등학교 3학년이 된 해 5월쯤 임신한 사실이 주위에 알려졌다. 배가 불러 오는 걸 감추지 못한 이쓰미는 가즈키를 불러내 임신 사실을 털어놓았다. 가즈키는 갑작스러운 통보에 어쩔 줄 몰라 하며 부모에게 울며 매달렸다. 그렇게 해서 교사가 알게 됐고 교사는 이쓰미의 엄마인 나쓰미를 학교로 불렀다.

가즈키의 부모는 아들의 앞날을 위해 어쩔 수 없다며 이쓰미에게 어떻게든 임신중절수술을 하라고 강요했지만 의사는 수술이 가능한 22주를 훨씬 지나 이미 임신 8개월째라 법적으로는 출산할 수밖에 없다고 진단했다.

고등학교 상담실에서 이쓰미는 고등학교만은 졸업하고 싶다고 호소했다. 하지만 교사는 이렇게 타일렀다.

"출산하면 어차피 학교를 쉴 수밖에 없고 아기도 봐야 하는데 어떻게 하려고? 일단 학교는 중퇴하자. 나중에 여유가 생기면 그때 다시 우리 학교 야간부에 편입하면 돼. 학교는 언제든 받아 줄 거고 1년만 더 다니면 고등학교 졸업장을 받을 수 있을 거야."

이쓰미는 하릴없이 고등학교를 중퇴하고 출산 준비를 한다.

하지만 가즈키의 부모는 임신중절이 불가능하다는 걸 알고 난 뒤에도 "정말 안 할 거냐", "다른 병원에서 상담받아 보면 어떠냐?"라며 고집을 부렸다. 나쓰미와 여동생들은 그 말을 듣고 화가 나 "말이 되는 소리를 해!"라고 받아쳤다. 특히 본래 성격이 난폭한 나쓰미는 막무가내로 덤벼들며 말싸움을 키워 두 집안의 관계를 악화시켰다.

가즈키의 부모는 "앞으로 어떻게 할지는 둘이 고등학교를 졸업하고 나서 정합시다."라며 상황을 외면했다. 그리고 아들을 시모다미나미 고등학교에서 누마즈시의 고등학교로 전학시켰다. 아들만 빼돌려 사태를 모면하려 했다.

2003년 9월 이쓰미는 시내의 한 병원에서 홀로 큰딸 마리아(가명)를 출산한다. 누마즈에 있던 가즈키는 병문안조차 오지 않았다. 일주일쯤 병원에 입원하고 퇴원 후 집으로 돌아왔는데 본가에는 여동생 둘뿐만 아니라 아버지가 다른 네 살짜리 남동생과 한 살 난 여동생이 살고 있어서 안 그래도 비좁은 집이 터져 나갈 지경이었다. 친척들과 의논해 이쓰미는 마리아를 데리고 이모인 마사코의 집에서 지내기로 했다.

이모 마사코는 나이 든 조모와 프리터[■]인 30대 아들과 함께 살았다. 오래전에 이혼한 마사코는 조모가 받는 연금을 비롯해 얼마 안 되는 수당으로 살아가고 있었다. 마사코는 이쓰미와 마리아가 이사를 오자마자 선언한다.

"아기는 내가 볼 테니 너(이쓰미)는 빨리 일해서 생활비를 벌어 와! 그게 여기서 사는 조건이야!"

이쓰미는 얹혀사는 처지라 그 말을 거스를 수 없었다. 태어난 지 얼마 되지도 않은 마리아를 마사코에게 맡기고 헬로 워크hello work[일본 후생노동성이 운영하는 공공 직업 안정소]를 통해 근처의 료칸에서 종업원으로 일을 시작했다.

100년 넘는 전통이 있는 료칸이었다. 소나무로 둘러싸인 정원에는 봄이 되면 새빨간 철쭉이 핀다. 이쓰미는 매일 새벽같이 집을 나서서 자전거로 료칸까지 출근했고 캄캄한 한밤중까지 일했다. 료칸 주인은 이쓰미를 "묵묵히 성실하게 일하는 아이였고 늘 붙임성 있게 웃는 얼굴이었다."고 평했다. 예스맨이라 불리는 성격이 료칸에서 하는 일과 잘 맞

■ 프리 아르바이트의 줄임말로 고정적인 일자리 대신 아르바이트와 파트타임 등으로 생계를 유지하는 취업 형태를 일컫는다.

앉을지도 모르겠다. 하지만 월급은 대부분 마사코에게 갖다 줘야 했고 이쓰미가 마음대로 쓸 수 있는 돈은 얼마 되지 않았다.

이듬해인 2004년 봄 이쓰미는 예정대로 시모다미나미 고등학교 야간부에 편입한다. 이를 계기로 료칸에서 하던 아르바이트를 그만두고 국도 옆에 위치한 레스토랑 조나단으로 일터를 옮겼다. 레스토랑은 출퇴근 시간이 정해져 있어서 통학하며 일하기가 훨씬 수월했다. 아침 6시경 출근해 6시 반 개점 시간부터 저녁까지 일한 뒤 야간부 고등학교에 갔다. 한 달에 15만 엔 정도인 월급 대부분은 여지없이 마사코가 생활비로 쓴다며 가져갔다.

여동생 게이코는 이쓰미의 상황을 이렇게 설명했다.

마사코 이모는 우리 엄마보다 더 지독했어요. 특히 돈 문제는 칼 같았죠. 어찌나 악착스러운지 늘 남한테서 돈을 어떻게 우려낼지만 궁리한다니까요. 조카인 우리에게까지 이상한 물건을 몇 번이나 강제로 팔았어요.

이모가 잇짱을 집에 들인 이유는 당연히 돈 때문이었어요. 일단 잇짱이랑 마리아를 부양가족으로 올려 수당을 더 타냈죠. 게다가 아동 수당이랑 모자 수당(아동 부양 수당)*이 들어오는 통장을 빼앗아서 "생활비니까."라며 전부 자기가 가졌어요. 그런데도 잇짱한테 생활비로 월급에서 매달 5만 엔씩 받아 가고. 그것 말고도 식비가 부족하다느니 전기료가

올랐다느니 하면서 계속 돈을 요구했던 것 같아요.

잇짱은 늘 그렇듯이 "네, 네." 하면서 불평 한마디 안 하고 따랐고요. 원래 그런 성격이거니와 딸을 인질로 잡힌 거나 다름없었으니 어쩔 수 없지 않았나 싶어요. 이모가 "내가 마리아를 봐주는데 뭐 불만 있어?"라고 하면 꼼짝 못 했거든요.

이쓰미는 이런 상황에서 누군가에게 의지하고 싶었을 것이다. 하지만 가즈키는 그때 누마즈에서 고등학교에 다니고 있어서 고민을 나눌 수 없었다.

그 무렵 이쓰미는 조나단에서 알게 된 본사 직원과 친해진다. 일이 끝나고 난 뒤 이런저런 얘기를 나누는 사이 둘은 연인 관계로 발전한다. 시모다 해변에 있는 러브호텔이나 어두컴컴한 항구에 차를 세우고 같이 시간을 보냈다.

정식으로 교제한 것은 아니었다. 이쓰미에게는 외로움을 달래 주는 순전히 찰나적인 관계였다. 하지만 딸 마리아가 있고 가즈키와 미래를 약속한 만큼 바람피웠다는 사실을 부정할 수는 없었다. 이 일이 이쓰미의 인생을 크게 뒤흔들어 놓는다.

■ 한부모 세대 등 생부 또는 생모와 생계를 같이하지 않는 아동에게 지급되는 수당으로 만 18세가 될 때까지 매월 1만 180~4만 3160엔의 수당이 가계소득에 따라 차등 지급된다.

결혼

2005년 봄 이쓰미는 조나단에서 일하면서 야간제 고등학교를 졸업했다. 가즈키도 누마즈의 고등학교를 졸업한 뒤 가나가와현 후지시에 있는 기업에 취직한다.

고등학교 졸업 후에 미래를 정하자고 약속한 둘은 우선 동거해 보기로 했다. 이쓰미는 시모다를 떠나 가즈키의 집으로 갔다. 마리아는 마사코에게 맡겨 두고 나왔는데 두 사람의 생활이 안정되면 정식으로 혼인신고를 하고 마리아를 데려와 엄마, 아빠, 마리아 셋이서 살 예정이었다. 마사코 입장에서는 적어도 그때까지는 마리아를 옆에 두어 수당을 계속받아 챙길 셈이었다.

하지만 두 젊은이의 생활은 몇 달 만에 끝난다. 이쓰미가 조나단 본사 직원과 바람피운 사실이 들통났다. 이쓰미의 일기를 들춰 보던 가즈키는 이쓰미가 본사 직원 말고도 다른 남성 다섯 명과 육체관계를 했다고 적힌 내용을 발견한다. 가즈키가 이쓰미를 추궁하자 이쓰미는 "바람피운 거 아냐!"라며 끝까지 부인했지만 가즈키는 들으려 하지 않았다. 결국 둘은 헤어지기로 한다.

둘의 관계는 파탄이 났지만 나쓰미가 보기에 이쓰미가 맨몸으로 돌아오면 자신도 더는 어떻게 해줄 수가 없었다. 나쓰미는 가즈키에게 적어도 마리아를 자식으로 인지하고 양육비 지급 약속이라도 하라고 다그쳤다. 하지만 가즈키는 부모를 앞세워 이렇게 주장했다.

"이쓰미가 잘못했잖아. 난 걔가 바람피워서 배신당한 거고. 마리아도 내 애인지 어떻게 알아. 난 책임 못 져!"

가즈키의 태도가 돌변했다. 이쓰미도 켕기는 게 있어선지 엄마와 여동생을 진정시키며 혼자서 키우겠다고 말한다.

시모다로 돌아온 이쓰미는 다시 이모 마사코의 집에 얹혀살며 조나단에서 일했다. 다시 마사코에게 월급과 아동 수당 등을 다 빼앗기는 처지가 되었다. 마음은 마사코의 집에서 나와 따로 집을 얻어 살고 싶었지만 아르바이트하는 동안 마리아를 맡아 줄 사람도 없고 보육 시설을 이용할 돈도 없었다.

이쓰미는 마사코에게 이런저런 잔소리를 듣는 게 싫어서 일을 마치면 동네 남자 친구들과 어울려 밤거리에서 노는 일이 잦았다. 애기 엄마라지만 아직 스무 살이다. 흑심을 품고 입발림하며 밥을 사주는 남자가 적지 않았다. 그러는 사이 이쓰미는 많은 남성과 육체관계를 갖는다. 남자들 또한 싱글맘인 데다 부르면 부르는 대로 달려오는 이쓰미가 '편리한' 존재였을 것이다.

2007년 이쓰미는 훗날 배우자가 되는 남성을 만난다. 어느 날 집에 있는데 우편집배원이 소포를 들고 왔다. 고등학교 1년 후배인 야마다 잇페이(가명)였다. 고등학교 졸업 후 우체국에서 아르바이트를 한다고 했다. 이쓰미가 말을 걸었다.

"어머, 자기 귀엽네. 전화번호 좀 줘봐."

야마다는 흔쾌히 응했고 그 자리에서 번호를 교환했다. 그 후 이쓰미가 여러 차례 전화를 걸어 만나자고 했지만 야마다는 별 반응을 보이지 않았고 이쓰미는 그러면 다른 남자라도 소개해 달라고 조른다. 그때 야마다가 데리고 나온 남자가 야마다의 동창생 다카노 료(가명)였다.

료는 고등학교 졸업 후 아르바이트를 하다 말다 하던 이른바 프리터였다. 작은 키에 잘생긴 편도 아니었고 이쓰미처럼 아토피피부염이 있었다. 빚도 있었다. 여성 편력이 심하다는 소문에 엄마와 여동생들도 "료랑은 절대 안 돼." 하고 여러 차례 말렸지만 이쓰미는 그 말을 한 귀로 듣고 한 귀로 흘리며 료랑 사귀다가 몇 달 후에는 시내에 저렴한 집을 빌려 동거를 시작한다.

가파른 언덕길 중턱에 위치한 빌라는 폐허나 다름없었다. 외벽은 이끼와 더러운 때로 거무칙칙했고 계단은 녹슬고 군데군데 자잘한 구멍이 뚫려 있었으며 입주민 대다수가 독거노인이었다. 하루라도 빨리 마사코에게서 벗어나고 싶었던 이쓰미는 시모다에서도 가장 저렴한 편에 속하는 빌라를 냉큼 골랐다. 이쓰미는 마리아를 데리고 나와 셋이서 살려고 했지만 마사코가 "생활이 안정되면 데려가."라고 만류해 우선은 둘이서 살림을 차렸다.

이쓰미와 료 둘 다 장차 결혼까지 내다보며 함께 산 건 아니었다. 동거하자마자 임신 사실을 알았지만 처음부터 임신중절을 결심했다. 시내의 ○병원에서 알아본 초기 임신중절수술 비용은 10만 엔. 둘이서 어찌어찌 돈을 끌어 모아 수술을 받았다.

재판에서 이쓰미는 "아기를 키울 돈이 없어서" 임신중절수술을 했다고 말했다. 료는 여전히 무직이었고 이쓰미의 아르바이트 벌이만으로는 도저히 생활을 꾸릴 수 없었다고.

하지만 료의 말을 들으면 사정은 좀 다른 듯하다.

터놓고 말해서 우리 둘 다 바람피우고 있었어요. 나도 이쓰미도 섹스 파트너가 몇 있었죠. 서로 어렴풋이 알고는 있었지만 '뭐, 어때.' 싶었고. 그래서 걔가 임신했다고 했을 때 난 '진짜 내 애 맞아?'라는 생각이 들었어요. 그렇게 말했더니 걔도 "그런 식으로 말할 거면 됐어. 낙태할 거야."라고 해서 수술한 거죠.

이쓰미는 료가 좋아서라기보다 마사코의 집에서 나오고 싶어 동거를 택했는지 모른다.

그 뒤로도 이쓰미는 피임을 신경 쓰지 않았다. 1년도 안 되어 또 임신을 한다.

지난번과 달리 이쓰미는 아이를 낳기로 결심한다. 아이 아버지가 료라고 확신했고 임신중절수술은 너무 아파서 두 번 다시 하고 싶지 않았다. 그렇더라도 이와 관련한 이쓰미의 법정 진술은 지나치게 가벼웠다.

(이전에 받은 수술이) 아팠고, 그럴 바엔 낳는 게 나을 것 같아서 (낳기로 했어요). 마리아는 아직 이모 집에 있었는데 데려와서 잘 키우면 불쌍하다는 생각은 안 들게 할 수 있을 것 같았어요.

가족에게도 임신 사실을 알리고 아이를 낳은 뒤에 료와 혼인신고를 할 거라고 밝혔다. 가족은 상대가 료여서 걱정했지만 임신한 상황이라 대놓고 반대하지는 못했다.

하지만 그 걱정은 현실이 된다. 막달로 접어들 무렵 예기치 않은 사건이 일어났다. 료가 열여섯 살 여자 고등학생을 강간한 혐의로 경찰에 체포된다. 엄마 나쓰미도 동생 게이코도 치를 떨며 마음을 바꿔 "그런 놈의 자식은 낳지 마!"라고 이쓰미를 닦달했다.

이쓰미가 어깨를 떨구며 대답했다.

"수술할 수 있는 시기가 지나서 어쩔 수 없어. 그리고 료도 아기가 생기면 달라질 거야."

가즈키 때와 마찬가지로 임신 22주가 지나 있었다. 한동안 경찰서에 유치되었던 료는 피해자에게 합의금을 준 뒤 석방되었고 아무 일 없었다는 듯 집으로 돌아왔다. 이모 마사코에게서 마리아를 데려오기도 해서, 앞으로의 생활을 생각하면 이쓰미에겐 료가 필요했다.

2008년 4월 이쓰미는 병원에서 마타이(가명)를 무사히 출산한다. 건강한 남자아이였다. 이렇게 4인 가족의 삶이 시작되지만 생활비가 문제였다. 이쓰미가 집에서 두 아이를 돌보느라 생계는 료가 벌어 오는 수입에만 의존해야 했는데 건축 관련 아르바이트 등을 하던 료는 몇 주, 길어야 몇 달을 버티지 못하고 툭 하면 일을 그만두었다. 수입은 거의 없는 셈이어서 가계를 꾸리기가 녹록치 않았다. 손에 잡히는 실수입은 아이들의 아동 수당뿐이었다.

머지않아 생활을 유지하기 힘들어졌고 먹을 게 없어 곤란한 지경에 이른다. 당시 여동생 게이코의 애인이 그 상황을 보다 못해 료에게 자기가 경영하는 건설 회사에서 일하라고 손써 주었지만 료는 그 회사마저 무단결근한다.

그럼에도 이쓰미는 료가 정신을 차릴 날이 오겠거니 믿으며 9월에 혼인신고를 한다. 그리고 아이들을 생각해서 일 좀 하라고 료에게 간곡히 부탁한다. 하지만 료는 일 얘기를 꺼낼 때마다 발끈해 "나도 열심히 했어!"라고 소리를 지르고 식탁 위의 식기나 잡지를 벽에 던지는 등 난동을 피웠다.

이쓰미는 료의 말이나 행동이 점점 난폭해져도 언젠간 바뀔 거라고 기대하며 참았다. 아들 마타이는 료의 피를 물려받은 친자식이고 마리아도 '아빠'라고 부르며 료를 많이 따랐다. 그리고 가족의 맹렬한 반대를 무릅쓰고 결혼한 마당에 이제 와 못 살겠다고 돌이킬 수는 없는 노릇이었다.

그런 마음을 아는지 모르는지 료는 일자리를 알아보려는 시도조차 하지 않았다. 대낮엔 집에서 빈둥거리거나 잤고 깨어 있을 땐 게임만 했다. 어느 날 이쓰미가 더는 참을 수 없어서 "가족들 생각은 안 하니? 일 좀 하라고!"라고 외치며 울분을 터트렸다. 그러자 료가 벌떡 일어나 소리를 질렀다.

"시끄러워. 면접 기다리는 중이라고! 네가 자꾸 짜증나게 구니까 뭘 못 하겠잖아!"

료는 이쓰미의 머리채를 움켜쥐고는 있는 힘껏 바닥으로 밀쳐서는 질질 끌었다. 마리아와 마타이가 큰 소리로 울어 댔다. 이쓰미는 공포에 질린 아이들의 얼굴을 본 순간 '료랑은 살 수 없다.'고 생각했다. 같이 있다가는 언제 아이들에게까지 손찌검을 할지 몰랐다.

밤일

2009년 3월 이쓰미는 마침내 료에게 이혼 신고서를 내민다. 이쓰미는 두 아이를 안고 집을 나와 시모다시 니시나카에 있는 본가로 향했다. 이모 마사코의 집에서 지내는 동안 괴로운 일을 많이 당했던 터라 본가로 들어가는 게 나을 성싶었다.

니시나카에 위치한 엄마 집에는 초등학교와 어린이집에 다니는 어린 동생들만 같이 살고 있었다. 이쓰미의 바로 아래 여동생인 게이코와 후미코는 독립해 따로 나가 살았다. 엄마인 나쓰미는 이래도 네가 여기 있을 수 있겠냐 싶을 정도로

험악한 말을 쏟아부었지만 이쓰미는 머리를 숙이며 같이 살게 해달라고 매달렸다.

니시나카 집에서의 생활은 새롭게 열린 지옥이었다. 나쓰미는 근처 도시락 가게에서 아르바이트로 버는 월급 11만 엔과 아동 수당 및 아동 부양 수당으로 나오는 6만 엔이 수입의 전부였다. 이 돈만으로는 생활이 빠듯했고 당연히 이쓰미와 손주 둘을 떠안을 여유가 없었다. 그래서 나쓰미는 마사코처럼 이쓰미에게서 돈을 뜯어내려 했다.

"여기 있을 거면 돈을 내! 먼저 이혼해서 모자 수당(아동 부양 수당)부터 받고. 모자 수당이랑 아동 수당 들어오는 통장은 내가 관리할 거야. 착각하지 마, 이건 생활비야!"

이쓰미는 얹혀살러 온 처지였다. 그런 말을 듣고도 두말없이 통장과 인감을 넘겼다. 아동 부양 수당이 약 4만 엔, 아동 수당이 약 3만 엔으로 한 달에 7만 엔 정도가 들어왔다.

나쓰미는 그럼에도 만족하지 않았다. 얼마 후 또 돈 얘기를 꺼냈다.

"정말 돈이 없어! 너희 들어오고 나서 수도 요금이랑 전기 요금이 얼마나 많이 나오는지 알아? 일을 좀 해서 돈을 벌어 와! 이모네 집에 있을 땐 한 달에 5만 엔씩 줬다면서. 여기서도 그렇게 해!"

이쓰미는 어쩔 수 없이 육아휴직을 서둘러 끝내고 조나단에서 다시 아르바이트하며 월급 10만 엔 가운데 5만 엔을 생활비로 내놓았다.

이렇게 해서 나쓰미는 이쓰미에게서 매달 10만 엔 넘게 챙겼지만 그 돈을 손주들에게 쓰지는 않았다. 두 가족은 생활비를 각각 따로 썼다. 광열비 등 일부를 제외하면 이쓰미와 아이들의 식비, 기저귓값, 어린이집 보육료 등 모든 걸 이쓰미가 부담했다. 이쓰미는 수중에 남은 5만 엔으로 이런저런 비용을 겨우 메꿔 갔다.

나쓰미의 '착취'에 시달리다 못한 이쓰미는 돈을 조금이라도 더 벌어 보려고 7월부터 아르바이트를 늘렸다. 파견 컴패니언companion(통칭 컴파)▪에 등록했다. 연회나 파티에서 손님을 접대하는 일인데 온천 관광지인 시모다에서는 그럭저럭 수요가 있었다.

그때부터 이쓰미는 아침부터 한밤중까지 일했다. 아침 6시경부터 오후 4시까지는 레스토랑 조나단에서 일했고 끝나면 어린이집에서 아이들을 데려와 집에 맡긴 뒤 오후 6시부터 심야까지는 컴파 일을 하러 갔다. 아르바이트 두 곳에서의 수입과 아동 수당 등을 합하면 한 달 수입이 28만 엔쯤되니 생활도 조금은 여유가 생길 거라 여겼다.

그런데 나쓰미는 돈 냄새를 기가 막히게 맡아서 이쓰미의 수입이 늘었다는 걸 알자마자 달려들었다.

▪ 일본에선 영어의 본뜻인 동반자, 친구라는 뜻 외에 행사, 회의, 연회, 전시장 등에서 손님을 접대하는 여성을 일컫는 말로도 쓰인다.

"밤에 네가 나가서 컴파 하는 동안 내가 애 보느라 얼마나 힘든지 알아? 내가 아무것도 못 하는 거 아냐고! 이제부턴 애 봐주는 값으로 시간당 1000엔씩 내! 다섯 시간 맡기면 5000엔이야, 알았지!"

밤 12시까지 일하고 8000엔을 버는데 여섯 시간분을 나쓰미가 가져가 버리면 손에 쥐는 건 달랑 2000엔이다. 너무나도 불합리한 요구였지만 "야간에 애를 맡아 주는 시설은 돈 더 내야 돼!"라는 말을 듣고 울며 겨자 먹기로 따를 수밖에 없었다.

동생 게이코는 이때의 이쓰미를 이렇게 보았다.

잇짱, 이모랑 엄마에게 돈을 강탈당했으니까요. 이모 집에 살 때에는 마리아를 인질로 잡아 놓고 돈을 요구하고, 거기서 도망쳐 료랑 동거할 때에는 가정 폭력에 시달리고. 그래서 본가로 도망쳤더니 이번에는 엄마가. 잇짱이 무슨 말에든 "네, 네." 하니까 그런 거지만 도망칠 곳이 없었겠구나 싶어요.

그 무렵 잇짱은 하루에 단돈 1000엔도 손에 못 쥐었을 거예요. 1000엔으로 애들 식비, 옷, 기름 값 모두를 감당하기는 어렵잖아요. 그래서 잇짱은 어쩔 수 없이 엄마한테 "돈 좀 빌려줘."라며 1000엔, 2000엔씩 빌렸어요. 그랬더니 그게 또 빚으로 쌓이고 쌓여서 월급날에 갚아야만 했죠.

왜 그렇게까지 딸에게서 돈을 뜯어 가려 했을까. 법정에서 그 질문을 받자 나쓰미는 "애 키우려면 돈 들잖아요!"라고 목소리를 높였다. 자기가 마리아랑 마타이의 밥을 해주기도 했고 병원에 데려가서 병원비를 내준 일도 있다고 했다.

하지만 주위 사람들을 취재해 보니 실제 상황이 낱낱이 드러났다. 이를테면 전남편 료는 다음과 같이 말했다.

그 엄마(나쓰미)가 진짜 악착같이 돈을 뜯어 갔어요. 정말 뭐든 돈, 돈, 돈. 한번 돈 내놓으라는 말을 꺼내면 정신없이 그 소리만 계속 해대요. 그래서 걔(이쓰미)도 그냥 돈 주고 말지 싶었을 거예요.

놀러 다니고 외식하는 데 돈을 다 썼어요. 또 디즈니랜드. 그 인간 1년에 몇 번씩 이모(마사코)랑 애들 데리고 디즈니랜드에 놀러 갔거든요. 많을 때는 1년에 열두 번 간 적도 있을걸요. 걔(이쓰미)는 놔두고 갔지만 가끔 우리 애도 데리고 갔고. 물론 거기서 자고 오는 일정.

맨날 외식에, 집에서는 밥 한 번 한 적 없어요. 아이들이랑 맨날 밖에서 사먹었다니까요. 그러니까 그렇게 살이 찌죠. 얼마나 먹으면 저럴까 싶어요.

이 말에 친척들 모두 동의했다. 디즈니랜드에는 나쓰미와 나쓰미의 어린 자식 두 명 그리고 이쓰미의 아이인 마리아랑 마타이, 이모인 마사코 이렇게 여섯이서 같이 갔다. 하룻밤 자고 오는 일정이라면 한 번에 20만 엔 이상 들 것이다. 이쓰미에게서 갈취한 돈은 이렇게 나쓰미의 유흥비로 쓰였다. 나쓰미의 소행을 보고 있으면 자기 딸한테 어떻게 저럴 수 있나 싶다.

상식적으로 생각했을 때 이쓰미도 모자생활지원시설**을 알아본다든지 다른 방법을 찾아볼 수 있지 않았을까. 무슨 일을 하든 결국 월급을 뺏긴다면 밤에는 아이들 곁에 있겠다는 선택도 있을 터다. 하지만 이쓰미는 현실에 맞서기보다 컴파 일과 일 끝난 뒤의 회식을 즐기면서 현실을 도피하는 쪽을 택한다.

컴파 자리에선 손님이 권하는 대로 술을 마시고 2차, 3차를 가자고 할 때도 마다하는 법이 없었다. 매일 밤 집에 돌아와 속을 게웠다니 술을 퍼붓듯이 마셨던가 보다.

또 이쓰미는 술자리에서 만나는 남자와 누구든 상관없이 육체관계를 했다. 손님이 묵는 호텔에 따라가거나 시내의 러브호텔을 이용했고 그런 식으로 일상에서 쌓인 스트레스를 풀었다.

이런 이쓰미의 밤 생활은 재판에서 드러났다. 이쓰미의

■ 18세 미만의 아이를 양육하는 모자가정 중 생활 문제를 겪는 엄마와 아이가 함께 입소해 지낼 수 있는 일본의 아동복지시설이다. 한국의 모자가족복지시설과 유사하다.

동생 후미코는 놀라서 어쩔 줄 몰라 했다.

잇짱한테 그런 남자관계가 있었다니 전혀 몰랐어요. 어쩌면 집에서 엄마에게 받는 스트레스나 불안을 전부 섹스로 해소하려 했던 게 아닐까 싶기도 해요. 그렇게라도 하지 않으면 살아갈 수 없었을 테니까.

이쓰미 처지에선 마음 편히 지낼 만한 곳이 밤거리뿐이지 않았을까. 스물서너 살이라는 나이와 한 차례 이혼 경력을 고려하면 새 남자를 만나 모든 것을 다시 시작하고 싶은 마음도 있었을지 모른다.

당시 육체관계를 가졌던 다수의 남성 가운데에는 전남편 료도 있었다. 료는 이혼한 뒤에도 가끔씩 연락을 했고 "마타이 만나게 해줘."라고 요구하기도 했다. 가정을 전혀 돌보지 않았으면서도 제 자식을 만나고 싶은 마음은 있었던 걸까. 이쓰미는 마타이도 료를 보고 싶어 한다는 걸 알았기에 깊이 생각하지 않고 만나게 했다.

이쓰미의 말이다.

그게, 료는 아빠잖아요. 그러니까 마타이 보고 싶어 하는 거야 당연하고……. 료는 (아이를) 만날 때는 아르바이트해서 모은 돈으로 장난감을 선물해 줬어요. 장난감 자동차 같은 거. 마타이, 정말 좋아했어요.

난 늘 돈이 없으니까 (아이에게) 아무것도 사주지 못해
서 불쌍하기도 하고. 그래도 마타이는 날 정말 좋아했어요.
"엄마, 엄마." 하면서 떨어지려 하지 않았고. 진짜 엄마 껌
딱지예요. 나도 정말 애가 좋고 더 잘해 주고 싶고. 하지만
돈이 없으니까 어딜 가든 "미안, 미안." 하고……. 그래서
료가 선물을 주고 마타이가 좋아하니까, 잘됐다 싶어 크리
스마스나 그런 날에 만나게 했어요.

하지만 아이를 밖에서 만나게 하지는 않았다. 료는 마
타이에게 장난감을 사주는 대신 이쓰미에게 섹스를 요구했
고 이쓰미는 이쓰미대로 "선물을 준다면야."라면서 받아들
였다.
　이런 일이 화근이 되어 이쓰미는 스물다섯 살이 되고
얼마 후 네 번째 임신을 한다. 아버지는 료였다. 지금 상황에
서 애를 셋이나 기르기는 어려웠다. 이혼한 료와 관계를 이
어 가고 있었다는 사실을 가족에게 밝힐 수도 없었다. 이쓰
미는 료에게 임신 사실을 알리고 5만 엔씩 돈을 내 지난번처
럼 ○병원에서 임신중절수술을 받기로 마음먹었다. 2011년
4월의 일이다.

재혼

이런 상황에서 둘의 관계는 의외의 전개를 보인다. 그해 7월 둘은 다시 살림을 합친다.

임신중절수술을 한 지 3개월이 지났을 때 이쓰미는 엄마인 나쓰미와 사소한 일로 싸움을 벌인다. 이쓰미는 앞뒤 안 가리고 아이들을 데리고 니시나카 본가를 뛰쳐나왔다. 갈 곳 없이 헤매던 발길은 결국 료의 집으로 향한다. 그곳에서 둘은 다시 한번 같이 살기로 마음을 모으고 두 번째 혼인신고를 한다.

하필이면 왜 료였을까. 이쓰미는 말한다.

왜냐면 료, 이번엔 정말 열심히 일하겠다고 했거든요…….
이제 폭력도 쓰지 않겠다고 약속했고. 애들한테도 아빠가 있는 게 좋을 것 같고. 마타이도 좋아하고……. 그래서 다시 한번 같이 살아 보기로 한 거죠.

지난 결혼 생활을 돌아보면 아무 일 없이 잘 지낼 수 있으리라는 기대는 허망하기 짝이 없었다. 아니나 다를까 두 번째 결혼 생활은 지난번보다 더 비참했다.

료는 일을 하겠다고 말로만 떠벌릴 뿐이었다. 아르바이트는 며칠 못 가 그만뒀고 늘 어슬렁어슬렁 놀러 다녔다. 이쓰미가 불만을 토로하면 이전보다 더 심하게 폭력을 휘둘렀다. 툭 하면 때리고 찼다. 한번은 복부를 맞아 갈비뼈가 부러지는 바람에 병원에 실려 가기도 했다. 공포에 질려 울음을 터트리는 세 살 난 마타이를 향해 "조용히 해!"라고 소리를 지르는 등 폭력의 손길은 제 자식에게까지 뻗쳤다.

돈이 궁해진 료는 종종 도둑질을 했다. 이전부터 손버릇이 나빴는데 이 무렵에는 남의 물건에 거침없이 손댔다. 이쓰미의 동생 게이코가 직접 겪은 일을 들려줬다.

료는 최악의 남자예요. 나도 여러 번 당했어요. 한번은 본가에서 잇짱네 가족이랑 만난 적이 있거든요. 잠시 얘기하다 금방 헤어졌는데 도중에 편의점에서 지갑을 열었더니 돈이 한 푼도 없는 거예요. 그래서 열이 뻗쳐서 곧장 잇짱에게 전화해서 "료가 그랬지?" 하고 따졌죠. 잇짱이 알아봤더니 돈이 없을 텐데 료의 자동차 기름이 꽉 차있다는 거예요.

황당하죠. 그래서 내가 "료한테 말 좀 해!"라고 화냈더니 잇짱이 "응." 하고 대답은 했는데 아무 말도 못 했나 봐요. 맞을까 봐 그랬겠죠. 결국 잇짱이 월급날에 갚아 줬어요. 료는 항상 그랬어요.

가정 폭력에 도벽까지 료에게 일반인의 도덕관념을 기대하기는 어려웠다.

그럼에도 할 말은 있다는 듯 료는 부부 싸움이 끊이지 않았던 이유를 이렇게 설명한다.

첫 번째(결혼)도 그랬지만 걔(이쓰미)는 계속 바람을 피웠다니까요. 늘 남자가 있었어요. 난 걔 바람피우는 현장을 덮친 적도 있어요.

자세한 날짜는 까먹었지만 그날 걔 한밤중에 컴파 사장이 부른다면서 나갔거든요. 뭔가 낌새가 이상했지만 난 애 봐야 하니까 집에 있었고. 그랬는데 좀 있으니 친구한테 전화가 와서 "야, 네 와이프 남자랑 있다." 그러는 거예요.

난 "그게 뭔 소리야?" 하고 당장 차를 몰아 오하마라는 곳에 갔죠. 차가 한 대 서있었는데 그 안에서 고등학교 동창 애랑 붙어 있는 거예요. 그놈이 바로 처음에 나랑 이쓰미를 연결해 준 야마다예요. 미친 거 아니냐고요. 화가 나서 그 자리에서 "뭐 하는 짓이야!"라고 했더니, 걔 아무 말 못하고.

그런 일이 허다했어요. 컴파 일이라는 게 남자랑 엮이는 거잖아요. 걔, 내가 가정을 파괴했네 어쨌네 떠드는 것 같은데 실제로는 걔도 장난 아니었어요.

이런 관계였음에도 동거한 지 얼마 되지 않아 아이가 생겼다. 다섯 번째 임신이었다.

이때도 이쓰미는 출산할 마음이 없었다. 료의 폭력에 치가 떨려 마음 한구석에선 헤어질 결심을 했다. 그럼에도 계속 료의 집에서 지냈던 건 엄마인 나쓰미가 있는 본가로 되돌아가는 게 내키지 않아서였다.

이쓰미는 임신중절을 결심했지만 수술비가 문제였다. 반년 전에도 수술해 돈이 없었고 료는 운전면허가 취소돼 운전면허 학원에 다시 다니고 있었다. 우선 이쓰미가 매달 월급에서 조금씩 수술비를 모을 수밖에 없었다.

임신 5개월째에 접어드는 가을에서야 ○병원을 찾아갔다. 처음 임신했던 고등학교 3학년 때 의사가 수술 가능 시한은 22주라고 한 말을 기억하고 그때까지 어떻게든 10만 엔을 마련하려 애썼다.

진찰실에서 검진받던 이쓰미는 태아가 쌍둥이라는 말을 듣는다. 게다가 ○병원에서는 안전하다고 여겨지는 12주까지의 초기 수술만 하며 그 이후 중기 수술은 이토시에 있는 종합병원 산부인과에서만 가능하다고 했다.

의사가 말을 이었다.

"중기 임신중절수술은 초기 수술보다 비용이 훨씬 많이 들어요. 게다가 쌍둥이잖아요. 아마 이토시에 있는 종합병원이라면 40만 엔 이상 들걸요."

의사의 말을 듣고 이쓰미는 깜짝 놀랐다. 지금껏 수술비를 마련하느라 그렇게 아등바등했는데 그런 큰돈은 도저히 손에 쥘 수 없는 금액이었다. 이렇게 된 이상 낳는 수밖에 없었다.

2012년 4월 이쓰미는 병원에서 난산 끝에 쌍둥이를 출산한다. 둘 다 남자아이로 료지(가명), 도라지(가명)라고 이름 지었다. 미숙아여서 인큐베이터 안에 들어가 몇 주 입원을 했다.

　이쓰미는 출산 일주일 후 아기들보다 먼저 퇴원했는데 료의 집이 아닌 나쓰미가 사는 본가로 바로 돌아간다. 폭력을 감내하며 자기 혼자 일해서 번 돈으로 아이 넷의 육아까지 감당하기는 어렵다고 판단했기 때문이다. 동생들도 그러기를 바랐다. 그렇게 일단 본가에 몸을 의탁해 새 생활을 시작했다. 그때 나쓰미는 니시나카에서 나중에 사건 현장이 되는 다코우마의 1층 전셋집으로 이사했고 이쓰미는 그 집의 7.4제곱미터 크기의 네모진 방 한 칸을 빌려 지냈다.

　본가에서 지내자 나쓰미가 또다시 생활비를 요구하며 월급이 들어오는 통장을 빼앗아 갔다. 이렇게 될 줄 알면서도 본가에 들어온 건 의지할 곳이 엄마밖에 없어서였다. 컴파 일을 하면서 만난 섹스 파트너는 이제 다섯 명에서 열 명 정도로 늘었지만 누구 하나 손 내미는 이가 없었다.

　드디어 쌍둥이 아기가 퇴원해 집으로 왔다. 이때 상상도 못 했던 일이 일어난다. 쌍둥이 중 형인 료지는 태어날 때부터 몸이 약했는데 갑자기 원인 모를 고열에 시달리거나 툭하면 구토하는 증상을 보였다. 또 자가면역질환이라도 있었는지 영유아에게는 드문 탈모증도 나타났다.

　이쓰미는 정성껏 료지를 돌봤지만 밖에서 일하는 동안에는 나쓰미에게 애를 맡겨야 했다. 나쓰미는 본래 애에게 관심이 없었다. 기분이 내키면 시내에 있는 병원까지 애를 데려가기도 했지만 걸핏하면 이쓰미를 몰아세웠다.

"내가 왜 이런 일까지 해야 돼! 애 맡길 거면 돈을 내! 생활비도 이걸로 안 돼. 더 줘!"

이런 생활은 이쓰미에게 꽤나 가혹했을 터였다. 아르바이트와 컴파 일로 온종일 바빴지만 이쓰미에게는 엄마를 갈망하는 아이들이 있었다. 집에 있는 동안에는 아이들과 한데 어울려 놀았고 아이들과 함께하는 시간만이 삶의 유일한 위로였다.

특히 첫째 아들인 마타이는 네 살이 되자 한층 더 이쓰미에게 달라붙으며 떨어지려 하지 않았다. 이쓰미도 그런 마타이를 끔찍이 아껴서 내내 꼭 안고 있었고 잘 때도 아침까지 몸을 맞대고 잤다. 물론 다른 아이들도 아끼고 귀여워했으며 때로는 둘씩 셋씩 동시에 껴안고 정원에서 놀거나 목욕을 하곤 했다. 하지만 료지의 병은 그런 일상의 소소한 행복마저 빼앗아 갔다.

이런 현실에 혼자 맞설 수 없었던 이쓰미는 점점 더 현실을 외면했다. 섹스 파트너 중 하나였던 야마다가 재판에 제출한 진술서에 다음과 같은 내용이 있다.

나랑 이쓰미는 잘 맞는 섹스 파트너였습니다. 연애 감정은 전혀 없었고 그저 만나고 싶을 때 만나는 관계입니다.

이쓰미랑은 이전에 우편배달 일로 이쓰미의 집에 갔을 때 처음 만났습니다. 그때 "귀엽네."라며 이쓰미가 말을 걸었고 연락처를 주고받은 게 시작입니다. 그때는 특별히 육체관계를 했던 건 아니고 (이쓰미랑 결혼한) 료를 소개해 줬을 뿐입니다.

그러고 나서 몇 년 후 시모다 시내의 술집에서 컴파 손님이랑 술 마시고 있는 이쓰미를 우연히 만났습니다. 그때 오랜만에 대화를 나눴고 료랑 이혼한 일이랑 지금은 아르바이트하면서 애를 키운다는 얘기 등을 듣고 전화번호를 주고받으며 헤어졌습니다. 그 후 이쓰미가 곧바로 연락을 했고 만나서 섹스를 했습니다.

만날 때는 내가 연락하는 게 아니라 이쓰미가 늘 전화를 했습니다. 시모다역 앞의 로터리에서 만나 그대로 차 안에서 섹스를 하는 식입니다. 내 차인 셀시오에서 하거나 엄마 차를 썼습니다. 몇 번인가 술집에 간 적도 있지만 곧장 섹스를 하는 일이 더 많았습니다. 피임은 하지 않았습니다. "피임약 먹으니까 그냥 해도 돼."라고 해서 그렇게 했습니다. 괜찮다는데 굳이 나서서 피임할 이유는 없으니까요.

이쓰미는 다코우마의 집으로 들어왔을 무렵부터 ○병원에서 처방받은 피임약을 먹었다. 쌍둥이를 출산한 이후로 아무래도 더는 임신해선 안 되겠다고 생각을 바꾼 것이다.

하지만 생활이 불규칙적이다 보니 약을 먹는 일을 종종 까먹었다. 대체로 피임약은 한번 까먹으면 이튿날은 이틀분의 약을 복용해야 하는데 그걸 놓치곤 했다. 게다가 남성에게 콘돔을 쓰라고 요구하지도 않았다. 이런 상황이라면 임신은 어쩌면 당연한 수순일 것이다.

　이런 가운데 이쓰미는 첫 번째 사체 유기 사건을 저지른다. 이쓰미의 섹스 상대에 후지노 조타로(가명)라는 남자가 포함된 일이 발단이었다.

2015년 시모다

　항구도시 시모다의 낮과 밤은 사뭇 다르다. 눈부시게 내리쬐는 햇살에 휩싸여 화사하고 활기찬 분위기로 넘실대던 한낮의 도시는 밤이 되는 순간 세차게 불어닥치는 차디찬 바닷바람에 휩쓸리면서 살벌하고 음산해진다. 이즈급행 시모다역 주변에 늘어선 캬바쿠라의 네온사인 불빛이 거리를 밝히고 스낵바[노래방 시설을 갖춘 일본의 선술집]에서는 노랫소리가 흘러나온다.

　저녁 7시가 지나자 거리로 하나둘 모여드는 이들의 면면은 낮과 딴판이다. 조직폭력단처럼 보이는 중년 남자, 레게 머리를 한 청년, 가슴골이 훤히 드러난 옷을 입은 여성.

　시모다는 이즈반도 남부에서 가장 큰 도시이다. 관광객이나 지역 주민을 겨냥한 술집이 운집해 있고 젊은 여성이 일하는 라운지, 외국인 펍, 젊은이가 주로 찾는 클럽이 빽빽이 모여 있다. 하지만 지방의 항구도시라 그런지 가게도 점원도 어딘지 모르게 초라하다.

술집에 드나드는 남녀는 대부분 마을에서 나고 자란 불량배들이다. 중학교나 고등학교 선배의 소개로 일하러 오거나 놀러 온 치들로 다들 알음알음으로 알았다. 컴패니언으로 일하던 무렵의 이쓰미도 밤거리에서 만나는 얼굴들에 익숙했다.

나는 이 마을의 번화가를 걷다가 기시감에 휩싸였다. 앞에서 다룬 '아쓰기시 유아 아사 백골화 사건'의 무대였던 모토아쓰기, 그리고 뒤에서 다룰 '아다치구 토끼우리 감금 학대 치사 사건'의 무대가 되는 다케노즈카, 세 곳의 분위기는 마치 한마을인 양 닮아 있다.

역 앞에는 환락가가 펼쳐지고 교외의 주택가에는 빈곤이 만연해 있다. 가정환경이 불우한 아이들이 고등학교를 중퇴하고 10대에 아이를 낳고 유흥업소에서 일하다 결국은 제 자식을 죽음으로 몰아가는, 그런 대강의 도식이 눈앞에 그려졌다. 어둠에 묻힌 이 거리가 이곳 젊은이들에게는 어쩌면 막다른 골목처럼 느껴질지도 모르겠다.

그날 밤 나는 번화가에 있는 일본식 클럽 카운터에 앉아 위스키를 온더록스로 마시고 있었다. 꽂꽂이 화병, 일본 전통 인형 등으로 꾸민 가게 안은 향냄새가 자욱했고 종이 풍선 같은 둥근 등이 빨갛게 불을 밝히고 있었다. 클럽 주인은 머리를 갈색으로 물들인 50대 정도의 여성이었다. 손님은 나뿐이었다.

나는 2015년 5월 26일 시즈오카 지방재판소 누마즈 지부에서 열린 제2차 공판 때 들었던 피고인 질의가 마음에 걸려 재판 기간 중에 짬을 내 이 가게를 찾았다. 증언대에 선 이쓰미는 살해, 유기한 두 아이의 아버지가 누구냐는 질문에 눈물을 흘리며 이렇게 말했다.

(죽인) 배 속의 아이가 누구 애인지 몰라서…… 어쩌면 그 사람일지도 모르겠다고 짐작 가는 사람은 있는데……. 그래도 정확하지는 않아요. 두 번 다 모르겠어요. 그러니까 가족에게 말할 수 없어서 절대로 낳지 않겠다고 결심했어요.

검사가 당시 몇 명 정도의 남성과 육체관계를 가졌는지 묻자 이쓰미는 '어쩌면' 하고 의심 가는 남성만 해도 대여섯 명은 된다면서 태연하게 이름을 댔고 이 밖에도 다수의 남성과 관계가 있었음을 넌지시 밝혔다.

2013년 첫 번째 사건 이후 이듬해 두 번째 사건은 불과 1년 2개월 만에 일어났다. 그럼에도 등장하는 남자 이름은 대부분 달랐고 직업도 연령도 천차만별이었다. 방청석에서 그 말을 듣던 나는 우선 이쓰미가 시모다의 번화가에서 어떻게 살아왔는지부터 조사해 보기로 마음을 정했다.

카운터 맞은편에서 클럽 주인이 작은 접시에 안주를 가득 담아 내놓고는 내가 권하자 자기 잔에도 맥주를 따랐다. 나는 그가 이 가게의 경영자인 동시에 컴파 회사 사장도 겸

하고 있다는 사실을 사전 조사로 알고 있었다. 이쓰미가 다니던 Y 컴파는 주소도 연락처도 비공개였는데 동종 업계 관련자라면 뭔가 알지 않을까 싶었다.

카운터를 사이에 두고 10분쯤 잡담을 주고받은 뒤 내 신분을 밝히고 다카노 이쓰미 사건을 조사하고 있다고 말을 꺼냈다. 사건은 시모다에서도 떠들썩하게 보도돼서 모르는 사람이 없을 터였다.

클럽 주인은 잔에 든 맥주를 핥듯이 마시고 나서 입을 열었다.

Y 컴파 다카노 이쓰미 말이죠? 알죠. Y 컴파 사장 유카리(가명)는 옛날에 우리 가게에서 일하다가 독립했거든. 서로 잘 알아요.

나는 안주를 입에 넣으며 먼저 Y 컴파에 대해 물었다.

평범한 컴파예요. 시모다에는 료칸에서 여는 연회 말고도 기업이나 조합이 주최하는 행사도 꽤 많아서 컴패니언을 자주 부르거든요. Y 컴파는 사무소도 홈페이지도 없어요. 이런 일은 개인적인 인맥으로 주문받으니 공개할 필요가 없죠.

사장인 유카리는 그런 가운데서도 특출한 존재였다고 한다.

유카리는 성질이 굉장히 괴팍한 아이예요. 카랑카랑한 목소리로 몰아붙였고, 아무튼 기가 셌어요. 젊을 때 여기서 일할 때에도 여러 차례 문제를 일으켰고. 그래도 어찌 보면 그런 박력이 있으니 사장 노릇을 해내는 걸지도 모르죠.

클럽 주인이 다카노 이쓰미를 알게 된 경위를 설명했다.

처음에는 우리 쪽 일을 도와주러 왔었어요. 여름이나 연말 한창 바쁜 시즌엔 여기저기서 연회가 열리니까 컴패니언이 부족할 때가 있거든. 그럴 때는 다른 컴파에 부탁해서 놀고 있는 애를 빌려 와요. 그렇게 내가 유카리에게 부탁했을 때 다카노 이쓰미가 몇 번 왔어요.

컴파 회사끼리 파견을 보낼 때는 일 잘하는 애를 보내 주는 게 관례라고 한다. 상호 신뢰와 관련된 문제이기도 해서다. 이쓰미가 다른 컴파 회사에 불려 갔다는 건 그만큼 사장인 유카리에게 신뢰받고 있었다는 얘기다.

다카노 이쓰미는 애교가 장난 아니에요. 그렇지만 솔직히 말해 그 애랑은 별로 좋은 기억이 없어요. 겉보기에 미인이 아닌 거야 어쩔 수 없다 해도 문제는 컴파인 주제에 혼자 벌컥벌컥 마시고는 금세 취해 버렸거든. 그런 걸 좋아하는 손님이야 괜찮지만 그렇지 않은 손님은 나중에 불만을 제기하기도 하니까요.

클럽 주인이 담배를 입에 물고 조용히 불을 붙였다. 향 냄새에 담배 냄새가 섞여 든다.

가게 벽지를 얼핏 보니 미소를 머금은 컴파 여성들의 사진이 걸려 있다. 모두 20대에서 30대 초반으로 보였다. 시모다에서는 할 만한 일이 별로 없어서 이쓰미처럼 싱글맘이 부업으로 컴파 일을 하는 경우가 많다고 한다.

나는 위스키를 마시면서 이쓰미의 남성 관계에 대해 아는지 물었다.

그 소문은 여기저기서 들은 적 있어요. 뭐, 이 바닥에서야 그런 일 워낙 흔하지만 그 애는 그런 수준이 아니었나 봐요. 내 귀에까지 들어올 정도였으니까. 같이 일했던 애한테서 그 애가 남자랑 닥치는 대로 하는 것 같다는 얘기를 들었어요. 손님이 "그 애가 해줬어."라고 말하는 걸 들은 적도 있다고 하고. 그건 이 동네 남자들도 알고 있었으니까 아마 "그 애는 다 해준다."라고 소문이 났을 거예요.

동네 남자가 이쓰미를 따라다니는 일도 자주 있었다고 한다.

클럽이나 바, 스낵바엔 이 동네 젊은 애들이 자주 놀러 오거든. 컴파로 2차를 그런 가게로들 가니까 거기서 이 동네 남자애들이랑 알게 되는 거지. 그런 남자들은 한 다리 건너면 다들 아는 사이니까 쉽게 섹스할 수 있다고 하면 금방 소문이 나서 계속해서 남자들이 꼬이죠.

나는 Y 컴파에서 2차로 자주 드나들던 캬바쿠라를 방문했을 때의 일을 떠올렸다. 테이블 자리에서는 호스티스에 둘러싸인 관광객이 술을 마시고 있었는데, 카운터 자리는 호스티스의 친구, 선배로 보이는 동네의 불량한 남자들이 죽치고 노는 사랑방 같아 보였다.

캬바쿠라 직원의 말에 따르면 체포되기 전 이쓰미는 이 가게에 2차를 하러 자주 왔었고 술에 절어 소파에서 자는 일이 많았다 한다. 컴파 손님 혹은 카운터에 앉아 있던 동네 불량배가 그런 이쓰미를 '데려가는' 일을 상상하기는 그리 어렵지 않다. 마치 잘 익어 떨어진 열매에 몰려드는 개미떼처럼 남자들이 모여들지 않았을까. 이쓰미 또한 제 몸을 먹이로 내놓는 일에 일종의 쾌감을 느꼈을지도 모른다.

나는 위스키를 한 잔 더 부탁했다. 클럽 주인이 익숙한 솜씨로 얼음을 부수고 병에 든 호박색 액체를 따른다. 나는 유리잔을 받아 들고 입에 가볍게 댄 뒤 '후지노 조타로'를 아는지 물었다. 클럽 주인의 표정이 돌연 어두워진다.

조타로를 어떻게 알아요?

재판에서 이름이 거론된 적 있다고 답했다.

조타로는 원래 조직폭력배였어요. 옛날부터 툭 하면 사건을 일으키고 교도소를 들락날락해 이 바닥에선 모르는 사람이 없죠. 나이는 마흔두셋쯤 됐을까. 얼마 전까지 요 바로 근처에서 외국인 호스티스를 데리고 '봇타쿠리 바'[봇타쿠리는 일본어로 바가지요금을 뜻한다]를 했었는데 지금은 접고 오사카인가 효고인가로 갔다고 들었어요. 또 무슨 일 저질러서 도망간 건지도 모르지. 맞다, 맞다. 분명 유카리가 조타로랑 동창이었을 거예요. 조타로가 이번 사건이랑 무슨 관련이 있나요?

재판에서는 이쓰미가 관계를 가졌던 남성 가운데 조타로가 있었다고 밝혀졌다. 그리고 첫 번째 사건 때 희생당한 아이가 두 사람 사이의 아이일지도 모른다는 얘기가 나왔다고 클럽 주인에게 설명했다.

클럽 주인이 미간을 찌푸리며 "맥주 한 잔 더 얻어 마셔도 돼요?" 하고 묻는다. 나는 고개를 끄덕였다. 그는 잔에 맥주를 따르고 나직이 한숨을 내쉬고 나서 말을 이었다.

사실은 나, 그 사건으로 죽은 애가 배 속에 있는 걸 본 적 있거든. 첫 번째 사건이 2013년 7월이면 그때일 거야······. 그때 그것 때문에 유카리랑 싸웠거든.

그가 새 담배에 불을 붙인다.

막 4월이 됐을까 말까 한 즈음인데. 바빠서 여자애가 정말
부족했거든. 그래서 유카리한테 전화해서 애 좀 보내 달라
고 부탁했는데 그때 다카노 이쓰미가 온 거예요. 그 전에도
몇 번 온 적 있었으니까 얼굴은 알고 있었는데 몸을 보고 깜
짝 놀랐지. 임신한 걸 단번에 알 수 있을 정도로 배가 불러
있는 거야. 내가 배를 가리키며 "살쪄서 그런 거 아니지?"
하고 물었더니 이쓰미가 "죄송해요. 애가 생겼어요."라고
말하더라고요. 임신 6개월인가, 7개월 정도는 됐을걸.

시기적으로 첫 번째 사건 때였다. 나는 위스키를 넘겨
목을 축였다. 클럽 주인이 담배를 손에 끼운 채 말을 잇는다.

내 입장에서는 정말 어이가 없는 거지. 남의 가게에 애를 보
내면서 하필이면 임신부를 보낼 게 뭐야. 그게 말이 되냔 말
이지. 정말 어처구니없었지. 그래도 그때는 다른 애로 바꿔
달랄 시간도 없어서 어쩔 수 없이 그냥 받긴 했지만. 아니나
달라 그날도 엄청 늦게까지 마셔 댔지. 나중에 유카리에게
전화해 내 얼굴에 먹칠을 해도 유분수지, 두 번 다시 임신부
보내지 말라고 막 소리를 지르고 그때 이후로는 다카노 이
쓰미랑 만난 적이 없어요. 그 애도 그렇지, 임신하면 자기가
컴패니언으로는 일할 수 없다는 걸 알고 일을 쉬는 게 상식

이지. 정신이 말짱하다면 어떻게 그래요.

임신부에게 술을 마시게 하고 한밤중까지 끌고 돌아다니는 손님도 그렇다. 한밤의 시모다의 광기를 마주한 기분이었다.

나는 질문을 바꿨다.

— 사건이 보도되고 다카노 이쓰미가 용의자라는 걸 알았을 때 어떤 생각이 들었습니까?

이상하게 들릴지 모르겠지만 '시모다라면 있을 수 있는 일'이다 싶었어요. 남 얘기가 아니라는 생각……. 도쿄는 어떤지 모르지만 시모다라면 다카노 이쓰미처럼 생활이 힘든 싱글맘이 수없이 많아. 어린 나이에 애가 생겨서 결혼하고는 몇 년 안 돼 이혼하고. 일이 없어서 가난하게 살아가는 애들. 그런 애들은 컴파 일로 밖에 나가는 것 말고는 술 마시러 가거나 놀러 나갈 일이 없는 거야. 컴파가 일종의 도피처인 셈이지.

클럽 주인은 담배 끝을 쳐다보며 잠시 침묵하다 말을 이었다.

사건이 보도됐을 때 다카노 이쓰미 보면서 '나랑 똑같네.'라고 생각할 애가 시모다에는 꽤 많을 거예요. 그래, 지금

영아 연속 살해 사건

시대가 그런 게 아닐까 싶고. 그 사건은 애가 두 명이나 죽었는데도 시모다에서는 그다지 화제가 되지 않았거든요. 남일이 아니니까 얘기 꺼내기가 무서운 거지. 그걸 깊이 파고든다는 건 결국 타락한 자기 모습을 마주하는 듯한 기분일 테니까.

나는 유리잔을 쥔 채 아무 말 없이 가만히 있었다. 매해 떠들썩하게 보도되다 금세 잊히는 몇몇 영아 살해 사건이 문득 뇌리를 스쳤다.

고등학생이 공중화장실에서 애를 출산하고 방치한 사건, 아이를 낳고는 쓰레기장에 버린 사건, 탯줄이 달린 아이를 산부인과 앞에 두고 사라진 사건…… 다카노 이쓰미 사건을 취재하는 동안에도 에히메현에서 30대 초반 무직자가 영아 다섯 명을 살해하고 숨겨 온 사실이 드러났다.

신문과 텔레비전에서는 이런 사건이 수개월마다 보도되지만 어느 것 하나 중요한 화제로 다뤄지지는 않은 채 사라진다. 그사이 어쩌면 그런 일을 자신의 상황과 오버랩 하며 어디에나 있는 예사로운 일로 받아들이는 젊은이 또한 많아졌을지 모른다.

클럽 주인이 자신이 내뱉은 담배 연기를 바라보며 중얼거린다.

뭐, 나도 남 얘기 할 처지가 아니지. 같은 여자니까.

가게를 운영하고 컴파 회사까지 경영하는데도 그런 말을 하는 이유가 뭘까. 내가 묻자 그는 자조하듯이 웃는다.

나 정말 열심히 애 키웠거든. 정말 뭐든 닥치는 대로 했어요. 그런데 갓 성인이 된 아들에게 이 가게를 넘기려던 참에 사고가 나서 아들놈 머리부터 아래가 마비돼 움직일 수 없게 된 거야. 지금은 화장실도 식사도 혼자서는 못 하고. 여태껏 걔 뒷바라지하느라 그렇게 고생했는데 앞으로도 계속 난 아들놈 돌봐야 할 팔자인가 봐…….

클럽 주인은 한숨을 내쉬며 담배를 재떨이에 눌러 끄고는 맥주를 비웠다. 말이 이어지길 기다렸지만 그는 아무 말도 하지 않았다.

음악조차 흐르지 않는 가게 안은 불안할 정도로 조용했다. 목구멍으로 쓰디쓴 맛이 올라온다. 위스키를 삼켜도 가시지 않는다. 목안에 들러붙은 쓴맛의 기운이 영원히 없어지지 않을 것만 같다.

괴물의 아이

이쓰미가 후지노 조타로를 만난 건 2012년 봄이었다.
그날 저녁 컴파 일을 나갔던 이쓰미는 일이 일찍 끝나

자 시모다역 앞의 스낵바로 향했다. 그곳에서 Y 컴파 사장인 유카리에게 업무 종료 보고를 해야 했다. 유카리는 집에 들어가기에는 아직 이르다 싶었는지 이쓰미에게 근처 바로 가서 한잔하자고 부추겼다. 마침 그 바에 조타로가 있었다.

조타로는 키가 180센티미터에 몸무게는 100킬로그램이 넘는 거구였다. 등에서 허리, 다리까지 이르는 거대한 문신을 했고 "술이 들어가면 나이프로 사람을 찌른다."고 알려져 마을 사람들 모두가 두려워했다. 황금색 목걸이를 치렁치렁 늘어뜨리고 머리를 짧게 친 모습은 딱 보기에도 조직 폭력배였다.

이쓰미도 조타로에 대한 나쁜 소문을 알고 있어서 되도록 엮이고 싶지 않았다. 하지만 유카리의 소개로 같은 테이블에 앉게 되었고 그 자리에서 조타로가 연락처를 묻는 바람에 알려 주지 않을 수 없었다. 조타로가 이쓰미에게 접근한 이유는 이쓰미가 헤프다고 소문난 걸 알고 있어서이지 않았을까. 그날 이후 조타로는 줄기차게 전화해 이쓰미를 불러냈고 상대의 의사는 아랑곳없이 성행위를 강요했다. 이쓰미는 거절하지도 못하고 불러낼 때마다 응했다.

조타로를 아는 인물은 말한다.

조타로는 괴물 같은 놈이에요. 전화를 안 받았다고 집에 불을 지르는 인간이라고요. 레스토랑에서 먹고 마시는 것도 다 공짜. 그 자리에 같이 있던 사람이 대신 돈을 내든가 그렇지 않으면 가게 주인도 겁이 나서 아무 말 못 하든가 그래요. 시모다에서는 다들 순순히 따를 수밖에 없었어요.

다카노 이쓰미도 그랬을 거예요. 조타로가 불러내서 하라면 싫다고 거부할 수 없었던 거죠. 한번 그런 관계가 되면 조타로가 질릴 때까지 성적 도구로 쓰일 수밖에 없어요. 이쓰미는 그런 상황에서 빠져나오지 못했을 거예요.

조타로의 포악한 행동은 취재할수록 더 적나라하게 드러났다. 이쓰미와 조타로가 어떤 관계였는지를 여실히 보여주는 에피소드가 있다.

두 사람이 알게 된 그해 12월 이쓰미가 낳은 쌍둥이 중 형인 료지가 생후 반년 만에 급사했다. 어느 날 엎드려 자고 있는 료지를 일으키려고 봤더니 숨은 멎어 있고 몸은 차갑게 변해 있었다. 이쓰미는 곧바로 병원으로 달려갔지만 이미 사망한 뒤였다. 경찰이 부검했지만 사인은 밝혀지지 않았다.

다코우마 전셋집에서는 료지의 장례식을 할지 말지를 놓고 공방이 벌어졌다. 본가에서 살고 있는 이쓰미는 나쓰미에게 돈을 계속 뺏기는 바람에 모아 둔 돈이 없어서 "장례를 어떻게 해." 하고 소극적이었다. 하지만 여동생인 게이코와 후미코는 "언니가 낳은 자식이잖아. 마지막인데 장례라도 치러 줘야지."라고 강하게 몰아대서 이쓰미는 친척에게 약 20만 엔을 빌려 장례를 치르기로 한다. 돈 일부는 나쓰미에게도 빌렸다.

쓰야通夜*는 엄숙한 분위기 속에 시작됐고 밤에는 료지를 이불로 감싸 뉘였다. 이쓰미와 후미코가 향불이 꺼지지 않도록 머리맡 가까이 앉아 있었는데 한밤중이 되자 집 앞에 택시 한 대가 멈춰 섰다. 택시에서 내린 사람은 만취한 조타로였다. 조타로는 술 냄새를 풍기며 집 안으로 거침없이 들어왔다.

친척의 말이다.

조타로는 집 안으로 무작정 들어와 앉아서는 술에 취해 뜻 모를 말을 고래고래 외쳐 댔어요. 십자가 목걸이를 빼면 죽는다나, 정말 무슨 뜻인지 알 수 없는 소리를. 주머니에서 이상한 약을 꺼내서는 "신경안정제니까 먹어. 기분 좋아진다니까."라면서 건네주려고도 했고요. 마약일지 모른다는 생각은 들었지만 내용물이 뭔지까진 모르겠어요. 이쓰미는 돌아가라는 말도 못하고 벌벌 떨었어요.

조타로는 실컷 난동을 부린 뒤 "졸리니까 잘래!"라고 말하면서 갑자기 료지의 이불로 들어가 자려고 했어요. 료지의 시체랑 같이 자려고요. 이쓰미랑 후미코 두 사람은 놀라서 "료지가 불쌍하니 제발 그러지 마." 하고 울면서 매달

■ 일본의 장례 의식으로 죽은 사람의 시신을 지키며 하룻밤을 새는 일.

렸지만 조타로는 "시끄러!"라고 말하며 듣지 않았고 그대로 잠들어 버렸어요.

　그러고 나서 조금 있자 택시 운전기사가 데리러 왔어요. 그 사람은 조타로 똘마니 노릇을 하는 남자인데 조타로가 부르면 바로 달려가 어디든 원하는 곳까지 공짜로 데려다줬어요. 조타로는 운전기사가 깨우자 그게 화가 난 듯 "너, 료지에게 향 안 올렸지?"라고 소리 질렀어요. 운전기사가 무슨 영문인지 몰라 가만히 있었더니 왜 사과하지 않느냐며 운전기사를 때리기 시작했죠. 그러니 쓰야 자리는 엉망진창이 됐고……. 이쓰미는 그런 일을 당하고도 아무런 불평도 못 했어요.

　조타로가 폭력을 휘두른 이유요? 그런 게 있을 리 없죠. 늘 그런 식이에요. 그러니 '이쓰미는 조타로가 시키는 대로 뭐든 했겠구나.' 쉽게 상상이 되죠. 이쓰미 처지에선 말대답했다가는 얻어터질 게 뻔하다고 생각했을 거예요.

이쓰미는 밤거리에서 살아가는 동안 괴물 같은 남자에게 시달렸다. 첫 번째 영아 살해 사건은 그 와중에 일어났다.
　새해가 밝고 얼마 후 이쓰미는 생리가 멈췄다는 걸 알아챘다. 임신이었다. 육체관계를 맺었던 남자들의 얼굴이 하나둘 이쓰미의 뇌리를 스쳤지만 여름부터 가을에 걸쳐 가장 자주 관계를 가진 사람은 조타로였다. 조타로의 애일지도 모른다.

이쓰미는 조타로와의 관계를 아무에게도 말하지 않았는데 가족에게 털어놔 봤자 "하필이면 왜 그런 놈이랑!" 하고 욕을 퍼부을 게 뻔했다. 조타로에게는 차마 말할 수 없었으리라. 할 수 있는 건 누구에게도 말하지 않고 임신중절을 하고 아무 일도 없었다는 듯이 해결하는 것뿐이다. 하지만 이쓰미는 료지의 장례식 비용 때문에 여기저기 빚을 져서 금전적 여유가 전혀 없었다.

게이코가 이때 언니의 기분이 어땠을지 대변한다.

잇짱, 괴로웠을 거예요. 엄마랑 이모에게도 부탁 못 했을 거고. 더욱이 조타로의 애라면 나랑 동생에게도 말을 못 꺼냈을 테고. 결국 여러 남자랑 그렇게 해온 벌을 받은 거겠지만.
　　옛날부터 잇짱은 자기 문제를 혼자 꼭 껴안고 싸매 두다가 도저히 어떻게 할 수 없을 땐 머리가 백지가 되곤 했어요. 사고가 정지된다고 하나요. 전부 없었던 일로 해버리는. 그때도 그랬을 거예요.

가족이나 친구에게 임신 사실을 털어놓지 못한 채 한 달, 두 달이 흘렀다. 이쓰미는 공판에서 "처음에는 어떻게 해야 하나 걱정했어요. 하지만 왠지 어느 순간부터는 잘 모르겠어서……."라고 말을 흐렸다. 아마 게이코가 말한 '사고 정지' 상태에 빠졌던 듯싶다.

시간이 흐를수록 배는 점점 불러 왔고 이쓰미는 들키고

싶지 않아 "요즘 살이 쪘어."라는 이유를 대며 상황을 무마했다. 그런 까닭에 나쓰미도 게이코나 후미코도 그리고 아이들도 이쓰미의 임신을 알아채지 못했다.

앞에서 소개한 컴파 회사의 클럽 주인은 단번에 알아봤는데 가족은 왜 몰랐을까. 아마도 이쓰미의 옷차림과 관련이 있을 듯하다. 컴파 일을 할 때는 몸에 딱 달라붙는 정해진 복장을 입어야만 해서 둥그스름해진 허리둘레가 도드라졌다. 출산 한 달 전 컴파 유니폼을 입고 찍은 이쓰미의 사진을 직접 봤는데 배가 불룩 불러 있는 모습이 한눈에 들어왔다.

그런데 집에서는 늘 레스토랑 조나단 유니폼에 앞치마를 걸친 채로 아침 6시쯤 집을 나서서 밤늦게 들어왔다. 게다가 나쓰미 같은 성격이라면 눈치채지 못했을 만도 하다.

그렇다고 해도 이쓰미는 세 아이의 엄마이고 아무리 사실을 숨긴들 출산할 날이 다가온다는 건 알았을 터였다. 이쓰미는 당시의 심경을 이렇게 전한다.

계속 '어떡하지, 어떡하지.' 하고……. 지금까지 애 낳을 때 (진통)촉진제를 썼는데 그걸 안 쓰면 애를 못 낳는 게 아닐까 싶었어요. 그래서 이번에는 아기가 나오지 않아 병원에 실려 가는 건 아닐까 하고.

병원에 실려 가면 임신한 거 들킬 거고. 그래도 엄마랑 동생은 착하니까, 막상 그러면 (출산을) 받아들이지 않을까 싶었어요. 다 같이 애를 키워 줄 거라고.

분명 이쓰미는 지금까지도 힘든 일이 닥쳤을 때 이런 식으로 생각했을 것이다. '어떻게 되겠지. 누군가가 어떻게든 해주겠지.'라고.

하지만 출산이라는 게 자기 뜻대로 이루어질 리는 없다.

"천장 아이"

2013년 7월 진통이 몰아쳤다. 이쓰미는 정확한 날짜를 기억하지 못했다. 밤에 조나단 아르바이트를 마치고 집에 돌아와 쉬고 있었다고 한다. 몇 분 간격으로 엄습해 오는 강한 통증은 지금까지의 경험에 비춰 볼 때 틀림없이 진통이었다. 이제껏 뒷전으로 밀어 두었던 문제와 좋든 싫든 마주해야만 하는 순간이 왔다.

이쓰미는 아이들을 거실에서 놀게 놔두고 방에 혼자 틀어박힌 채 이불에 누워 통증을 견뎠다. '어쩌지, 어쩌지.'라는 생각이 머릿속을 휘저었다. 벽을 사이에 둔 옆방에 나쓰미가 있었지만 이 지경에 이르러 얘기를 꺼냈다간 호된 불벼락을 맞을 게 뻔해 도저히 입이 떨어지지 않았다.

밤이 깊어지자 아이들이 졸린 듯 눈을 비비며 방으로 들어왔다. 이쓰미는 아무렇지도 않은 척 불을 끄고 아이들에게 이불을 덮어 주고 재웠다. 그사이에도 진통은 파도처럼 덮쳐 왔다. 3분 간격이던 진통이 2분, 1분으로 좁혀졌다.

자정을 지났을 무렵에는 자궁 입구가 열리고 누워 있기도 힘들 만큼 진통이 심했다. 그럼에도 옆에서 자는 아이들과 거실에 있는 나쓰미가 눈치채지 못하게 이를 악물고 꾹 참았다.

새벽 1시쯤 진통은 한계에 달했다. 태아가 나오는 느낌이 들었고 '이제 정말 나오겠구나.' 싶었다. 이쓰미는 속옷을 벗고 하복부에 있는 힘껏 힘을 주었다. 그 순간 양수와 함께 커다란 덩어리가 소리를 내며 이불 위로 떨어졌다.

이쓰미는 그대로 주저앉은 채 움직일 수 없었다. 아기는 쳐다보지도 않았다. 잠시 후 하복부에 조금씩 힘을 주며 몸을 일으켜 봤다. 어둠 속에서도 피 묻은 이불 커버 위에 아기가 누워 있는 모습이 보였다. 하지만 "우는 것 같지도 않았고 움직이는 것 같지도 않아" 보였다.

이쓰미는 한동안 멍하니 아기를 쳐다봤는데 아기는 울지 않았다. 이쓰미는 죽었다고 임의로 판단했다. 그리고 옆 이불에서 아무것도 모른 채 자고 있는 아이들에게 들키기 전에 숨겨야겠다고 생각했다.

이쓰미는 없는 힘을 억지로 쥐어짜 몸을 일으키고는 아이들이 자는 모습을 곁눈으로 확인하면서 아기를 이불 커버로 감쌌다. 이불 커버만으로는 충분치 않을 것 같아 담요 대신 쓰던 목욕 수건으로 한 번 더 둘둘 말았다. 만약 아기에게 숨이 붙어 있었더라도 이 시점에 질식사했을 것이다.

이제 꽁꽁 감싸 놓은 아기를 어딘가로 치워야 한다. 이쓰미는 피범벅이 된 자신의 하반신을 탱크톱으로 훔쳤다. 그리고 커다란 투명 비닐봉지에 전부 쳐넣어 입구 부분을 단단히 묶었다. 밖으로 버리러 나갈 힘이 있기는커녕 서있기조차 힘들었다. 이쓰미는 고민 끝에 일단 서랍장 안에 감춰 두기로 했다.

모든 일을 마치고 다시 둘러보니 아이들은 쿨쿨 자고 있고 옆방도 조용했다. 이쓰미는 피곤에 지쳐 '이 아기를 어떻게 할지는 내일 정하자.' 하고 생각했다. 그리고 쓰러지듯 이불 위에 누웠고 그대로 아침까지 깊이 잠들었다.

서너 시간 남짓 수면을 취하고 아침 6시쯤 눈을 떴다. 이쓰미는 아기를 서랍에 감추어 둔 채 평소처럼 아르바이트를 하러 나갔다. 일반적으로 산모는 체력 회복 등을 위해 출산 후 5일 남짓 입원한다. 이쓰미는 이날 오직 정신력만으로 근무 시간을 버티지 않았을까.

조나단에서 일하는 동안에도 온통 '서랍에 둔 애가 썩으면 아이들이 냄새를 맡지 않을까.'라는 생각뿐이었다.

저녁이 되어 근무를 마치자마자 이쓰미는 서둘러 집으로 돌아왔다. 학교와 어린이집에 간 아이들은 아직 오지 않았고 나쓰미도 도시락 가게 아르바이트를 하러 나가서 집에는 아무도 없었다. 뭔가 시체를 숨길 만한 게 없을까 집 안을 뒤지다 하얀 스티로폼 상자(세로·가로·높이 각 30×40×30센티미터)를 찾아냈다. 여기에 아기를 넣어 두면 일단은 들키지 않을 것이다.

이쓰미는 그 상자를 방으로 가지고 들어와 서랍에 숨겨 둔 시체를 비닐봉지째 상자에 집어넣었다. 그냥 뚜껑만 덮어 두어선 냄새가 새어 나오고 만다. 테이프로 뚜껑을 감싸 밀봉했다.

이제 이걸 어디에 숨겨 두느냐는 문제가 남았다. 아이들 손이 닿지 않는 곳을 찾아야 했다. 방 안을 둘러보니 서랍장의 천장 쪽 판자가 떨어져 나간 게 보였다. 그곳이라면. 이쓰미는 서랍장 가운데 선반에 올라가 시체가 든 스티로폼 상자를 천장 쪽 빈틈으로 밀어 넣었다.

머리 위에 아기 시신을 얹고 사는 삶이 이렇게 시작됐다. 그런데 왜 이쓰미는 시신을 집 안에 둔 채 지냈을까. 근처에는 산도 있고 숲도 있어서 어딘가에 묻는 편이 냄새를 걱정할 필요도 없고 발각될 가능성도 낮지 않았을까.

이쓰미의 법정 진술을 들어 보면 이쓰미도 천장 아이를 이대로 둘 수 없다는 생각을 했던 것 같다. 하지만 이제 와 가족에게 사실을 밝힐 수도 없었고 경찰에게 잡혀가면 교도소에 들어가 아이들을 만날 수 없게 된다는 두려움에 사로잡혔다. 묻어야지 하다가도 '개가 파먹기라도 하면 애가 너무 불쌍해.'라고 주저주저했다. 그렇게 몇 주 동안 망설이는 사이 지금까지 그랬던 것처럼 사고 정지에 빠졌고 결국 시체를 방치한다.

그때가 7, 8월이었으니 스티로폼 상자에 넣어 밀봉했더라도 천장에 숨긴 이상 며칠 사이에 분명 참기 힘든 악취가 풍겼을 것이다. 실제로 발견된 시체는 심하게 부패해 성별조차 알 수 없는 상태였다. 왜 가족은 아무도 이 냄새를 알아채지 못했을까.

엄마인 나쓰미는 이런 이유를 댄다. 그 방은 원래 쓰레기로 뒤덮여 악취로 가득 차있었다고.

이쓰미는 옛날부터 전혀 정리할 줄 모르는 애였다니깐! 어찌나 어질러 놓는지 더러워서 참. 먹다 만 밥에다 똥 묻은 기저귀, 덜 마신 주스 그런 게 여기저기 흩어져 있어서 냄새가 말도 못 했어요.

난 이쓰미를 수없이 야단쳤거든요! "왜 그렇게 더럽게 하고 사냐. 빨리 정리해라. 집에서 냄새나잖아." 하고. 이쓰미는 그 자리에선 "응." 하고 대답하지만 손끝 하나 안 움직였고. 한번은 내가 도저히 참을 수가 없어서 쓰레기통을 사다 준 적도 있어요. 그랬더니 그 애가 쓰레기통 위에다 쓰레기를 놓더라니깐.

이러니 나도 지치지 않겠냐고요! 그래서 "이제 네 방 문 열지 마! 문 꼭 닫아."라고 했지요. 그러고 나서부터는 이쓰미가 늘 문을 닫고 있으니까 냄새가 그렇게까지 심하지 않았어요.

동생들도 이쓰미의 지저분한 생활을 인정하며 "더럽고 냄새나서 방에는 들어가지 않았다."고 했다.

똥 묻은 기저귀까지 방치했다면 분명 구토가 나올 만한 악취가 풍겼으리라. 그런 쓰레기가 7.4제곱미터짜리 방에 산더미처럼 쌓여 있었으니 보통 사람의 감각으로는 숨쉬기조차 힘겨웠을 것이다. 결국 이 방 여기저기에 쌓인 쓰레기 더미가 시체의 발견을 늦추었을 뿐만 아니라 두 번째 사건까지 불러온 셈이다.

체포 후 경찰은 천장의 시체를 요코마쓰 의과대학에 보내 검안 및 DNA 감정을 진행했다. 그러자 뜻밖의 사실이 드러났다. 천장에 숨긴 아이가 조타로의 아이라는 것은 이쓰미의 착각이었고 생부는 다른 인물이었다.

아기의 아버지는 과거 우체국에서 아르바이트를 했던, 이쓰미에게 료를 소개해 준 야마다 잇페이였다. 재판에 제출한 서면 진술을 통해 이쓰미와는 술집에서 우연히 만나 육체관계를 이어 왔으며 "잘 맞는 섹스 파트너"일 뿐이라고 말한 바로 그 인물이다.

만약 아버지가 야마다라는 사실을 알았다면 사건을 막을 수 있었을까. 야마다의 말을 들어 보자.

만나면 섹스만 하는 사이여서 깊은 대화를 나눈 적이 없습니다. 아이가 생겼다거나 태어났다는 얘기는 들은 적이 없습니다. 만약 애를 낳는다 하더라도 키울 수는 없었을 테니까 알려 줬더라도 낙태를 하라고 했을 겁니다.

"살이 쪘을 뿐!"

첫 번째 사건이 일어난 직후 여름방학, 다코우마 전셋집에서는 평소와 다름없이 평온한 나날이 이어졌다. 뒷산에서는 유지매미가 시끄럽게 울어댔고 호랑나비, 풍이 등 온갖 벌레가 날아들었다. 나쓰미의 아이 둘과 이쓰미의 아이 셋은 매일같이 함께 곤충을 잡는다고 몰려다녔다.

아르바이트도 데이트 약속도 없는 날, 이쓰미는 방에서 아이들과 함께 지내는 걸 좋아했다. 마타이는 다섯 살이 넘어서도 엄마 껌딱지였는데 다시 아기로 되돌아가기라도 한 듯 착 달라붙어 떨어질 줄 몰랐다. 장 보러 갈 때도 밥 먹을 때도 잘 때도 "엄마, 응, 엄마." 하고 입버릇처럼 엄마를 부르며 주위를 맴돌았고 마음이 조금이라도 불안하면 안아 달라고 매달렸다. 이쓰미가 밤에 일하러 나갈 때면 현관까지 쫓아와 "가지 마." 하고 훌쩍였다.

이쓰미도 그런 마타이가 사랑스러워 품에 끼고 돌며 귀여워했다. 집 안에서도 손을 잡고 다녔고 떼를 써도 다 받아주었다. 옷을 고를 때도 과자를 살 때도 다른 아이들보다 마타이 것을 먼저 챙겼고 더워서 잠 못 드는 밤이면 내내 옆에서 부채질을 했다. 물론 그때에도 그 방 서랍장 위에는 '천장 아이'가 방치되어 있었다.

이웃 주민의 말이다.

정말 그런 일이 있었다고는 상상도 못 했어요. 사건이 발각되기 전까지는 달라진 게 아무것도 없었거든요. 여름방학 때는 아침마다 뒤쪽 신사에서 라디오 체조를 하는데 엄마(이쓰미)가 차로 애들을 데려와 끝날 때까지 보고 있었어요. 밤에 일을 해서 그런지 차 안에서 졸린 듯이 기다렸던 것 말고는 달라진 건 없었는데. 물론 지역 활동에 참가를 안 한다든지 칠칠치 못한 부분도 있었지만 그런 거야 할머니(나쓰미)가 훨씬 심했어요. 할머니는 늘 화를 내서인지 인상도 안 좋았고요.

여름방학이 끝나자 이쓰미의 몸 상태가 원래대로 돌아왔다. 이쓰미는 다시 불특정 다수 남성과 섹스를 하는 생활로 돌아간다. '천장 아이'의 존재는 잊은 듯이. 게다가 만나는 상대의 면면도 첫 번째 사건 이전과 완전히 달라졌다. 그렇게 바쁜 와중에 어떻게 많은 이성을 알게 됐을까.

동생인 게이코는 어디까지나 자신의 추측이라고 전제하면서 이렇게 설명했다.

시모다에는 패밀리 레스토랑이 조나단 한 곳밖에 없어요. 위치도 바다 근처라 좋거든요. 그래서 이 지역 사람들은 외식할 때 대체로 그 가게로 가요. 컴파 손님 중에는 이 지역 사람도 많으니까 가게에 갔다가 잇짱을 다시 만나게 되는 일이 자주 있었을 거예요. 그러면 "어, 지난번 연회에서 만난 그 애네." 하고 인사를 나누는 거죠. 그래서 연락처를 주고받고 밖에서 또 만나지 않았을까요.

대부분의 남성들은 오직 섹스만을 위해 이쓰미에게 접근했다. 그것이 이쓰미를 불행으로 몰고 가는 원인의 하나가 됐으리라. 이쓰미도 그걸 기꺼이 받아들인 측면이 있었으니 이쓰미의 처지를 쉬이 동정할 수만은 없다. 드물지만 개중에는 이쓰미와의 미래를 진지하게 생각한 남성도 있었다. 바로 다카키 교이치(가명)이다.

다카키는 이즈반도에 위치한 소도시에 살았고 집도 부유했다. 학업을 마친 뒤 지방공무원으로 일했고 주위에서는 성실하다는 평가를 받았다. 둘은 2013년 1월에 처음 만났다. 다카키는 직장 동료의 권유로 시모다역 앞 술집에서 열린 3 대 3 소개팅에 나갔는데 그 자리에서 이쓰미를 만났다.

소개팅 자리에서 이쓰미는 이혼 이력과 아이가 있음을 숨기지 않고 털어놓았다. 다카키는 그런 과거는 전혀 신경 쓰이지 않았고 '상냥하고 밝은 애구나.'라는 인상을 받았다고 한다. 그날 2차로 간 노래방에서 연락처를 주고받았고 그 후 둘은 문자로 연락을 나누며 데이트를 이어 간다.

초반에는 한 달에 한 번쯤 만났고 육체관계까지 간 건 만난 지 반년 넘게 지나고서였다. 이쓰미로서는 드물게도 뜸을 들인 셈인데 첫 번째 사건이 7월에 일어났으니 배가 불러 와 섹스를 기피한 것일 수도 있다. 몸 상태가 원래대로 회복되자 쌓아 둔 욕망을 발산하기라도 하듯 둘은 수시로 만난다.

다카키는 사랑에 푹 빠져들었다. 집에서 시모다까지는 차로 두세 시간 걸렸지만 교대 근무로 3일에 한 번 휴일이 생길 때마다 시모다까지 찾아왔다. 그해 연말쯤 다카키는 이쓰미와의 결혼까지 생각하기에 이른다.

다카키의 진지한 마음을 알게 된 이쓰미도 다카키를 본가에 데려와 엄마와 동생들에게 소개했고 온 가족이 함께 만나기도 했다. 취재 당시 이쓰미의 두 동생도 "정말 좋은 사람이에요."라고 입을 모아 칭찬했으며 나 또한 직접 만나 얘기하는 동안 생각이나 대답이 분명하다는 인상을 받았다.

부질없는 가정이지만 만약 다카키를 좀 더 일찍 만났다면 참담한 사건을 피할 수 있었을까. 다카키와 결혼했다면 경제적인 문제도 해소되었을 테고 다코우마의 집에서 독립해 가족끼리만 살아갈 수도 있었을 테니까.

하지만 이쓰미는 천장에 아이의 시신을 숨김으로써 보통의 인생으로 돌아갈 길을 잃어버렸다. 다카키가 앞날에 대한 얘기를 꺼낼 때마다 천장 아이가 떠올라 화제를 슬쩍 바꾸었다. 이제 양지에서는 살아갈 수 없다는 듯이. 그리고 이쓰미는 다카키와 사귀면서도 컴파나 조나단에서 알게 된 남자들과 러브호텔에 드나들었다.

2014년 2월 이쓰미는 일곱 번째 임신을 했다. 이번에도 피임약 먹는 걸 까먹었다. 생부는 연말에 관계를 가진 상대였을 텐데, 이때도 다카키 말고 대여섯 명의 얼굴이 떠올라 누구의 애인지 확신할 수 없었다.

그때의 심경을 이쓰미는 이렇게 토로했다.

큰일이다 싶었어요. 애 아빠가 누군지 모르니까······. 어떻게 할지 모르겠어서. 하지만 천장 아이가 자꾸 생각났어요. 그 애를 그런 곳에 숨겨 놨는데 지금 생긴 애를 낳아서 기른다면 (천장 아이가) 불쌍하다고······ 그러니까 이 애도 낳을 수 없다고.

이쓰미는 첫 번째 사건의 쓰디쓴 경험을 상기하며 이번은 어떻게든 병원에서 임신중절수술을 받으려고 마음먹었다. 하지만 이때도 모아 놓은 돈은 바닥나 있었다.

4월 14일 ○병원에 갔다. 두 달을 넘긴 이유는 이쓰미 나름의 계획이 있어서다. 레스토랑 조나단의 월급날은 매달 15일로 10만 엔쯤 되는 월급에서 5만 엔을 떼어 나쓰미에게 줬는데 사정이 생겨서 좀 나중에 주겠다고 양해를 구하고 수술 비용을 충당할 작정이었다. 그렇지만 그냥 부탁해서는 나쓰미가 펄쩍 뛸 게 뻔했다. 아동 부양 수당 4개월 치가 한꺼번에 들어오는 4월이라면 좀 봐주지 않을까 싶었다.

이쓰미는 월급날 하루 전에 ○병원을 찾아 우선 검사를 받기로 했다. 바로 수술 예약까지 해서 다음 날 수술을 하려 했다. 하지만 검사를 하던 의사가 이쓰미를 보며 말했다.

"벌써 임신 18주가 됐는데요. 초기 임신중절수술은 12주까지라 우리 병원에서는 이 수술 못 해요. 좀 더 일찍 왔으면 좋았을걸……. 지난번에도 말했던 것 같은데 중기 중절수술은 이토시에 있는 병원에서 하셔야 해요. 소개장 써줄게요."

머리를 얻어맞은 듯했다. 지난번에 이토시에 있는 병원으로 가서 중기 중절수술을 하라고 했을 때 수술 비용이 40만 엔 넘게 든다고 했던 게 떠올랐다. 이번은 쌍둥이가 아니니 그렇게까지 비용이 들지는 않겠지만 초기 수술 비용에 비할 바가 못 됐다. 어찌 됐든 혼자서 어떻게 해볼 만한 액수가 아니었다.

이쓰미는 고개를 떨군 채 ○병원을 나왔고 그 후 두 번 다시 병원에 가지 않았다. 지난번과 마찬가지로 머뭇머뭇하는 사이에 어떻게 하면 좋을지 결정을 못 내린 채 시간이 흘러갔다. 그러는 동안 배 속 아이는 점점 커갔다.

작년과 달리 이번에는 가족이 임신 사실을 알아챘다. 맨 처음 눈치챈 사람은 한집에 사는, 아버지가 다른 중학생 남동생이다. 이쓰미네 집에는 아이가 많아서 욕실에 사람이 있어도 상관하지 않고 문을 벌컥 열고 들어가곤 했다. 어느 날 이쓰미가 목욕을 하는데 동생이 욕실 문을 열었다. 동생은 이쓰미의 배를 보고 한눈에 임신했음을 알았다. 그는 욕실에서 나오자마자 엄마인 나쓰미에게 말했다.

"누나 배가 엄청 불렀어! 애가 생긴 것 같아!"

나쓰미가 놀라며 목욕을 마치고 나온 이쓰미를 쳐다봤는데 허리둘레가 확실히 두툼해져 있었다. 임신했냐고 묻는 나쓰미에게 이쓰미는 거짓말을 한다.

"아니야. 살찐 거야."

"그게 아닌데, 배가 나왔잖아?"

"그러니까 살쪄서 그렇다고! 누가 임신해! 상관 마!"

평소에는 조용하던 이쓰미가 이때만은 큰소리로 대거리했다. 나쓰미도 이쓰미가 딱 잡아떼니 추궁하지 못했다.

하지만 7월이 가까워지자 누가 봐도 임신임을 알 만큼 이쓰미의 배가 불러 있었다. 나쓰미도 임신을 확신하고 몇 번이나 "생긴 거 아냐?", "병원 가서 검사해 봤어?" 하고 물었다. 그럼에도 이쓰미는 인정하지 않았고 여전히 "살이 쪘을 뿐이야!"라고 주장했다.

극구 부정하니, 나쓰미는 뭔가 사정이 있겠거니 여겼다. 이쓰미는 어렸을 때부터 엄마에게 고민을 털어놓은 적이 없다. 나쓰미는 어떻게 할지 궁리하다가 게이코와 후미코를 불러 사정을 말하며 둘이서 이쓰미에게 확인해 보라고 부탁한다. 동생들에게는 솔직히 말할 거라면서.

게이코는 그때 그 일을 이렇게 회고한다.

엄마가 부탁을 했어요. 잇짱이 임신한 거 같은데 계속 아니라고 잡아떼니 한번 물어보라고.

그 무렵 나랑 잇짱은 아이를 같은 어린이집에 보내고

있어서 등·하원 시간마다 만났어요. 그래서 자세히 봤더니 역시나 배가 불러 있었어요. 후미코랑도 "확실히 생겼어." 하고 말을 주고받았고 아마 다들 알았을 거예요.

내가 처음 잇짱에게 직접 물어본 게 초여름인가 아마 그럴 거예요. 대놓고 물으면 엄마한테처럼 부정할 것 같아서, 아무렇지 않은 척 "어, 임신했구나. 다카키 애야? 이름은 뭐로 할 거야?" 하고 물었어요. 그랬더니 잇짱은 "살찐 거야."라며 버럭 화를 냈어요. 아무래도 솔직하게 말해 줄 마음은 없구나 싶었죠.

왜 그럴까 싶어 나도 이리저리 생각해 봤죠. '다카키 애가 아닌가. 아니면 결혼 얘기가 잘 안 풀리나.' 하고. 질문을 바꿔 "여자애면 나 줘." 이런 식으로도 말해 보고. 그런데 잇짱이 "임신 아니라니까!"라며 화를 내는 거예요. 그래서 나도 후미코도 일단 모른 척하는 게 좋겠다고 말을 맞췄죠. 뭐, 언젠가 도저히 어쩔 도리가 없어지면 털어놓을 테니 그때까지 기다리자고. 그래서 설마 그렇게까지 되리라고는 상상도 못 했어요.

교제 상대인 다카키도 이쓰미의 임신을 알아챘다. 출산 직전까지 이쓰미와 섹스를 했으니 당연히 몸의 변화를 확연히 느꼈다. 하지만 이쓰미는 가족에게 한 것처럼 다카키에게도 단호하게 부정했고 섹스할 때도 옷을 벗지 않았다.

다카키의 말을 들어 보자.

나도 배가 그런 걸 보고 이상하다 싶어서 임신한 게 아닐까 계속 의심했습니다. 그래서 어느 날 용기를 내서 "혹시 임신했어?"라고 물었어요.

잇짱은 화가 난 듯이 "살이 좀 쪘을 뿐이야!"라고 대답했고요. 너무 몰아세우면 그대로 돌아가 버릴 것 같아서 더 묻지 못했어요.

물론 그 후로도 계속 의심했어요. 확실하게 확인하지 못한 건 제가 소심해서 그래요. 그때 제대로 확인했다면 이런 사건은 일어나지 않았을 텐데……. 무척 후회스럽습니다.

다카키가 끝까지 파고들어 질문하지 못한 이면에는 만약 자기 애가 아니면 어쩌지 하는 불안이 있지 않았을까. 어찌 됐든 엄마도, 동생도, 애인도 이쓰미가 너무 단호히 부정하는 바람에 입을 다물 수밖에 없었다.

터질 듯이 부푼 배를 보며 이쓰미는 과연 무슨 생각을 했을까. 이쓰미는 법정에서 이런 말을 한다.

(임신했다고) 말하지 못한 이유는…… 잘 모르겠어요. 아빠가 누군지 모르고 돈도 없고 그래서 계속 '어떻게 해야 하나.' 그러고 있었어요.

그런데 정말 싫었어요……. 만약 애가 태어난다면 이 애도 숨겨야만 하는 걸까. 천장 아이는 그런 식으로 했는데, 이 애만 낳아서 기르면 차별이잖아요? 천장 아이가 외톨이가 되는 게 불쌍해서. 그래서 숨겨야 한다고 생각하니 정말 싫었어요.

"서랍 아이"

2014년 9월 20일 토요일, 운명의 날이 왔다. 그날 최고 기온은 21.4도, 하늘은 계절에 걸맞게 쾌청했다.

이날 아침 이쓰미는 평소처럼 오전 6시 조금 지나 조나단으로 출근한다. 레스토랑은 6시 반에 열었고 시간이 지나면서 자리가 하나둘 차기 시작했다. 주말이라 조식을 먹으러 온 가족 동반 손님이 많았다.

이쓰미는 커다란 배를 감싸 안은 채 가게 안을 돌아다니며 주문을 받고 식사를 날랐다. 가게가 점점 붐비던 오전 9시쯤. 손님 응대를 하는데 하복부에서 갑자기 "푹 하는 소리가 나면서 이상한 물 같은 게 나오는데 멈추지 않는다."는 걸 느꼈다. 양수가 터진 것이다. 순식간에 속옷과 유니폼 바지를 흠뻑 적셨다.

이쓰미는 부엌으로 달려갔다. 바지는 젖어서 색이 변해 있었다. 하복부에서 찌르륵찌르륵 통증이 느껴져 진통이 시작됐음을 알았다. 저녁까지 버틸 만한 상태가 아니었다. 이쓰미는 결국 점장을 불렀다.

"죄송합니다. 사실은 임신을 해서…… 양수가 터진 것

같아서…….."

그때까지 점장에게도 임신 사실을 알리지 않았다. 점장은 화들짝 놀랐다.

"엇, 정말. 빨리 병원 가봐."

"죄송합니다……."

이쓰미는 몇 번이고 사과하며 유니폼을 입은 채 가방을 접어들고 도망치듯이 가게를 나와 뒤쪽 주차장에 세워 둔 차에 올라탔다.

조나단을 나온 이쓰미는 병원에 가지 않고 집으로 돌아간다. 나쓰미는 도시락 가게에 아르바이트하러 나갔고 주말이라 학교에 가지 않은 딸 마리아와 나쓰미의 막내딸이 있었다. 둘은 갑자기 돌아온 이쓰미를 보고 놀라 "무슨 일 있어?" 하고 묻는다. 이쓰미는 순간적으로 둘러댔다.

"엄마, 오줌 쌌어. 팬티가 젖어서 갈아입으러 왔어."

둘은 얼굴을 마주보고 웃었다.

"크크크, 어른이 왜 그래!"

그대로 집에 있으면 이상히 여겨 나쓰미에게 말할지도 모른다. 이쓰미는 옷을 갈아입고는 아무렇지 않은 얼굴로 마리아에게 "다시 일하러 갈게." 하고는 차에 오른다.

집과 이즈급행 시모다역 중간쯤에 있는 공원으로 향했다. 공원 옆에 차를 세우고 간격을 좁히며 서서히 엄습해 오는 진통을 견디려 했다. 주말 오전이었다. 공원에는 소풍 나온 부모와 아이들이 신나게 떠드는 소리가 울려 퍼졌으리라.

이쓰미는 운전석 좌석을 눕히고 진통이 찾아올 때마다 허리를 반으로 접으며 고통을 견뎠다.

조금 지나자 휴대전화 라인[모바일 메신저]에 "진정됐으면 연락 줘."라는 점장의 메시지가 떴다. 가게는 일손이 딸려 정신이 없을 것이다. 하지만 이런 상태로 일하러 돌아갈 수는 없었다.

진통이 잠시 멈춘 사이에 이쓰미는 점장에게 전화를 걸었다.

"지금 병원이에요. 아기, 배 속에서 죽은 거 같아서…… 오늘은 가게로 돌아갈 수 없어요. 휴가로 처리해 주세요."

재판에서 이쓰미는 사산이라고 설명한 것은 순간적인 판단이었다고 변명했지만 이 전화 내용으로 볼 때 이미 아기를 살해할 의도가 얼마간 있었던 듯하다.

점장이 대답한다.

"그래, 알았어. 큰일이네……. 일단 일주일 정도 어떻게든 할 테니 푹 쉬어. 상황이 어떤지 또 연락 주고."

전화를 끊은 이쓰미는 이번에는 다카키에게 전화를 건다. 이날 밤 데이트하기로 약속했었다. 이쓰미는 전화를 받은 다카키에게 "몸이 안 좋아서 그러는데 오늘 약속 취소하면 안 될까? 정말 미안." 하고 사과한다. 걱정이 된 다카키는 "괜찮아. 무리하지 마." 하고 위로한다.

공원 옆에 차를 세워 둔 채 진통을 견디던 이쓰미는 오후 1시 반이 되자 어린이집에 있는 두 아들이 떠올랐다. 어린이집 원칙상 엄마가 직접 아이를 데려가야 했다. 이쓰미는 온몸에서 비어져 나오는 땀을 닦고 일단 집에 돌아가 딸 마리아를 차에 태우고 그대로 어린이집으로 향한다.

어린이집에 도착했을 때 진통 간격은 몇 분 단위로 짧아져 도저히 아무렇지 않은 척 태연히 아이를 데리러 갈 자신이 없었다. 도중에 진통이 와서 주저앉기라도 하면 어린이집 교사나 다른 엄마들한테 들킬 것이다. 결국 마리아에게 부탁했다.

"미안. 엄마, 지금 몸이 좀 안 좋으니까 마리아가 가서 애들 데려올래? 만약에 선생님이 아이들끼리 가는 건 안 된다고 하면 그때 엄마가 갈게."

마리아는 "응, 알았어." 하고 대답하며 차에서 내려 어린이집 안으로 달려갔다. 조금 있자 어린이집 교사가 애들 셋과 함께 나타났다. "몸 좀 어떠세요?" 하고 묻기에 이쓰미는 "네. 괜찮아요." 하며 웃음을 짓고는 아이들을 차에 태우자마자 출발했다. 도중에 편의점에 들러 마리아에게 지갑을 건네며 저녁으로 먹고 싶은 것과 과자를 사게 하고는 집으로 돌아왔다.

집에 도착했더니 나쓰미가 도시락 가게 아르바이트를 마치고 돌아와 있었다. 게이코의 아이들도 놀러 와서는 오늘 밤은 자고 갈 거라고 했다. 이쓰미는 말을 섞지 않은 채 아이들을 거실에 두고 혼자 서둘러 방으로 들어가 틀어박혔다.

저녁이 되면서 방은 점점 어두컴컴해졌다. 이쓰미는 이

불에 누워 타올케트▪를 입에 물고 이를 악문 채 소리를 내지 않으려 애쓰며 진통을 참았다. 때때로 머릿속에선 '지금 낳으면 엄마한테 들킬 텐데.'라는 생각이 스쳤지만 진통이 심해지기만 할 뿐 애는 나올 기미가 없었다.

저녁 먹을 시간이 되자 아이들은 거실에 모여 편의점에서 사온 간식을 먹기도 하고 나쓰미의 애들이 먹다 남긴 음식을 나눠 먹기도 했다. 그러는 동안 이쓰미는 방에서 나오지 않고 계속 누워 있었다. 잠시 후 나쓰미가 문을 열고 안을 들여다봤다.

"뭔가 이상한 소리가 나던데 왜 그래?"

자기도 모르는 사이에 신음 소리가 새어 나왔나 보다. 이쓰미는 이불에 누운 채 대답했다.

"몸이 안 좋아. 그냥 둬."

"응, 그래." 나쓰미는 별일 아니라 여겨 문을 닫고 거실로 돌아간다. 아이들도 몇 번인가 얼굴을 들이밀었지만 이쓰미는 그때마다 "아프니까 저리 가있어."라고 말했다. 게이코의 아이도 와있어서 거실은 왁자지껄했다.

밤 11시가 지나자 거실에서 놀다 지친 아이들 셋이 방으로 줄줄이 들어왔다. 바닥에는 이불이 세 채 깔려 있었고 한 채에 이쓰미와 도라지, 다른 두 채에는 마리아와 마타이

▪ 타월towel과 블랭킷blanket이 조합된 일본식 조어로 수건용 천으로 만든 여름 이불.

가 각각 누웠다. 이쓰미는 진통을 참으며 세 아이를 겨우 재우고는 그대로 누워서 몸을 비틀며 통증을 견뎠다.

아이들이 막 잠든 뒤 마지막으로 나쓰미가 상태를 보러 왔다. 벽 너머로 또 신음 소리가 들려왔기 때문이다. 나쓰미는 문을 열고 얼굴을 들이밀며 신경질을 냈다.

"야, 시끄러! 아직도 아프냐?"

"응……."

"그럼 병원을 가든지?"

"괜찮아. 자고 나면 괜찮을 거야."

"그럼 좀 조용히 해!"

나쓰미는 딸의 말을 곧이곧대로 받아들였을 뿐 진통 때문에 힘들어하는 줄은 몰랐다. 거실로 돌아간 나쓰미는 밤 12시 넘어서 게이코의 아이와 함께 잠자리에 들었다.

밤이 깊어 가도 산기는 없었다. 진통은 벌써 열다섯 시간 넘게 이어졌고 이쓰미의 몸도 마음도 한계로 치달았다. 새벽 1시 무렵 마리아가 눈을 뜨더니 "엄마 시끄러워." 하고 짜증을 내며 거실에 있는 나쓰미에게 가버렸다. 그 말을 듣고 나서야 꽤 큰 소리를 냈다는 걸 알아차렸다. '이러다가는 다른 애도 깨고 만다.' 그런 생각에 이쓰미는 새벽 2시에 집 밖으로 나가 차에 올라타 운전석에 몸을 뉘였다. 한 시간쯤 지났을까. 자세가 불편해서인지 통증이 더 심하게 느껴져 3시에는 차에서 나와 방으로 돌아왔다.

방에 돌아오자마자 아기가 나올 기미를 보였다. 이쓰미

는 마리아의 이불에 누워 있었는데 금방이라도 나올 것 같아 속옷을 벗고 네 발로 기어가는 자세를 취했다. 이 자세가 통증이 가장 덜한 것 같아서였다.

이쓰미는 어금니를 악물고 온힘을 쥐어짜며 몇 번이고 배에 힘을 주었다. 그러자 자궁 입구가 열리며 아기가 천천히 나오는 느낌이 들었다. 좀 더 힘을 주자 산도를 통해 나온 아기가 이불 위로 떨어졌다. 나중에 나쓰미는 방 안 벽에 피가 묻어 있는 것을 봤다고 진술했는데 분만하는 동안 피가 꽤 많이 튀었던 것 같다.

이쓰미는 천천히 몸을 일으켜 이불을 봤다. 온몸이 피범벅인 아기가 "손이랑 발을 살짝 움직이고" 있었다. 몽롱해지는 의식 속에서 '살아 있네…….'라고 생각했다. 그대로 두면 아기는 세상에 나온 뒤 첫 울음을 터트릴 것이다. 그러면 온 집안이 난리가 나겠지. 아기의 숨통을 끊을 수밖에 없다.

이쓰미는 옆에 있던 타올케트를 집어 아기 얼굴에 덮고는 "위에서 양손으로 꾹 눌렀"다. 아기의 "따듯한" 체온과 "꿈틀대는" 감촉이 손에 전해졌다. 손에 힘을 준 채 "1분인가 2분" 타올케트로 계속 누르자 마침내 아기의 꿈틀거림이 잠잠해졌다.

안도의 마음도 잠시 이쓰미는 다시 복부에 통증을 느낀다. "또 아기가 나올 것만 같아서 배에 힘을 주었"더니 후산後産[해산한 뒤에 태반과 양막이 나오는 일]으로 보라색 태반이 쑥 떨어졌다. 아기는 탯줄이 이어진 채로 살해당했다.

당장이라도 누워서 쉬고 싶었지만 이쓰미에게는 할 일이 남아 있었다. 피범벅인 이불 위의 아기와 태반을 숨겨야 한다. 이번은 살아 꿈틀대는 아기를 제 손으로 직접 죽이고 말았다.

이쓰미는 속옷을 입고 방을 슬쩍 빠져나와 나쓰미가 자고 있는 거실을 지나 부엌으로 향했다. 커다란 쓰레기봉투를 꺼내 와 지난번과 똑같은 방식으로 뒤처리하려 했다. 방으로 돌아와 태아, 타올케트, 태반을 봉투에 넣고 입구 부분을 꽉 졸라 묶었다.

어디에 숨겨 놓을지가 문제였다. 작년에는 천장에 두었지만 이렇게 밤늦게 옷장에 올라가다 소리라도 나면 가족들이 깰지 모른다. 이쓰미는 서랍 속 옷상자 뒤로 시체가 든 쓰레기봉투를 밀어 넣고 그 위를 옷으로 덮었다. 일단 이렇게 해두고 짬을 봐서 정리하면 될 것이다.

시곗바늘은 이미 새벽 4시를 가리키고 있었다. 잠시 후면 동쪽 하늘이 하얗게 밝아 오고 뒷산에서는 새들이 요란스레 지저귈 터였다. 이쓰미는 벽에 묻은 피를 닦아내는 것도 잊고 더러워진 이불 위에 쓰러지듯 누워 마치 모든 게 꿈이었다는 듯 깊은 잠에 빠져들었다.

거실에서 자던 나쓰미가 아침에 눈을 떠보니 이쓰미의 첫째 딸 마리아가 이미 일어나 있었다. 나쓰미는 지난밤 일이 떠올라 이쓰미는 어쩌고 있느냐고 물었다. 마리아가 천연덕스럽게 대답한다.

"방에서 자고 있는데."

나쓰미가 방문을 열고 살짝 엿보니 이쓰미는 이불에 누워 자고 있었다. 벽과 담요에 피가 조금 묻어 있는 게 보였다. 나쓰미는 '이쓰미가 어젯밤 생리통 때문에 괴로워했나 보다.' 하고 여기며 문을 닫았다.

이날 이쓰미는 한낮이 돼서야 눈을 떴다. 기진맥진한 상태로 기절하듯이 잠에 빠져 있었다. 거실에서는 아이들이 시끌벅적 떠들며 놀고 있다. 하복부에 통증을 느낀 이쓰미는 쉬어도 된다고 말한 점장의 말을 떠올렸다.

잠시 기력이 회복되기를 기다렸다가 이쓰미는 휴대전화를 꺼내 다카키에게 전화를 건다. 어제 통화할 때 몸 상태가 안 좋다고 들었던 다카키는 걱정이 되어 "괜찮아?" 하고 묻는다. 이쓰미가 무심히 말한다.

"어제는 정말 미안. 근데 이제 괜찮아. 나, 아파서 살이 빠졌거든. 아마 다음에 만나면 깜짝 놀랄걸."

갑자기 들어간 배를 의심하지 않게 아파서 살이 빠졌다고 거짓말한 것이다. 이쓰미가 물었다.

"그럼 언제 볼까?"

"뭘?"

"언제 만나면 좋겠냐고. 어제 못 만났으니 다음에 언제 만날지 알려 줘. 돈키[일본의 종합 할인 매장인 돈키호테를 줄여 부르는 말]에 쇼핑하러 가자."

어쩌면 이쓰미는 다카키랑 시간을 보내며 '서랍 아이'를 외면하고 싶었는지도 모른다.

일요일에 아이를 낳고 11일이 지난 뒤 이쓰미는 경찰에 체포된다.

사건 이후에 발견된 서랍 아이는 3.2킬로그램의 여아였다. DNA 감정 결과 아버지는 다카키로 밝혀졌다.

2015년 누마즈

5월 29일 시즈오카현 누마즈시의 하늘은 눈이 부시게 맑았다. 가노가와강 부근에는 꽃들이 만발했고 암수 잠자리가 몸을 맞댄 채 하늘 위를 떠다니듯 날아갔다.

이날 오후 시즈오카 지방재판소 누마즈 지부에서 다카노 이쓰미에 대한 판결이 내려질 예정이었다. 누마즈는 이즈반도의 죽지 부분 서쪽에 위치한 대도시로 기업체의 지사뿐만 아니라 국가기관, 지방 기관 등도 많이 자리 잡고 있다. 이쓰미는 이곳 구치소에 수감되었다.

나는 렌터카로 세 시간쯤 걸려 시모다에서 누마즈로 달려왔는데 같은 길을 따라 엄마인 나쓰미, 동생인 게이코, 후미코 세 사람도 법정에 도착했다. 이들 또한 이쓰미가 왜 이런 사건을 일으켰는지 이해하지 못한 채 첫 공판부터 연일 방청하러 다녔다.

2014년 10월 2일 시모다시 복지사무소 직원의 통보로 사건은 낱낱이 모습을 드러냈다. 그날 오전 복지사무소 직원은 다카노 이쓰미의 아이들 상황을 살피기 위해 이쓰미네 집을 방문했다. 복지사무소는 4, 5년 전부터 이 가족의 양육 환경에 문제가 있다고 판단해 '가정 상황을 주시해야 할 케이스'로 분류하고 '감시' 대상으로 올려 정기적으로 가정방문을 했다. 구체적으로는 경제적 상황과 방임이 문제가 됐다.

담당 직원이 집을 찾아왔을 때 이쓰미는 아르바이트하러 나가 집에 없었다. 집에 있던 나쓰미에게 가정생활에 대해 물었더니 나쓰미가 불쑥 이런 말을 꺼냈다.

"그게 있잖아, 뭔가가 이상해! 우리 딸, 임신한 것 같았거든. 배가 이따만 해서! 근데 어느 날인가 봤더니 배가 쏙 들어간 거야. 그래서 찾아봤는데, 아기가 어디에도 없어!"

출산일로부터 얼마 후 나쓰미는 이쓰미의 배가 들어간 걸 알아챘다. 애를 낳고 어딘가에 숨겨 놓았을 거라고 여겨 찾아봤지만 허사였다. 그 일을 친척에게 얘기했더니 사회복지사한테 물어보라고 했다.

직원은 사무실로 돌아와 이 사안을 보고한다. 같은 날 오후 시청을 찾은 이쓰미의 배가 나쓰미의 말대로 들어가 있는 것을 확인했다. 직원이 조심스럽게 "아기, 이제 태어났나 보네요." 하고 물었더니 이쓰미는 태연하게 "임신도 출산도 한 적 없어요. 병이 나은 것뿐이에요!" 하고 대답한다. 하지만 배가 부른 이쓰미를 목격한 직원이 있었다. 사건 가능성이 있다고 판단한 직원은 시모다시에 위치한 가모賀茂아동상담소와 시모다 경찰서에 신고한다.

　같은 날 오후 7시 58분 경찰차 몇 대가 이쓰미네 집을 에워쌌다. 집에서 몇 채 떨어진 건물 앞까지 경찰차가 서있었다고 하니 대여섯 대쯤 오지 않았을까.

　수사 담당관이 현관 앞에 나온 이쓰미에게 물었다.

　"출산을 했는데 아기가 보이지 않는다는 신고를 받았습니다. 출산한 것이 맞습니까?"

　이쓰미는 "안 했어요." 하고 부정한다. 수사 담당관이 임의동행을 요구하자 이쓰미는 "옷 갈아입고 올 테니 잠깐만 기다려 주세요."라고 말하고는 집 안으로 들어갔다. 이때 이쓰미는 나쓰미에게 "나, 체포될 거야." 하고 귓속말한 뒤 경찰차에 탄다.

　오후 8시 30분 이쓰미네 집에서는 경찰 몇 명이 나쓰미를 상대로 조사를 벌였다. 경찰은 나쓰미에게 이쓰미가 "체포될 거야."라는 말을 남겼다는 걸 알아내고 나쓰미의 입회하에 7.4제곱미터 방을 수색한다. 곧 천장에서 스티로폼 상자를 찾아냈고 썩어 뭉그러진 시체를 발견했다. 그와 동시에 임의동행 하여 진술을 시작한 이쓰미를 시모다 경찰서는 체포 및 구속한다.

　이튿날 오전 10시 경찰은 이쓰미를 데리고 가택수색을 진행했다. 곧 서랍 속 옷상자 뒤에서 시체가 든 쓰레기봉투를 찾아냈다. 이렇게 해서 이쓰미는 첫 번째 아기에 대한 사체 유기 혐의에 더해 두 번째 아기에 대한 살인 혐의로 체포되었다. 첫 번째 사건의 죄상이 살인이 아닌 이유는 출산했을 당시 아기의 생존 여부를 확인할 수 없었기 때문이다.

[2015년 5월 29일] 오후 3시 정각 재판장과 배석판사가 배심원과 함께 시즈오카 지방재판소 누마즈 지부 2층 법정으로 들어왔다. 이쓰미는 어두운 정장에 하얀 셔츠를 입은, 평소와 다름없는 모습으로 의자에 앉아 있다. 재판장은 이쓰미를 증언대에 세우고 우선 판결을 내렸다.

주문, 피고를 징역 5년 6개월에 처한다.

재판장이 읽어 내려간 판결문에 따르면 엄마가 영아를 살해하는 일은 일반적으로 살인 가운데에서도 비교적 형이 가벼운 경향이 있다고 한다. 하지만 불과 1년 2개월 사이에 두 사건을 저질러 희생자가 둘이나 되며 범행에 대한 태도가 "무성의하고 무책임"하다고 판단해 형기를 이와 같이 정했다고 한다.

재판장이 판결문을 읽는 동안 이쓰미는 표정 변화 없이 눈을 내리깔고 있었다. 나는 방청석 맨 앞줄에 앉아 이쓰미를 뚫어져라 쳐다봤지만 밀랍 인형 같은 표정에서 마음을 읽어 내기는 어려웠다. 다시 사고 정지 상태에 빠진 것은 아닐까라는 생각조차 들었다.

판결문을 다 읽은 뒤 재판장은 피고에게 마지막으로 할

말이 있는지 물었다. 이쓰미는 고개를 떨군 채 담담한 목소리로 중얼거렸다.

지금은 없어요. 정말 죄송합니다.

재판장이 폐정을 알리자 방청객들이 하나둘 일어섰다. 배심원들도 줄지어 안으로 사라졌다. 나는 혼자 방청석에 앉아 이쓰미를 주시했다.

이쓰미에게 수갑이 채워진다. 다음 순간 이쓰미가 처음으로 방청석 쪽을 돌아보나 싶었는데 엄마와 두 동생을 향해 살짝 굳은 듯한 얼굴로 미소를 지어 보였다. 당장이라도 울음을 터트릴 듯 눈물 어린 눈, 뭔가를 한탄하는 듯한 뭐라 형용할 수 없는 쓸쓸한 미소였다.

도쿄로 돌아오고 나서 며칠 후 나는 사건 관계자에게 이 재판에 대해 어떻게 생각하는지 들어 보고자 했다. 우선 동생인 게이코에게 전화를 했다. 게이코의 대답이다.

재판이 끝난 뒤 변호사랑 같이 잇짱을 만났어요. 울고 있더라고요. 갑자기 "화났어?"라고 물어서 "응, 당연하지."라고 대답했더니 미안하다면서 "애들 부탁해." 하고 당부를 해서. 아이들이 정말 걱정된다고, 몇 년이나 만나지 못하면 자기도 아이들도 이상해지지 않을까 하고. 어찌 됐든 결국 잇짱이 바보 같은 짓을 해서 이렇게 된 거고…….

어떻게 생각하느냐고요? 글쎄요. 잇짱이 사건을 일으킨 건 엄마의 책임이 크다고 보지만 그것보다 잇짱은 하는 짓이 너무 애 같았어요. 얼마든지 빠져나올 방법은 있었는데…….

잇짱, 교도소에 있는 동안 형기를 단축시킬 수만 있다면 뭐든 열심히 하겠다고 했어요. 빨리 아이들 만나고 싶겠죠. 잇짱에겐 아이들이 살아가는 유일한 보람이었으니까. 그렇게까지 열심히 일한 것도 아이들을 위해서였고. 그렇지만 유치원생이나 초등학생 아이들에게 5년은 길잖아요. 어떻게 되는지.

남겨진 가족과 게이코 자신 또한 앞으로 시모다에서 어떻게 살아가야 할지 막막하다고 했다.

이어 다카키에게 전화를 했다. 다카키는 재판을 방청하지 않아 사건 경위를 모르고 있었다. 되도록 상세히 경과를 설명해 주고 심경을 물었다.

이번 사건은 잇짱이 가장 나빠요. 그런 일, 제정신으로는 못할 짓이니까……. 그렇지만…… 그렇지만 모든 게 잇짱 잘못은 아니라고 봅니다. 생활이 정말 힘들었다는 건 알고 있었고 그러면서 어린애 셋을 키워야만 했으니까. 혼자서 정말 힘들었을 거예요. 그게 남자들을 다 달아나게 만든 원인일 거예요.

하지만 저로서는 잇짱을 어느 정도 지지해 온 셈입니다. 그래서 더 그런 생각이 들어요. 왜 그렇게 됐을까…….
모르겠어요. 솔직히 이 사건은 받아들일 수 없는 부분이 있습니다. 아직은 잇짱을 만나 다시 시작할 마음이 들지는 않습니다…….

사건 이후 다카키는 이쓰미에게 어렴풋한 거리감을 느꼈을 것이다. 다카키는 그 거리감이 어디에서 오는지 아직 정확히 알지 못하는 듯하다.

이쓰미의 아이 셋은 나쓰미가 다코우마에 있는 집에서 키우기로 했다. 사건 때문에 도시락 가게에서 해고된 나쓰미는 생활보호 수당을 받으며 육아를 해나가고 있다. 아이들 수가 많으니 수급액이 20만 엔을 넘어 월급보다 많을 터이지만 이쓰미에게서 받아 내던 수입이 없어져 생활은 이전보다 훨씬 궁핍하다고 했다.

게이코와 후미코의 말에 따르면 이쓰미의 아이 세 명에게서 정신적인 이상 증상이 나타났다고 한다. 첫째 딸인 마리아는 엄마에 대해 한마디도 하지 않았고 어린 도라지는 탈모증으로 괴로워하며 매일같이 "엄마, 엄마." 하고 울기만 한다고 했다.

이쓰미가 가장 아끼던 일곱 살 마타이의 증상이 제일 심했다. 바닥에 떨어진 쓰레기를 손으로 집어 먹는 등 이식증異食症을 보일 뿐만 아니라 "죽고 싶어." 하고 외치며 손목을 긋는 흉내를 내고 강물에 뛰어들기도 했다. 또 일부러 집의 쓰레기통에 오줌을 싸고 난리를 피우는 이상행동도 보였다. "엄마 기다릴 거야!"라고 말하며 몇 시간씩 밖에 서있기도 했다.

정상적인 환경이라면 나쓰미가 이런 아이들을 보듬으며 엄마 대신 애정을 쏟아야 할 터이다. 하지만 나쓰미에게 아이들을 알뜰살뜰 챙기는 다정한 손길을 기대할 수는 없었다. 오히려 아이들이 이해할 수 없는 행동을 할 때마다 소리를 지르고 화를 내며 물건을 내던졌다.

이런 소동은 이웃에도 알려졌다. 집에서 나쓰미가 악쓰는 소리와 아이들의 울음소리가 자주 들리자 이웃 주민이 아동상담소에 "학대가 의심된다."고 신고했다. 곧바로 출동한 아동상담소는 사태가 심각하다고 판단해 아이들을 일시보호하고 시설에 맡기기로 결정했다. 현재 이쓰미네 집에는 아이들이 없다.

앞으로 이 가족은 어떻게 될까.

재판에서 선고된 5년 6개월이라는 형기에 미결 구류 기간과 가석방 기간을 포함하면 이쓰미는 앞으로 약 4년 뒤에 출소할 수 있다. 지금은 도쿄에 살며 여전히 프리터 생활을 하는 료에게 연락했더니 료는 이렇게 말했다.

이쓰미가 체포됐다는 얘기를 듣고 구치소로 면회 한 번 갔었거든요. 뭐, 어찌 됐든 전처이고 내 애를 기르고 있으니까.

편지도 여섯 번쯤 썼고. 걔가 왜 그런 무시무시한 짓을 했는지 모르지만 출소하면 일단 같이 살기로 약속했고.

그야, 난 부모잖아요. 마타이랑 도라지 아빠니까. 애들이 귀엽고, 애들도 부모랑 같이 있는 게 좋을 거고요. 당연하잖아요. 지금이야 할머니한테 맡길 수밖에 없지만 그러면 어떻게 될지 뻔하죠. 그런 할망구한테 맡기느니 내가 데려오고 싶어요.

그렇다면 이쓰미는 어떻게 생각할까. 공판에서 그 일에 대해 묻자 이쓰미는 이렇게 대답했다.

아이들이 정말 불쌍해서…… 내가 멍청해서 애들을 이렇게 슬프게 만들어서. 그 애들이랑 좀 더 마음껏 같이 있어 주었다면 좋았을걸 싶어요. 이제 절대로 아이들이랑 헤어지는 일은 하지 않을 거예요.

교도소에서 나가면 엄마랑 같이 살고 싶어요. 엄마랑은 사이가 좋고, 엄마가 좋고, 의지하고 있고……. 그렇지만 말하지 못해서, 미안합니다……. 내가 빨리 말을 못 해서 엄마까지 비난받아서 불쌍하고……. 그러니까 사이좋게 우리 집에서 같이 살고 싶어요.

문득 법정에서 이쓰미가 마지막에 지은 미소가 떠올랐다. 어쩌면 그 쓸쓸한 미소는 나쓰미를 향한 "엄마, 나 버리지 마."라는 의사 표현이 아니었을까.

　철든 무렵부터 오직 성난 목소리로 몰아세울 뿐 사랑다운 사랑을 준 적 없는 엄마. 이쓰미는 판결이 내려진 법정에서도 오히려 그런 엄마를 계속 갈구했다.

　"엄마랑 사이좋게 살고 싶다."

　그 외침은 곧 자신이 낳고 기른 세 아이와 제 손으로 죽인 두 아기의 바람이기도 하다는 것을 이쓰미는 알까.

토끼우리 감금 학대 치사 사건

아라카와강

2016년 3월 JR 기타센주역과 바투 붙은 아라카와강 강둑에 섰다. 강 바로 앞이 도쿄도 아다치구, 그 바로 옆이 가쓰시카구이다. 강폭은 200미터가 넘고 흙빛을 띤 탁한 강물은 어디로 흘러가는지 모르게 잔잔하다.

강둑에서 굽어보면 너른 하천 공원에는 벤치와 어린이용 놀이기구가 띄엄띄엄 놓여 있다. 커다란 화단에 핀 빨강, 노랑 색색의 꽃이 내뿜는 달콤한 꿀 향기가 코끝을 간지럽힌다. 평일 정오인데도 여기저기에서 세상 돌아가는 얘기에 흥이 난 노인, 조깅하는 남성, 데이트 중인 젊은 커플의 모습이 눈에 띈다.

나는 강 깊은 곳에 잠들어 있을 세 살 아이가 마음에 사무쳐 이곳을 찾았다. 강바닥은 침전물이 겹겹이 쌓여 깊이를 알 수 없는 늪과 같다고 한다. 부모의 진술이 사실이라면 버려진 그 아이는 3년째 이곳 어딘가에 묻혀 있다.

사건이 보도된 2014년 6월을 나는 지금도 또렷이 기억한다. 라디오 방송국에서 회의를 하는데 텔레비전에서 갑자기 이 뉴스가 흘러나왔다. 기자는 다음과 같이 전했다.

도쿄도 아다치구의 한 빌라에서 아이가 사망했음에도 1년 넘게 소재를 파악하지 못하고 있던 사실이 밝혀졌습니다.

사망한 아이는 세 살인 둘째 아들입니다. 가족은 생활보호 수당을 받아 생활하고 있었고 학대가 의심되어 아동상담사가 종종 가정방문을 했지만 부모는 마네킹을 활용하는 등 둘째 아들이 살아 있는 것처럼 꾸며 아동 수당과 생활보호 수당을 부정 수급 했습니다. 또한 둘째 딸도 반려견용 목줄로 묶은 채 학대해 왔다는 사실이 밝혀져 경찰은 둘째 아들이 사망에 이른 경위를 자세히 조사하고 있습니다.

사건의 용의자는 미나카와 시노부皆川忍(체포 당시 30세)와 미나카와 도모미皆川朋美(체포 당시 27세) 부부다. 시노부는 전직 호스트, 도모미는 전직 호스티스. 놀랍게도 부부는 체포 이후까지 포함하면 결혼 생활 7년 동안 아이를 일곱 명 낳았고 무직인 채로 거액의 생활보호 수당과 아동 수당 등을 받아 생활했다.

아동상담소의 가정방문이 이루어지던 2013년 3월 둘째 아들이 사망한다. 부모는 사체를 유기하고 아동상담소에는 마네킹을 둘째 아들이라며 살아 있는 양 꾸며 1년 3개월에 걸쳐 아동 수당을 부정 수급 했다. 또한 둘째 아들보다 한 살 어린 둘째 딸에게 반려견용 목줄을 달아 신체를 구속하고 일상적으로 두들겨 패며 학대했다. 아이를 돈을 받기 위한 수단으로만 여기는 듯한 소행이었다.

사건이 밝혀졌을 때 언론은 연일 크게 떠들었다. '아쓰기시 유아 아사 백골화 사건'이 드러나고 얼마 지나지 않아 뉴스가 되었기 때문에 '거주 불명 아동' 문제를 상징하는 또 하나의 사건으로 화제가 됐다. 부모의 범행 동기가 경제적인 목적으로 추정되는 만큼 아쓰기시 사건보다 훨씬 악질처럼 여겨졌다.

언론은 부모를 가차 없이 공격했다. "악마 같은 부모", "거짓말을 밥 먹듯 하는 부모"라 칭하며 비난했다. 네티즌도 들고일어나 "똑같은 방식으로 부모를 죽여라." 등 거친 말을 쏟아 냈다.

과열된 보도를 접하면서 솔직히 나 또한 부부를 악마와 다름없다고 여겼다. 아이를 이용해 거액의 복지수당을 챙기고는 제 자식에게 거침없이 폭력을 휘둘렀겠구나 싶었다. 그런 분위기에 휩쓸려 이 사건을 좇기 시작했다.

사건이 드러난 지 3개월 후인 9월 도쿄지방재판소에서 부부에 대한 재판이 열렸다. 나도 서둘러 방청하러 갔는데 부부에 대해 품었던 선입관은 이때 보기 좋게 깨졌다. 유흥업계에서 잔뼈가 굵은 험악한 인상일 거라는 예상과 달리 법정에 나타난 부부는 뚱뚱하게 살찐 몸에 얼굴에는 주름이 자글자글했으며 꾀죄죄한 추리닝을 걸치고 있었다. 인생의 밑바닥을 헤매는 듯한 모습이었다.

미나카와 시노부는 아토피피부염 탓인 듯 피부가 가슬가슬했고, 마치 선생님한테 꾸중을 듣고 잔뜩 주눅 든 중학생처럼 의자에 살짝 걸터앉은 채 가끔씩 다리를 떨거나 손을 맞대고 비비는 동작을 반복했다. 게다가 무슨 질문을 받아도 "흠", "음, 글쎄요." 등 애매한 답변만 되풀이하며 몸을 긁어 댔다.

한편 미나카와 도모미는 붓기가 있었고 각진 얼굴에 늘어뜨린 머리는 한쪽만 분홍색 끈으로 묶었다. 샌들을 신은 채 물가로 나온 메기처럼 입을 뻐끔뻐끔 움직이며 천장을 올려다보았다. 법정에서 조현병과 뇌전증 치료제를 대량으로 복용한다고 진술했는데 그래선지 판사가 질문해도 이해하지 못하는 듯 눈만 멀뚱멀뚱했다.

실례를 무릅쓰고 말한다면 내 눈에는 두 사람이 학교 교실에서 '바보'라고 놀림받으며 친구들에게 따돌림당할 유형으로 보였다. 호스트니 호스티스니 하는 그런 화려한 인상은 조금도 없다.

또 하나 의외였던 점은 재판 내용이었는데 재판은 둘째 아들의 사망이 아니라 아들의 죽음을 숨기고 아동 수당과 생활보호 수당을 부정하게 수급한 사기죄, 둘째 딸에 대한 상해죄, 무면허 운전 등의 〈도로교통법〉 위반죄 등을 다뤘다. 즉 이 부부는 둘째 아들의 사체 유기 등으로 기소된 게 아니었으며 사체 유기를 염두에 두되 다른 혐의로 재판받던 것이었다.

왜 부부는 살인 및 사체 유기로 기소되지 않았을까. 이래서는 사건의 전모를 제대로 밝힐 수 없지 않을까.

재판을 방청하며 우려했듯이 재판은 예상과 달리 장기화됐다. 그리고 나는 조사하는 과정에서 이 가족의 어두운 과거 속으로 점점 빨려 들어갔다.

2014년 재판

　　미나카와 시노부와 미나카와 도모미는 무슨 일을 저질렀을까. 우선 재판에서 밝혀진 부분을 살펴보자. 전후 관계를 이해하기 쉽게 내가 취재한 내용도 포함했다.

　　용의자인 시노부와 도모미는 2007년 5월 7일 처음 만났다. 당시 시노부는 스물세 살로 아다치구 다케노즈카의 호스트 클럽 M에서 일했다. 도모미는 이 호스트 클럽에 놀러 오던 손님이었다.

　　도모미도 다케노즈카에서 호스티스로 일했는데 시노부를 만나기 얼마 전 결혼하지 않은 상태로 손님과의 사이에 생긴 첫딸을 낳았다. 하지만 시노부는 전혀 개의치 않았고 만난 지 겨우 5일 만에 육체관계를 갖고 한 달도 채 안 되어 첫딸을 데리고 셋이서 동거한다. 도모미는 첫딸의 아버지와는 혼인신고를 하지 않는 대신 양육비 명목으로 250만 엔을 한꺼번에 받은 터라 어느 정도의 생활비는 있었음 직하다. 둘은 사랑을 증명하듯 오른손 둘째손가락에 서로의 이름을 문신으로 새겼다.

아다치구에 빌라를 빌려 동거에 들어간 후 시노부는 호스트 클럽을 그만두고 파견 회사에 등록해 운송 일을 시작했고 도모미는 전업주부로 육아에 전념했다. 단 아이를 낳는 속도가 예사롭지 않았는데 2008년에는 장남, 2009년에는 차남인 리쿠토, 2010년에는 차녀 리카(가명) 등 매해 아이를 낳았다.

파견 사원 월급으로 이런 대가족의 생활을 감당할 수는 없었다. 시노부는 결국 일을 그만두고 부정한 방법으로 생활비를 번다.

이를테면 이런 식이다. 2011년 리쿠토가 교통사고를 당했다. 처음에는 차량과의 접촉이 없었던 것으로 처리됐지만 부부는 나중에 리쿠토가 차에 부딪혀 몸 상태가 좋지 않다면서 통원 치료를 시작한다. 시노부는 그때 이미 회사를 그만뒀음에도 파견 회사에서 받은 과거 급여명세서를 위조해 보험회사로부터 도합 일곱 차례에 걸쳐 통원 간호비 16만 9200엔을 받아 낸다. 그뿐만 아니라 절도에도 손대 분유를 훔쳐 와 판다. 결국 이 일로 체포되어 유죄판결을 받지만 집행유예로 풀려난다.

당연히 이런 자잘한 범죄를 저지른들 수입은 빤했다. 생활은 늘 궁핍했다. 2012년 3월 사이타마현 소카시의 빌라에 살던 당시 그런 삶에 획기적인 전환이 일어난다.

2012년 2월부터 3월에 걸쳐 약 한 달 동안 사이타마현의 고시가야 아동상담소가 리쿠토를 일시보호 한다. 그때 아동상담소 직원이 가족의 경제 상황을 걱정하며 생활보호 수당을 받아 보는 게 어떻겠느냐고 조언했다.

직원이 말한 대로 신청했더니 아이가 있어서 곧바로 접수되었다. 아동 수당, 육아 세대 임시특례급부금 등을 합쳐 한 달에 30만 엔이 넘는 수당이 나왔다. 파견 사원으로 일할 때 월급이 15만 엔 정도였으니 일하지 않고도 두 배 이상의 돈이 손에 들어오는 셈이었다.

부부는 생활보호를 받으면서부터 재취업은 시도도 하지 않았고 다섯째, 여섯째를 내리 출산한다. 그 배경에는 아이 수를 늘려 수당을 더 받거나, 아이가 늘어도 수당으로 어떻게든 생활이 된다는 계산이 있지 않았을까. 최종적으로 들어온 수당은 한 달에 40만 엔을 넘어선다.

하지만 부부는 수당을 양육하는 데 쓰지 않았다. 매일 외식하러 나가 샤부샤부, 야키니쿠[고기구이]를 사먹으면서도, 아이들 중 일부는 집에 가둬 두고 옷도 제대로 입히지 않은 채 더러운 이불에 눕히고 식사조차 제때 챙겨 주지 않았다. 사건이 발각되기 얼마 전인 2013년 11월에는 빚 때문에 개인 파산 상태였다고 하니 부부의 계획성 없는 씀씀이를 짐작할 만하다.

생활보호를 받게 되고 얼마 후 가족은 나중에 사건 현장이 되는 사이타마현 소카시로 이사한다. 도모미의 엄마가 고시가야 아동상담소에 "손주가 학대받고 있다."고 신고했기 때문이다. 아동상담소는 이전에도 리쿠토를 일시보호 한 일이 있어서 정기적인 가정방문을 통해 상황을 조사하려 했다. 이를 예상한 부부는 도망치듯이 아다치구로 떠난다.

여기서 굳이 '도망치듯이'라고 표현한 이유는 이사 자체에 자연스럽지 못한 점이 있어서다. 소카시와 아다치구는 인접해 있고 기존 거주지에서 새 빌라까지는 차로 겨우 10분 거리였다. 왜 그렇게 가까운 곳으로 이사해야 했을까. 아마도 도쿄로 이사 가면 [행정구역이 다른] 고시가야 아동상담소의 감시에서 벗어날 수 있다고 생각했기 때문인 것 같다.

고시가야 아동상담소는 부부를 계속 추적했다. 도쿄의 아다치 아동상담소 측에 "아이가 일시보호 된 적 있는 가정"이라고 전하면서 가정방문을 실시해 달라고 요청했다. 사건이 드러나기까지 약 2년 동안 아동상담소 직원은 총 열한 차례 가정방문을 한다. 그러나 부부는 임신으로 몸이 안 좋다는 등의 이유를 대며 집 안에 들어와 조사하는 것을 거부한다. 가정방문 당시 리쿠토의 생존을 확인할 수 있었던 적은 단 두 번이었다.

아다치구로 이사하고 1년쯤 지난 2013년 3월 3일 리쿠토가 사망한다. 밀실에서 일어난 비극의 실태는 여전히 베일에 싸여 있다. 재판에서 부부가 아이의 죽음에 대해 한 말은 고작 다음과 같은 변명이 전부였다.

아침에 일어났더니 (리쿠토가) 숨을 쉬지 않았습니다. 전날만 해도 건강했는데.

전날까지 건강했던 아이가 아침에 일어나니 죽어 있었다는 말이다. 학대를 의심받아 조사 대상으로 올라 있던 부부가 하는 말을 과연 신뢰할 수 있을까.

그보다 더 이상한 점은 그 후 두 사람이 취한 행동이다. 가령 리쿠토가 영유아 돌연사 증후군(3세부터는 발병 가능성 희박)으로 사망했다면 일반적으로 부모는 곧바로 구급차를 부르거나 병원으로 달려갈 것이다. 하지만 둘은 "아동상담소에 알려지면 학대를 의심받아 가족이 뿔뿔이 흩어진다."고 판단하고 그날 바로 리쿠토의 시신을 차에 싣고 야마나시현의 산속에 묻었다고 한다. 그리고 1년 3개월에 걸쳐 리쿠토의 죽음을 은폐한 채 생활보호 등의 수당을 받는다.

공판에서 아빠인 시노부는 사체를 유기한 이유에 대해 "아동양호시설兒童養護施設▪에 대해 나쁜 기억밖에 없어서"라고 말했다. 시노부는 태어나자마자 유아원乳児院▪▪에 맡겨졌고 세 살 때 아동양호시설로 옮겨 열다섯 살 때까지 지냈다. 아동양호시설에서 지내는 동안 직원과 상급생에게 따돌림당한 경험이 있어서 아이를 시설에 보내 똑같은 일을 겪게 하고

▪ 보호자가 없는 아동, 학대 피해 아동 등을 양육하는 일본의 아동복지시설로 아동상담소장의 판단하에 지자체장이 입소 조치를 결정한다. 입소 대상자는 원칙적으로 만 1세 이상 18세 미만이다. 한국에선 일반적으로 아동양육시설이라고 쓴다.
▪▪ 원칙적으로 만 1세 미만의 아이를 맡아서 양육하는 일본의 아동복지시설.

싶지 않았다고 했다.

하지만 시노부가 사건 이후 한 행동을 보면 그의 발언을 곧이곧대로 받아들이기는 어렵다. 시노부는 아이를 생각했다고 말하지만 리쿠토가 죽은 뒤 이번에는 표적을 바꾸어 둘째 딸 리카를 더욱 가혹하게 학대했다.

부부의 말에 따르면 리카는 2012년 무렵부터 다른 형제자매의 음식을 탐해 멋대로 입에 넣고 집 안을 수시로 어지럽혔다고 한다. 처음에는 시노부가 말로 주의를 주었지만 전혀 고쳐지지 않았다. 그러다 8월 어느 날 리카가 강아지용 과자 비스킷 봉지를 뜯어 내용물을 먹는 걸 본 순간 리카의 목에 반려견용 목줄을 채우고 줄을 침대 다리에 묶는다.

이렇게 리카는 신체의 자유를 빼앗기고 가족이 외출할 때에도 집에 홀로 남겨진다. 가끔 목줄에서 풀려난 리카가 방을 어지럽히면 시노부는 "또 저런다!"며 소리를 지르고 리카를 때렸다.

도모미는 리카를 학대하는 시노부의 행동을 묵인했다. 그 이유에 대해 도모미는 기어드는 목소리로 변명했다.

(시노부는) 화가 나면 말릴 수 없으니까……. 만약 말리면 (내가) 맞으니까……. 그래서 아무 말도 못 했습니다…….

즉 집 안에서 아이들에게 폭력을 휘두른 사람은 오직 시노부뿐이었다고 못 박는다. 그리고 도모미 자신은 겁이 나서 멀찍이 떨어져 있었으며 보고도 못 본 척하는 수밖에 없었다고 말한다.

2014년 5월 14일 아다치 아동상담소로 미나카와 시노부 가정에 대한 신고가 접수됐다. 리쿠토의 모습이 보이지 않는다는 내용이었다. 아동상담소에선 뭔가 문제가 있다고 판단했고 이틀 후 직원 여럿이 집을 방문한다. 아동상담소 직원이 사정을 설명하고 아이의 생존을 확인하고 싶다는 취지의 말을 전하자 시노부는 이렇게 답한다.

"아내가 임신 중이라 몸이 안 좋아서 자고 있습니다. 죄송하지만 깨지 않게 방 밖에서 봐주세요."

도모미가 임신했다는 말은 사실이었다. 그해 여름에 일곱 번째 아이를 출산할 예정이었다.

직원들은 어쩔 수 없다 여기고 안으로 들어섰다. 집 안은 쓰레기장을 방불케 했다. 복도에는 옷과 수건이 여기저기 널렸으며 벽에는 커다란 구멍이 나있고 바닥에는 얼룩이 잔뜩 묻어 있었다. 거실에는 '곰돌이 푸' 커버가 씌워진 소파가 있고 아이용 장난감인 미끄럼틀과 정글짐, 반려견용 케이지가 가구와 뒤섞여 어지러이 놓여 있었다. 개를 열 마리 넘게 길렀으니 동물 냄새도 엄청났을 터이다.

시노부가 안내한 침실은 불이 꺼져 있어 어두침침했다. 배가 불룩한 도모미가 입구를 가로막듯이 누워 있고 아이들은 그 안쪽에 깔린 이불에서 함께 자고 있었다. 직원이 방문 바깥에서 세어 봤더니 아이들은 딱 여섯 명이었다. 몸 상태가 좋지 않다는 임신부를 깨울 수는 없어서 어찌 됐든 생존은 확인됐다고 판단하고 돌아갔다.

　그런데 이건 부부가 미리 준비해 놓은 위장 장치였다. 부부는 아동상담소에서 가정방문을 올 거라 예측하고 인터넷 쇼핑으로 1미터쯤 되는 마네킹을 구입한다. 가정방문에 맞춰 마네킹에 옷을 입혀 이불에 뉘여 리쿠토처럼 꾸몄다. 아동상담소는 보기 좋게 속아 넘어가고 말았다.

　그러고 나서 며칠 후 아동상담소에 다른 경로로 똑같은 신고가 들어온다. 아무래도 리쿠토의 모습이 한참 동안 보이지 않는다는 것이다. 직원들끼리 회의를 하는데 "우리가 본 게 정말 리쿠토였을까, 인형이나 그런 게 아니고?"라는 말이 나왔다. 그래서 다시 한번 확인해 보기로 한다.

　하지만 이전처럼 둘러대면서 방 안 출입을 거부당할 가능성이 컸다. 5월 30일 아동상담소는 부부에게 '출석요구서'를 보내 아이를 동반해 아동상담소로 와달라고 통보한다. 이를 거부하면 아동상담소의 권한으로 자택에 대한 강제 현장조사와 수색을 진행하겠다는 내용도 명기했다.

　시노부와 도모미는 출석요구서를 받고 이제는 속일 수 없다고 판단했는지 5월 31일부터 짐을 차례차례 밖으로 옮겼고 6월 1일 새벽 2시 즈음 아이들을 차에 태우고 야반도주한다.

　이날부터 시작된 도피 행각의 이동 경로를 쫓아가 보면 우선 도쿄만 기슭을 헤매며 밤이 오기를 기다린 뒤에 지바

현 기사라즈시에 있는 '호텔 미카즈키'에 투숙한다. 잠만 자는 숙박으로 식사는 근처 마트에서 산 도시락으로 해결했다. 아무런 계획도 없었고 도피하는 중에도 리카에 대한 학대가 이어졌다.

도피 중 학대는 두 번 있었다. 첫 번째 학대는 6월 3일 일어났다. 밤에 마트에서 가츠동과 텐동▪을 구입해 객실에 돌아온 도모미는 식욕이 없어 자기 몫의 가츠동을 텔레비전 받침대에 올려놓고 잠이 들었다. 잠시 후 "이 자식, 뭘 먹는 거야!" 하고 시노부의 성난 목소리가 객실을 뒤흔들었다. 도모미가 잠든 사이 리카가 가츠동을 먹었던 것이다. 시노부는 왼손으로 리카의 몸을 들어 올리고는 오른손 주먹으로 얼굴을 수차례 가격했다. 리카는 울며 잘못했다고 빌었지만 시노부는 아랑곳없이 반려견용 목줄을 다시 채웠다.

두 번째 폭행은 6월 5일에 일어난다. 이날 아침 가족은 호텔에서 퇴실하고 도쿄만 아쿠아라인을 달려 도쿄만 위에 만들어진 인공 섬 '우미호타루 파킹 에어리어'로 향한다. 레스토랑과 편의점이 모여 있는 곳으로 고속도로 휴게소와 분위기가 비슷했다. 시노부와 도모미는 2층 주차장에 차를 세우고 리카만 차에 남겨 둔 뒤 다른 아이들과 함께 파킹 에어리어의 식당가로 라멘을 먹으러 간다.

▪ 가츠동은 밥 위에 돈가스를, 텐동은 밥 위에 튀김을 얹은 일본의 덮밥 요리이다.

그런데 차에 돌아와 보니 배가 고팠는지 리카가 다른 아이의 주스를 마시고 있었다. 시노부는 격앙되어 "몇 번 말해야 알아듣냐!"면서 차 안에 목줄을 한 채 앉아 있는 리카의 얼굴을 차 밖에서 발로 세게 걷어찼다. 리카의 입에서 피가 흘렀지만, 도모미가 차를 출발시킨 뒤에도 시노부는 "멍청이"라며 리카의 머리를 몇 번이나 주먹으로 때렸다.

그날 밤 0시 10분 부부는 체포된다. 도쿄도 아라카와구 구내를 주행 중인 일가족의 자동차를 경찰이 발견해 차를 멈춰 세우고 검문을 한다. 우선 도모미의 무면허 운전(면허 취소 상태)이 밝혀졌다. 하지만 경찰은 리쿠토의 행방 확인이 무엇보다 중요했다. 하루 전인 6월 4일 아동상담소와 합동으로 아다치구 빌라를 현장 조사 했을 때 빌트인 에어컨 두 대가 사라진 것을 확인한 경찰은 두 사람을 일단 에어컨 절도 혐의로 체포해 신병을 확보하고는 리쿠토 사건을 밝혀내려 했다.

같이 있던 아이들은 아동상담소가 일시보호 했다. 상처가 심한 리카는 병원으로 보내졌고 검진 결과 왼쪽 눈과 코의 출혈, 타박상, 부종 등이 확인되어 전치 2주 진단을 받았다. 제대로 못 먹어 리카의 체중은 4세 여아 평균의 절반에도 못 미치는 8킬로그램에 불과했고 혼자 힘으로는 일어서지도 못할 만큼 쇠약해 있었다.

다케노즈카 경찰서에서 이루어진 취조는 경시청 수사1과[살인 등 흉악 범죄를 주로 담당하는 부서]가 담당했다. 수사

1과가 뛰어들었다는 사실에서 경찰은 부부가 리쿠토를 학대 살해했다고 간주했음을 알 수 있다. 시노부와 도모미는 리쿠토의 죽음은 인정했지만 어디까지나 자연사였다고 주장했다.

"아침에 일어나 보니 리쿠토가 죽어 있었습니다. 시신은 가와구치코 호숫가에 묻었습니다."

아동상담소의 이야기를 들어 봐도 '자연사'라는 말은 믿기 어려웠다. 시체를 찾아내 학대 흔적을 확인할 수 있다면 상해치사 및 살인으로 기소할 수 있다. 경찰은 가와구치코 호수 주변을 샅샅이 수색했지만 사체는 나오지 않았다.

그곳이 확실한지 질문을 받은 시노부는 이번엔 다른 장소를 댔다. 하지만 여전히 나오는 것은 없었다. 수사원이 대규모로 동원되어 광범위한 지역을 흙을 파내 가며 뒤졌지만 새로운 단서는 없었다.

사체가 없는 상황에서는 송치할 수 없다고 판단한 경찰은 부부를 사체 유기와 살인으로 입건하는 걸 보류했다. 결국 부부는 앞에서 말한 통원 간호비 사기, 생활보호 수당 등 부정 수급, 무면허 운전 등의 〈도로교통법〉 위반, 리카에 대한 학대 상해 혐의만으로 기소된다.

2014년 9월 10일 도쿄지방재판소에서 열린 부부에 대한 재판은 세간의 주목을 그다지 끌지 못했다. '여죄'라 할 만한 부분으로만 이뤄진 기소여서 언론도 무관심했다. 나는 빈자리가 드문드문 눈에 띄는 방청석에서 재판을 지켜봤다. 재판 내내 검찰 측의 무력감만 짙어졌다.

판사와 검사는 두 사람에게 리쿠토를 학대한 실태와 사체 유기 장소 등에 대해 여러 차례 물었다. 시노부는 리카에게 자행한 학대에 대해서는 일부 인정하면서도 리쿠토에 대해서는 "학대한 적 없다."는 주장만 되풀이했다. 질문에는 거의 단답형으로 답했고 불리한 부분은 입을 다물거나 얼버무렸다.

— 리쿠토가 3월 3일에 죽은 게 맞습니까?
네.

— 리쿠토 사망을 경찰에 알리지 않았고요.
…….

— 생활보호 담당자에게도 말하지 않았습니다.
네.

— 리카를 목줄로 묶은 일이 지나치다는 생각은 안 드셨나요?
생각은 했지만. 뭐, 그럴 만하다 싶은 마음에.

— 훈육이었다는 말입니까?
네.

이런 식의 대화가 반복될 뿐이었고 시노부는 사실을 털어놓을 마음도 재판에 진지하게 임할 생각도 없어 보였다.

도모미의 진술에서는 책임을 회피하는 말이 두드러졌다. 재판이 도중에 분리되자 도모미는 학대는 오로지 시노부가 벌인 짓이라고 주장한다. 자신은 임신 중이고 정신 질환으로 힘든 상황이라 할 수 있는 게 없었다는 것이다.

방청석에 앉아 있던 나도 무력해졌다. 물론 판사도 검사도 답답했을 것이다. 하지만 이번 재판은 리쿠토의 죽음을 밝히기 위한 것이 아닌 이상 진상을 파고들기란 불가능했다.

가족의 초상

2014년 10월 도쿄지방재판소에서 재판이 한창 진행되는 동안 나는 이번 사건을 본격적으로 조사하기로 했다.

재판이 부부의 사기와 〈도로교통법〉 위반 등에 한정된 이상 리쿠토가 왜 죽었는지 실상을 파헤치기는 어렵다. 시노부와 도모미가 어떤 인간인지 밝히기도 불가능하다. 그렇다면 재판이 종료되길 기다리지 말고 직접 관계자를 만나 진상에 다가가 보기로 마음먹었다.

그날 나는 시노부 가족이 살았던 아다치구 도네리역으로 향했다. 야마테선 니시닛포리에서 경전철 닛포리·도네리라이너로 갈아타 스미다가와강, 아라카와강을 건너 아다치 구로 들어서자 차창 밖 풍경이 갑자기 고풍스럽게 바뀌었다. 좁고 복잡한 골목길에 목조로 된 단층집과 이끼가 낀 허름한 연립주택이 밀집해 있었다. 고령자들이 사는 도영 주택都營住宅 도 많았다.

도쿄의 23개 구 가운데 아다치구의 빈곤율은 악명이 높다. 주민 평균 세대의 연 수입은 가장 많은 미나토구의 30퍼센트 수준이었고 생활보호 수급률은 23개 구 중 두 번째로 높다. 사이타마현과 경계에 있는 다케노즈카 도네리 지구는 그런 경향이 특히 두드러졌다. 물론 일일이 들여다보면 가정마다 상황이 다르겠지만 고가를 달리는 차창에서 내려다보니 집의 외관과 주민의 모습에서도 왠지 그런 분위기가 느껴졌다.

미나카와 부부가 살던 집은 도네리역에서 걸어서 10분쯤 걸리는 주택가에 위치해 있었다. 버스가 다니는 큰 길에 면해 있고 뒤편에는 작은 텃밭과 주차장이 있다. 집은 3층 건물로 지어진 지 16년 됐다고 하는데 입구는 어른 한 명이 겨우 지나갈 정도로 좁았고 알루미늄 우편함은 여기저기 패이고 긁힌 자국투성이였다. 언뜻 봐서는 지은 지 30~40년은 되어 보였다.

■ 소득이 낮은 고령층을 입주 대상으로 한 공영주택으로 도쿄도가 관리한다.

시노부와 도모미가 살던 집은 2층이다. 현관을 들어서면 왼편 끝에 대략 26.4제곱미터 규모의 거실이 있고 오른편에 9.9제곱미터 규모의 다다미방과 침실이 각각 하나씩 있는 구조이다. 월세는 7만 엔 정도. 아이 수와 열 마리 넘는 반려견을 고려하면 넉넉한 크기였다고 말하기는 어려울 듯하다.

나는 이웃 주민을 취재하던 중 미나카와 부부와 교류가 있었던 전업주부 하타나카 요시에(가명)를 만났다. 하타나카와는 집 앞에 서서 얘기를 나눴다.

미나카와 씨네 가족은 일단 애들이 참 많아서 인상적이었어요. 남편(시노부)은 늘 밝게 생글생글 웃는 인상이었고 아이들을 정말 귀여워했어요. 첫째 딸이 초등학생이라 매일 아침 등굣길을 배웅하고 또 집에 오는 시간에 맞춰 마중 나가곤 했어요. 아카짱혼포[일본의 육아, 임신, 어린이 용품 체인점]가 새로 생겼다는 둥 그런 얘기를 하는 걸 보고 육아에도 관심이 많구나 싶었지요.

하지만 남편이 일을 하지 않는 것 같아 좀 이상했어요. 매일 한밤중에 가족이 차를 타고 외출해서는 새벽 1시나 2시쯤 돌아오는 거예요. 어린아이가 있는데도 밤낮이 완전히 바뀌어 있었어요.

미나카와 가족과 교류가 있던 이웃은 하타나카뿐이었

다. 가족은 낮에는 주로 집에 틀어박혀 지냈다고 한다. 첫째 딸은 초등학교 2학년에 올라간 뒤로는 학교를 다니지 않았고 여섯 살이 된 첫째 아들도 어린이집을 그만두었다.

밤중 외출은 근처에서 외식을 하기 위해서였다. 집에서 밥해 먹는 일은 거의 없었고 집 근처 가스토[일본 전국 체인의 저렴한 패밀리 레스토랑]에 자주 갔으며 가끔씩 긴노사라[초밥 배달 전문점]에서 시켜 먹는 일도 있었다. 거액의 생활보호 수당과 각종 수당 덕분에 그런 생활을 누렸던 듯하다.

하타나카의 말에 따르면 부부에게서 학대를 의심할 만한 분위기는 느끼지 못했다고 한다. 다만 사건 얼마 전부터 아이들과 관련해 좀 미심쩍은 부분이 있었다. 도모미가 대화 중에 지금 임신한 아이가 일곱째라고 했는데 그때까지 만난 아이는 네 명뿐이었다. 하타나카가 이를 묻자 도모미가 심드렁하게 대답했다.

"두 애는 감기에 잘 걸려서 늘 집에 있어."

시기상 이미 리쿠토는 사망했고 리카는 목줄이 채워진 채 학대받던 때였다. 아마 리카는 집에 내내 감금되어 있었을 것이다.

다른 이웃 주민 중에도 리카를 본 사람은 없었다. 눈이 내려 쌓인 겨울날에 연립주택 앞에서 미나카와네 아이들이 '창백한 작은 애'를 데리고 노는 모습을 봤다는 이웃 남성의 증언이, 리카로 짐작되는 아이를 목격한 유일한 사례였다. 그 아이는 생기가 없어 보였고 혼자 아무 말 없이 눈 위에 앉아 있었다고 한다. 다른 애들이 손을 잡아당기자 금방이라도 쓰러질 것처럼 발걸음이 불안했다고 하니 학대당하던 리카였을 가능성이 높다.

2014년 봄 무렵 도모미는 하타나카와 얘기하다가 아동상담소의 감시를 받고 있음을 넌지시 내비쳤다. 체포되기 한달 전쯤 도모미가 이런 말을 했다고 한다.

"어제 아상(아동상담소)이 와서 난리가 났었다니깐. 우리 엄마가 신고했나 봐. 나쁜 일 한 것도 없는데 이런저런 일로 엄마에게 미움을 사서 큰일이야. 혹시라도 하타나카 씨한테 피해를 주게 될까 걱정이네."

아동상담소가 리쿠토의 소재가 불분명하다는 정보를 입수했던 바로 그 시기였다. 같은 시기에 도모미가 첫째 딸의 같은 반 친구 부모에게 "애를 좀 빌려주세요."라고 부탁한 일이 있다는 증언도 나왔다. 아동상담소의 가정방문을 예상하고 다른 애를 데려와 위장하려 했지만 그 부모가 들어주지 않자 마네킹을 구입했는지도 모른다.

게다가 도모미는 이런 말도 했다.

"조만간 이사하려고. 이전 집에서 집주인이랑 문제가 생긴 적이 있어서 부동산 중개 사무소에다가 건물에 집주인이 살지 않는 빌라로 알아봐 달라고 했어. 여긴 1층에 집주인 친척이 살잖아. 게다가 벽을 살짝 쳤는데 바로 구멍이 나고, 근처에서 연탄가스 자살 사건이 일어나기도 했고 치안도 안 좋아서 9월에 출산하면 이사하려고. 그래서 올봄부터 집세를 안 내고 있어." 〈임대차계약법〉상으로는 집세 체납이 반년 이상 계속되면 집주인은 세입자를 강제 퇴거할 수 있다. 도모미는 이를 역이용해 출산 후에 이사할 작정으로 집세를 내지 않았던 모양이다.

하타나카는 도모미 가족이 살던 연립주택 2층을 바라보며 말했다.

학대 사건 보도를 보고 깜짝 놀랐어요. 내가 알던 가족은 정말이지 단란한 가족의 이미지였으니까. 적어도 남편은 정말 다정한 사람이어서 애들을 알뜰살뜰 돌봤거든요.

의외였다. 재판에서 밝혀진 대로라면, 시노부는 리카에게 목줄을 채우고 물불 안 가리며 애를 두들겨 패는 잔혹한 인간이었으며 도모미는 그런 남편의 폭력에 벌벌 떨면서 보고도 못 본 척할 수밖에 없는 정신 질환을 앓는 여성이었다.

그 얘기를 하자 하타나카는 고개를 갸웃거리며 "이상하네." 하고 목소리를 높이며 말을 이었다.

그렇지 않아요. 그 부부는 아내가 주도권을 잡고 있어요. 아내는 똑 부러져서 서슴지 않고 자기 의사를 밝히고, 무슨 일이든 후딱후딱 해치우고. 남편이야 상냥하기는 하지만 아내에게는 대들지 못해 늘 이것저것 시키는 대로 하는. 부부 싸움을 해도 남편이 아내 뒤를 졸졸 따라다니며 "미안, 내가 잘못했어." 하고 머리 숙여 사과했어요.

또 예상도 못 한 얘기가 나왔다. 법정에 나타난 도모미는 흘금흘금 주위를 살피고 입을 뻐끔거려서 지적장애가 있는 것처럼 보였다고 나는 말했다.

연기 아닐까요.

단숨에 되받아 묻는다. 하타나카는 태연하게 말했다.

왜냐면 그 사람 엄청 수완이 좋았거든요. 그런 모습 난 한 번도 본 적 없어요. 죄를 면하기 위해 병든 척하는 거 아닐까요.

재판에서 도모미는 조현병, 뇌전증, 패닉 장애 등을 앓아 2급 장애인 판정을 받았다고 말했다. 그건 거짓이었을까. 하타나카의 말을 계속 들어 보자.

그 두 사람은 진실을 숨기는 것 같아요. 아내가 언젠가 이런 말을 한 적 있거든요. "우리는 명예훼손으로 체포돼서 집행유예를 받은 적이 있거든. 또 체포되면 아동상담소에 아이들 다 뺏기고 가족이 다 흩어질 거야. 그러면 일단 위장 이혼을 해서 아이를 데려오자고 입을 맞춰 뒀어."라고.

그렇다면 부부는 사건이 발각될 걸 예상했을까.

그렇지 않고서야 그런 말을 할 리가 없죠. 재판에서 이상한 행동을 한 것도 그 때문이지 않을까요.

이 말이 사실이라면 부부는 처음부터 사건이 발각되면 어떻게 대처할지 치밀하게 계획한 셈이다. 시노부가 아동 학대에 대한 죄를 혼자 뒤집어써서 징역을 받고 도모미는 경미한 죄만 인정해서 이혼. 그리고 아동상담소에서 아이들을 다시 데려온다는 시나리오다. 그것이 실현되면 다시 거액의 생활보호비와 아동 수당 등을 받을 수 있다.

나는 이를 어떻게 해석해야 좋을지 몰라 메모하던 펜을 꽉 쥐었다. 그렇다면 검사와 판사는 두 사람의 손바닥 위에서 놀아나고 있는 것일까. 재판 진행 상황을 보고 있으면 이를 부정하기는 어려웠다.

몬스터의 아이

2014년 12월 나는 거세게 휘몰아치는 건조하고 차가운 바람을 맞으며 주택가를 걷고 있었다. 시노부가 어린 시절을 보낸 아동양호시설 'A 학원'을 찾아가는 길이었다.

도쿄지방재판소에서 진행되던 시노부와 도모미의 재판

이 예상보다 훨씬 일찍 끝나 이쪽으로 조사 방향을 틀었다. 도모미에 대한 판결이 먼저였다. 도모미는 사기와 〈도로교통법〉 위반, 두 건에 대해 11월 14일에 판결이 나왔다.

법정에 나타난 도모미는 지금까지 머리에 하던 분홍색 머리끈이 파란색으로 바뀌었고 티슈를 감싼 수건을 양손으로 꽉 쥐고 있었다. 판사는 두 건의 죄를 전적으로 인정하면서 다음과 같은 판결을 내렸다.

징역 3년, 집행유예 4년.

리쿠토의 죽음을 숨긴 채 아동 수당을 부당 수급한 사실은 죄질이 나쁘다고 하면서도 거액이 아님을 감안해 집행유예 판결을 내렸다고 한다.

도모미는 판사가 판결문을 읽어 나가는 동안 지난번처럼 천장을 올려다본 채 입을 우물거릴 뿐 아무런 반응도 보이지 않았다. 판사가 "아시겠습니까?" 하고 묻자 졸린 듯한 눈으로 몇 초 늦게 "네." 하고 대답할 뿐이었다. 판결 후에는 변호사와 교도관 옆에 붙어 커다란 몸집을 흐느적거리며 지하 출구로 걸어갔고 곧 시야에서 사라졌다.

한 달 후인 12월 12일 시노부에 대한 선고가 내려졌다. 똑같은 법정에 선 시노부는 도모미가 집행유예를 받았음을 알아서였는지 기세등등했고 시종일관 당당하게 미소 짓고 있었다.

드디어 판결이 나왔다.

피고인을 징역 2년 10개월에 처한다.

학대의 죄질이 나쁨을 인정해 실형이 선고되었다. 하지만 리쿠토의 죽음에 대한 형벌을 부과한 것은 아니었다. 사실상 3년도 못 되어 석방될 테고 금세 사회로 돌아온다. 만약 아다치구의 집 앞에서 하타나카에게 들은 얘기가 사실이라면 모든 일은 두 사람의 계획대로 이루어지는 셈이다.

정말로 사건을 이렇게 종결지어도 될까. 나는 초조하고 조급한 마음에 우선 시노부의 실상을 파헤쳐 보기로 했다. 재판 중에 시노부가 아동양호시설에서 자랐다고 했던 진술을 토대로 우여곡절 끝에 그가 생활했던 시설이 A 학원임을 알아냈다.

A 학원은 역 앞 상가와 아주 가까운 주택가에 있었다. 유치원이나 아동 관련 시설로 보이는 친근한 외관에 넓은 정원이 딸려 있었다. 단독주택이 늘어선 동네로 나무가 많고 조용했다. 저녁이라 마침 하교 시간이었던 듯 책가방을 맨 아이들이 하나둘 "다녀왔습니다." 하고 말하며 돌아온다. 아이들 무리에서 왁자지껄 신난 목소리가 퍼져 나온다.

잠시 밖에서 시설을 바라봤는데 외관을 보는 것만으로는 시노부가 지닌 마음속 어둠을 상상할 수 없었다. 사전에 조사한 바로는 A 학원은 역사가 길며 평도 좋았다. 매년 아이들 중 몇몇은 이곳에서 독립해 나갔고 대부분 어른이 되면 평범한 가정을 꾸렸다. 원가정이 아무리 비참하더라도 아동양호시설 직원의 따뜻한 지지를 받을 수 있었다면 역경을 뛰어넘어 앞으로 나아갈 수 있는 법이다. 시노부는 그게 잘되지 않았던 것일까.

나는 A 학원을 뒤로하고 모처에서 50대 남성 미야모토 다이지(가명)를 인터뷰했다. 어린 시절의 시노부를 잘 아는 인물이다. 다만 여기서는 사생활 보호를 위해 구체적인 관계를 적시하지 않았다. 미야모토 다이지의 직장으로 찾아갔더니 소파가 놓인 응접실로 안내해 주었다. 나는 내어 준 차를 마시며 단도직입적으로 사건에 대해 어떻게 생각하는지 물었다. 미야모토는 팔짱을 낀 채 미간을 찡그렸다.

솔직히 그 사건의 범인이 시노부라고 들은 순간 '아, 역시.'라는 생각이 들었습니다. 다른 이름이라면 귀를 의심했을 테지만 시노부라면 그럴 만도 하다 싶었죠. 시노부는 원래 폭력적인 성향은 없습니다. 하지만 정말 아무것도 생각하지 않는 인간입니다.

무슨 말일까.

시노부는 그야말로 애 같은 인간입니다. 아이큐는 100이 넘지만 어린애가 그대로 어른이 된 느낌. 두세 살짜리 애들 보면 앞뒤 못 가리고 순간의 기분에 따라 갑자기 울어 대거나, 보이는 대로 먹어 치우거나, 난리를 치며 놀거나 하잖아요. 이성이 제대로 작동하지 않으니 충동을 행동으로 옮기는 거죠. 시노부가 딱 그래요. 초등학생이 되어도 중학생이 되어도 이렇게 하면 어떻게 된다는 사고 체계가 전혀 형성되지 않아서 순간의 감정이 이끄는 대로 행동했어요. 그냥 모든 일을 저지르기만 할 뿐이죠.

미야모토는 잠시 뜸을 들이다 말을 이었다.

그래서 시노부한테는 친구라 할 만한 사람이 거의 없었어요. 다른 사람의 신뢰를 받으려면 여러 규칙을 지켜야 하잖아요. 약속을 지킨다거나 의리를 지킨다거나. 그런 일이 하나둘 쌓여 생판 모르는 타인과 관계를 구축해 가죠. 하지만 시노부한테는 그런 부분이 뭉텅 빠져 있어서 누구에게든 무책임했어요. 그러니 친구가 없었죠.

왜 그런 아이로 자랐을까.

시노부가 지금 당장의 순간만 생각하는 성격을 갖게 된 건 엄마 탓이 크다고 봐요. 엄마는 시노부를 A 학원에 맡겨 둔 채 전혀 돌보지 않았어요. 시설에서도 엄마의 언행이 하도 이상해 묵과하기 힘들었고 주위 사람들도 다들 몬스터라고 부르며 비난할 정도였죠. 시노부는 그런 엄마를 복사해 놓았다 싶을 만큼 똑 닮았어요.

아동양호시설에 아이를 맡긴 부모 가운데에는 가정 폭력 가해자 등 문제가 있는 사람이 많다. A 학원처럼 역사가 오랜 곳은 그런 양식 없는 부모가 대부분이었을 터이다. 시노부의 어린 시절은 아직 '몬스터 페어런트'[학교에 비상식적이고 불합리한 요구를 하는 부모를 뜻하는 일본의 신조어]라는 단어가 생겨나기 전이었다. 그럼에도 '몬스터'라 불린 엄마는 도대체 어떤 인물이었을까.

시노부의 엄마 이름은 사쿠라다 아사미(가명)이다. 사쿠라다 아사미는 1964년 아라카와구 닛포리에서 태어났다. 아버지는 서민 동네에서 금속공예가로 일했다. 아사미는 어린 시절부터 여러 문제를 일으켜 학교에서도 문제아로 찍혔고 중학교를 졸업하고는 도내의 스낵바에서 일하며 유흥업소의 세계로 들어섰다.

아사미는 밤거리에서 매우 자유분방한 생활을 했다고 한다. 열여덟 살 때 트럭 운전기사를 만나 동거를 시작했다. 곧 임신을 했고 그해에 혼인신고를 한다. 이듬해에 첫애 시노부가 태어난다.

어린 부부가 젖먹이를 기르는 삶이 시작되었다. 하지만 아사미는 집안일도 육아도 전혀 하지 않았다. 출산 이후 몸이 회복되자 곧바로 카바레에서 호스티스로 일하며 시노부를 집에 방치한 채 아침까지 술을 마셨다.

트럭 운전기사인 남편은 근무 시간이 불규칙했고 집에 들어오지 않는 날도 많았다. 그는 시노부가 집에 방치되는 상황을 차마 볼 수 없어서 몇 번이나 아사미에게 그러지 말라고 당부했다. 하지만 아사미는 도리어 폭언으로 응수하며 크게 싸운 뒤 더는 못 참겠다는 듯 집을 뛰쳐나가 친구 집이나 카바레 기숙사에 머물며 며칠씩 집에 들어가지 않았다.

남편도 일하면서 혼자 애를 돌볼 수 없어서 돌도 되지 않은 시노부를 도내의 유아원에 맡긴다. 아사미는 시노부를 낳은 이듬해에 첫째 딸, 2년 후에는 둘째 딸, 또 그 이듬해에 셋째 딸 그리고 이혼하고 4년 후에는 새 남편과의 사이에 넷째 딸을 낳는다. 두 번째 남편과도 나중에 헤어졌다.

아사미는 시노부를 유아원에 보내고 난 뒤로 육아에서 자유로워지는 해방감을 즐기며 그 뒤로 태어난 아이들도 곧바로 유아원에 맡겼다. 출산 3개월 전에 유아원에 연락해 "이번에 낳는 애도 그곳에 보내고 싶다."고 신청하고는 집으로 데려오지도 않고 퇴원하자마자 바로 유아원으로 아기를 맡기러 갔다.

부모로서의 자각이나 책임감을 전혀 찾아볼 수 없었다. 더군다나 둘째 딸은 바빴다는 이유로 출생신고조차 하지 않았다. 나중에 유아원이 그 사실을 알고 "(출생신고를) 제대로 하지 않으면 애를 맡을 수 없다."고 엄중하게 경고하자 아사미는 그제야 구청에 갔다. 당시는 출산 전에 유아원에 문의

하는 사례가 거의 없어서 아동복지사들은 이렇게 수군댔다.

"사쿠라다 씨 댁 애들은 산부인과, 유아원, A 학원 이렇게 에스컬레이터식으로 올라간대."

에스컬레이터식 교육은 대학 부속 초·중·고등학교를 다니고 대학까지 곧바로 진학하는 일을 일컫는 속어였지만, 아사미의 행동을 두고 비난 섞인 어조로 이렇게 표현한 것이다.

그런데 아사미는 키울 마음도 없으면서 왜 아이를 다섯이나 낳았을까. 미야모토는 그것이야말로 아사미가 그 순간만을 살아가는 인간임을 보여 주는 증거라고 말한다. 인간은 어설프나마 가족계획을 세우고 출산을 하고 수입의 범위 내에서 살림을 꾸리며 육아를 한다. 하지만 아사미에게는 그런 게 전혀 없이 출산이든 카바레 일이든 유아원에 애를 맡기는 일이든 모든 일이 그때그때 마음 내키는 대로였다.

A 학원은 첫째 시노부를 시작으로 사쿠라다 가족의 아이 다섯 명 모두를 받았다. 정원이 서른 명이니 아동 여섯 명 중 한 명이 아사미의 아이인 이상한 상황이 벌어진다.

당시 A 학원에 드나들던 사람들의 말을 들어 보면 아사미의 안하무인 같은 언행은 A 학원 내에서도 유명했다고 한다. 부모 대상의 아동 면담 자리에는 나오지도 않으면서 운동회 때에는 금발에 미니스커트, 망사 스타킹 차림으로 나타나 소란을 피웠다. 다른 보호자들이 이를 두고 A 학원에 거세게 항의하곤 했다.

A 학원에서는 무너진 가족 관계를 회복하는 프로그램의 하나로 휴일이나 연휴가 되면 아이들에게 본가로 외출할 기회를 주었다. 부모가 아이를 만나는 기회를 조금이라도 늘려 언젠가 제대로 된 돌봄을 할 수 있기를 바라서였다.

하지만 아사미는 휴일에 잠시 집을 찾은 아이들을 본체만체했고 아이들이 A 학원에서 용돈을 받는다는 사실을 알고 난 후로는 그 돈을 빼앗아 자신의 유흥비로 썼다. A 학원에서는 아이들이 시설에서 독립할 때 그때까지 모아 놓은 용돈과 아동 수당을 부모에게 주었다. 아사미의 아이들도 예외가 아니었는데 돈을 건네받는 자리에서 아사미는 35만 엔쯤 되는 금액을 눈앞에서 확인하면서 "생각보다 적네!"라고 말한 적도 있었다.

이처럼 아이들을 '돈이 열리는 나무'로만 바라봤던 아사미의 태도는 이후 시노부가 아이들을 줄줄이 낳아 아동 수당을 눈덩이처럼 불려 나간 일을 떠올리게 한다.

부모로서의 자각은 눈곱만큼도 없어 보이는 아사미였지만 첫아들이어서였는지 시노부만큼은 다섯 애들 가운데 유일하게 귀여워했다. 시노부를 자주 집으로 데려왔고 마음 내키는 대로 어디든 데리고 돌아다녔다. 물론 보통의 부모와는 다소 분위기가 달랐고 미야모토 말로는 "대화 내용도 말하는 어투도 데려가는 곳도 마치 어른을 대하는 식"이었다고 한다. 시노부와 함께 밤거리를 돌아다니며 새벽까지 마신다든지 애인을 만나는 자리에 데리고 나가는 식이다. 또한 시노부는 엄마가 동생들에게 욕을 사정없이 퍼붓고 용돈을 빼앗아 가는 장면도 목도한다.

시노부는 그런 엄마도 엄마라고 본보기로 삼았을지 모른다. 엄마가 자기를 사랑한다고 믿었을 터이다. 하지만 아사미는 무슨 일이든 자기중심적이었다. 시노부와 며칠 함께 지내다가도 마치 장난감에 질린 양 태도가 돌변해 시노부를 A 학원으로 매몰차게 내쫓았다.

이런 경험의 영향인지 시노부는 초등학생 무렵부터 이미 병적인 행동이 나타났다. 가장 두드러진 증상은 아무 물건이나 먹으려 드는 이식증이다. 방임, 학대를 당한 경험이 있는 아동에게 흔히 나타나는 증상으로 지우개, 종잇조각, 머리카락, 쓰레기통에 든 쓰레기 등 눈에 보이면 뭐든 입으로 가져갔다.

초등학생 고학년부터 중학생이 되는 시기에는 무표정한 얼굴로 감정을 밖으로 드러내는 법이 없었으며 생각 없이 하는 듯한 행동이 더 두드러졌다. A 학원에서 뭔가 안 좋은 일이 있었을 때에는 본가에 돌아가 아사미에게 "시설에서 따돌림당했다."고 거짓말했고 본가에서 방치되어 지낼 때면 학원에 전화를 걸어 아무 말도 하지 않는 등 장난을 치기도 했다. 학원 전화기는 발신자 표시 서비스를 이용하고 있어서 발신처를 바로 확인할 수 있었다.

학원 측은 시노부에게 이유를 물으며 몇 번이나 주의를 주었다. 시노부는 텔레비전에서 그런 장면을 봐서 똑같이 해

보고 싶었을 뿐이었다고 말했다. 자기를 상대해 주기를 바란 다거나 하는 명확한 이유가 있는 게 아니었다. 순간순간의 기분에 따라 즉흥적으로 나온 행동이었다.

시노부가 성인이 되고 나서의 일인데 시노부의 어린애 같은 성격을 적나라하게 보여 주는 일화가 있다. A 학원에서 는 매년 5월 졸업생들을 모아 놓고 신년회를 연다. 2004년 5월 스무 살이 된 시노부가 불쑥 참석했다. 그때 시노부가 시설의 초등학생들을 데리고 일명 '사스케 놀이'■를 한다면서 단독주택 지붕에서 지붕으로 뛰어다니는 통에 난리가 났고 이웃 주민들로부터 항의 전화가 빗발쳤다. 시노부는 또래와 는 잘 어울리지 못해 성인이 되어도 초등학생처럼 어린애들 하고만 놀았다. 이 사건으로 시노부는 A 학원 출입을 금지당 했다.

시노부가 A 학원을 나온 것은 중학교를 졸업할 무렵이 었다. A 학원에선 아이가 열여덟 살이 될 때까지 지낼 수 있 지만 아사미가 "손 안 가는 나이가 됐으니"라는 식의 얼토당 토않은 이유를 대면서 데려가겠다고 고집했다. 이 또한 변덕 에 지나지 않았을 것이다. 시노부도 엄마와 한 번이라도 같이 살아 보고 싶었는지 본가에서 지내며 아다치구의 도립 공업

■ 일본의 스포츠 엔터테인먼트 텔레비전 프로그램인 〈SASUKE〉를 흉내 내는 놀이. 이 프로그램은 출연자들이 각종 장애물을 통과하는 경기, 고난도의 줄타기 경기 등 스포츠 게임으로 이루어졌다.

고등학교에 다니겠다고 했다.

　본가에서의 생활은 열다섯 살 소년에게는 참담하기 그지없었다. 당시 아사미는 소프란드soap land[성적 서비스를 제공하는 일본 유흥업소를 일컫는 일본어 조어]에서 일했고 남자관계를 아들에게 과시하곤 했다. 매일 한밤중에야 집에 들어왔고 오후까지 잠에 빠져 있어서 도시락은커녕 변변한 밥 한 끼 차려 준 적이 없었다. 수도와 전기가 끊기는 일도 흔했다.

　가정환경은 얼마나 열악했을까. 딸 넷도 중학교를 졸업하고 본가로 들어왔지만 다 같이 A 학원으로 다시 돌아갔다고 하니 쉬이 짐작이 간다. 딸 중 한 명은 본가에 돌아오고 나서 대학에 가려고 아르바이트를 하며 학비를 꾸준히 모았다. 그걸 안 아사미가 "생활비 내놔."라면서 돈을 전부 빼앗아 갔다. 그 딸은 A 학원으로 되돌아갔고 "엄마와는 연을 끊겠다."고 직원에게 말했다.

　이런 집안 환경에서 성실히 살아간다는 건 애당초 기대할 수 없는 일일 터이다. 시노부는 고등학교를 1학년 1학기에 중퇴하고 중장비 금속 부품 제작 업체, 신문 배달, 오토바이 배달 등의 일을 전전했지만 어느 것 하나 오래가지 못했다. 그런 근무처 가운데 한 곳이 다케노즈카에 있는 호스트 클럽 M으로 시노부는 그곳에서 도모미를 만난다.

　미야모토는 거기까지 얘기하고서 나직이 속삭였다.

　이번 사건은 보도만 보면 모든 게 애매모호합니다. 둘째 아들의 사인도 모르고 시신도 못 찾았다고 들었는데 그런 애매모호함이 오히려 시노부다워요. 여태껏 시노부는 모든 일을 그렇게 처리해 왔으니까.

모든 일이 애매모호해지는 이유는 시노부의 성격 탓이 크다고 미야모토는 말한다.

시노부는 사실을 숨기기 위해 교활한 거짓말을 지어내는 유형은 아니에요. 아이의 사인을 알지 못하는 것도 그렇지 않을까요. 시노부는 학대하면서도 그걸 학대라고 생각하지 않았고 아이가 왜 죽었는지 정말로 알지 못했을 가능성도 충분히 있다고 봅니다. 자기가 한 일의 인과관계를 이해하고 반성하는 일을 못 하는 인간이거든요. 자기가 한 행동이 어떤 결과를 낳을지, 얼마나 중대한 일인지를 사고할 능력이 없어요. 판사나 검사가 아이를 학대해 죽인 게 아니냐고 물어도 그 질문의 의미를 알아듣지 못했을 가능성이 커요.

그리고 이런 말을 덧붙였다.

시체를 버린 장소를 잊어버렸다는 말도 그럴 만하다 싶었어요. 시노부는 모든 일에서 우선순위가 달랐어요. 일반적인 경우라면 '이런 일을 어떻게 잊을 수가 있지? 생각이 안 날 리가 있나.' 싶은 그런 일이 몽땅 지워지는. 그러니 일어날 수 없는 일이 일어나고 마는 거죠.

시노부에게 리쿠토의 죽음은 이 책에서 첫 번째 사건으로 다룬 '아쓰기시 유아 아사 백골화 사건'의 사이토 유키히로가 그랬듯이 기르던 사슴벌레를 죽이고 마는 일과 같은 것일지도 모른다. 불쌍하다고 여겨 묻어 주었지만 1년이 지나자 장소를 까맣게 잊어버렸다.

시노부가 이런 식의 사고 패턴을 가졌다면 사건의 불가사의한 측면도 어느 정도 이해가 된다. '생활보호 수당을 많이 받을 수 있으니 아이를 계속해서 낳는다', '둘째 딸이 말을 안 들으니 반려견용 목줄로 묶어 놓고 때린다', '둘째 아들이 죽었으니 들키지 않게 버린다.' 등등. 결국 모든 일이 닥치는 대로였다. 거기에 깊은 의미는 없다.

시노부를 한마디로 표현하면 '알 수 없는 인간'입니다. 아마 주변에 있던 누구라도 그렇게 생각할 겁니다. 그런 시노부가 뚜렷한 이유도 없이 일으킨 사건이니 그야말로 '알 수 없는 사건'이 되고 말았죠.

미야모토는 안타깝다는 듯이 한숨을 짓는다.

역시 엄마겠죠. 시노부, 마치 엄마를 흉내라도 내듯이 똑같이 행동했으니까. 이것도 그래요. 엄마가 딸 네 명의 이름에 똑같은 한자를 한 글자씩 넣었는데 시노부도 자식들에게 똑같은 한자를 한 글자씩 넣었다고 하더라고요. 자기도 모르는 사이에 엄마와 똑같이 행동하는 게 아닐까요.

그렇다면 왜 시노부의 동생들은 그렇게 되지 않았을까.

엄마의 귀여움을 받은 유일한 아이라는 점이 클 거예요. 시노부는 그것을 '애정'이라 여기고 '가정'이라 생각하고 '부모'라 믿었으니까. 하지만 여동생들은 그렇지 않았죠. 엄마가 상대조차 안 해주니 서둘러 도망쳤어요. 그것이 그 나름대로 긍정적으로 작용하지 않았을까요.

이런 이야기까지 듣고 나니 오히려 시노부에 대해 이해되지 않는 부분이 하나 더 생겼다. 앞뒤 가리지 않고 행동하는 유형이라면 시노부가 돈을 목적으로 통원 간호비 사기를 기획하고, 아이들을 되돌려 받기 위해 위장 이혼을 도모할 수 있었을까. 이런 악랄한 지혜는 어디에서 생겨난 것일까.
이런 질문을 하자 미야모토는 고개를 갸웃거렸다.

시노부가 결혼한 이후의 일은 저도 잘 모릅니다. 결혼 후에 뭔가 변화가 있었던 걸까요. 그러고 보니 시노부는 자기 성인 사쿠라다가 아니라 아내 성 미나카와를 쓰더군요. 그건 왜일까요.

남편이 아내의 성을 쓰는 일이 종종 있기는 하지만 흔하지는 않다. 나는 이 부부의 본연의 모습에 점점 더 의구심이 들었다.

부부 관계

2015년 1월 어느 밤, 나는 아다치구 다케노즈카역에 내렸다. 역 앞 가로수 길에 남아 있는 크리스마스 일루미네이션[실외 장식 조명]의 몽환적인 빛이 왠지 모를 따스함을 선사하며 점멸했다.

시노부의 엄마인 아사미를 만나기 위해 이곳을 찾았다. 미야모토 씨를 만난 지 한 달 남짓, 나는 여러 인맥을 동원해 시노부의 본가가 어디인지를 찾았고 아사미에게 인터뷰 승낙을 받았다.

역 앞은 환락가였는데 네온사인이 켜진 가게는 어디나 옹색하고 남루했으며 길가에서 마주치는 호스티스도 대부분 나이가 지긋하고 행색이 초라했다. 그럴 만했다. 이곳은 '리틀 마닐라'라고도 불리는, 외국인 펍이 밀집한 지역이었다. 개중에도 도심에서 밀려온 40, 50대 필리핀인이 많았고 저렴하게 즐길 곳을 찾아 모여드는 손님이 대부분이었다. 물론 일본인이 운영하는 캬바쿠라, 호스트 클럽도 있었지만 이런 곳에 어울릴 법한 그런 남녀뿐이었다. 8년 전 시노부와 도모미도 그런 무리였다.

약속 장소는 역에서 도보로 20분쯤 떨어진, 벽돌로 지은 고풍스러운 커피숍이었다. 가게 안은 산장을 모티브로 했는지 식물로 가득했고 통나무 형태 그대로인 테이블과 의자가 놓여 있었다.

약속 시간인 저녁 8시에서 15분쯤 지나자 아사미가 두 남성과 함께 가게에 나타났다. 가녀린 몸매에 볼이 홀쭉했고 긴 머리를 갈색으로 염색했으며 꽃무늬 자수가 들어간 검은색 긴치마를 입고 있었다. 쉰을 갓 넘었다는데 주름투성이 얼굴에 병약해 보이는 마른 체형이라 그런지 나이보다 더 들어 보였다. 젊은 시절의 고생 때문인지도 모르겠다.

아사미와 같이 들어온 남자 둘은 첫눈에도 불량배 같았는데 신분도 밝히려 하지 않았다. 험상궂은 인상의 남자는 50대 중반으로 보였는데 검은 가죽 코트 차림에 한쪽 다리를 질질 끌면서 걸었다.

또 한 사람은 갈색으로 염색한 머리에 머리 양옆을 바짝 밀었고 장신구를 주렁주렁 매달았으며 손에는 문신과 담뱃불로 지진 화상흔이 수두룩했다. 나이는 스무 살 남짓으로 보였다. 끊임없이 다리를 떨며 담배를 피웠는데 키가 매우 작고 체형도 동글동글한 편이라, 어쩐지 여성이 한껏 불량스러운 남자처럼 꾸민 느낌이 들었다. 시노부네 가족을 아는 사람에게서 "시노부의 여동생 중 한 명이 FTM(신체적으로는 여성이지만 성에 대한 자의식이 남성인 경우)"이라고 들은 적이 있는데 어쩌면 그 사람일지도 모르겠다.

아사미는 점원에게 아이스커피를 주문하더니 다리를 꼬고 담배에 불을 붙이며 조바심이 이는 듯 입을 열었다.

당신 말이야, 누군지는 모르겠는데 왜 이렇게 사람을 불러내는 거야. 정말 귀찮게. 설마 내가 사건과 관련 있다고 생각하는 거야?

술독 때문인지 쉰 목소리다. 누구에게나 이렇게 도발하듯이 말을 거는 것 같았다.

먼저 말해 두겠는데, 당신 말이야, 그 사건 시노부가 다 잘못했다고 생각하지? 아니거든! 그 애, 내가 다케노즈카 경찰서에 면회 갔을 때 "내가 전부 덮어쓰면 돼."라고 분명히 말했어.

시노부가 모든 죄를 덮어쓴다니, 무슨 뜻일까.

마침 점원이 아이스커피를 가져왔다. 아사미가 말을 뚝 멈추고 고개를 틀고는 담배를 핀다. 두 남성도 왠지 얼굴을 숨기듯이 밑을 바라본다.

나는 점원이 가기를 기다려 아사미의 페이스에 말려들지 않으려고 우선 두 사람이 결혼할 당시의 일을 들려 달라고 부탁했다. 아사미는 유흥업계에서 오래 일하며 생긴 습관

인지 물수건으로 컵에 맺힌 물방울을 깨끗이 닦아 냈다.

그래, 좋아. 숨길 게 뭐 있어.

호스트로 일하던 당시 시노부는 본가에서 지냈다고 아사미는 말했다. 월급도 적고 생활비도 부족했을 것이다. 무슨 일이든 금세 그만뒀기 때문에 호스트 클럽도 곧 그만두겠거니 싶었다.

그러던 어느 날 시노부가 할 말이 있다며 불쑥 말을 꺼냈다. "나, 가게에서 알게 된 애랑 사귄다. 여기 (집) 나가서 그 애랑 동거하려고." 그 여성이 바로 도모미였다. 지금까지 시노부는 한 번도 여자를 사귄 적이 없어서 아사미는 '첫 여자한테 놀아나는 거 아냐?' 하고 걱정은 하면서도 흔쾌히 승낙했다.

"뭐, 어떠냐. 너 좋을 대로 해."

동거를 시작한 뒤로 시노부는 한 번도 연락을 하지 않았다. 그렇게 1년쯤 지났을 때 어느 날 갑자기 시노부가 도모미를 데리고 본가에 찾아왔다.

"애가 생겼어. 내 애야."

임신했다고 알리러 온 거였는데 아직 혼인신고를 하지는 않았다고 했다. 아사미가 "너희, 애 낳을 거면 혼인신고를 하지 그래?"라고 말하자 두 사람은 순순히 그 말을 따랐다.

아사미가 도모미를 만난 건 그날이 처음이었다. 집에

있는 동안 도모미는 뾰로통해서 아무 말도 하지 않았다. 오른손에 담배, 왼손에 천식용 흡입기를 쥔 채 두 개를 번갈아 입에 갖다 댔다. 이런 이상한 행동을 보고 왠지 불길한 예감이 든 아사미는 '언젠가 일내겠군.' 싶었다고 한다.

아사미의 우려는 곧 현실이 되었다. 아사미는 아이스커피를 소리 내 마시며 기분 나쁜 일이 떠오른 듯 말을 이었다.

도모미는 정말 속이 새까매! 혼인신고 하면서 '사쿠라다'라고 이름을 올리자마자 (신용)카드 만드는 거 보고 딱 알아봤지. 걔, 갑자기 중고 엘그란드(닛산의 미니밴)를 사는 거야. 난 그거 보고 바로 눈치챘어. 애, 분명 옛날에 뭔 일 저질러서 블랙(리스트)에 올라 있을 거라고. 그러니 이름 바꾸자마자 카드 만든 거지. 아이코, 시노부가 속았구나 싶었어.

초록은 동색인지라 아사미는 도모미가 하는 짓을 보고 본성을 바로 간파했나 보다.

아마 그 뒤에도 똑같이 그랬을 거야. 그게, 1년인가 2년 지나서 사쿠라다라는 성을 미나카와로 확 바꿨으니까. 분명 '사쿠라다 도모미'라는 이름이 블랙에 올라서 이번에는 '미나카와 시노부'라는 이름으로 똑같은 일을 한 게 틀림없을 걸. 그러지 않고서야 성을 이리저리 바꿀 이유가 없지.

왜 도모미가 한 짓이라고 단정하냐면 시노부는 돈 쓸

줄 모르는 애거든. 쇼핑에 관심이 하나도 없어. 돈 꿔달라고 한 적도 뭘 사달라고 한 적도 없어. 그런데 그 여자랑 결혼하고 나니 나한테 와서 돈을 꿔달라느니, 애들 밥 좀 먹여 달라느니 그러는 거야. 그 여자가 조종하고 있다는 걸 바로 알았지.

참 치사한 게, 그 여자는 절대 자기가 뭘 부탁하러 온 적이 없어. 시노부랑 애들만 보내지. 아주 가끔 같이 왔는데 그때도 내내 딴전만 피면서 '나는 모르는 일입니다.' 하는 얼굴을 하고 있었다니까.

말하다 보니 화가 치미는지 아사미는 테이블을 두드리기도 하고 물수건을 움켜쥐기도 했다.

시노부가 아이들 밥까지 챙겼다는 말이 나에겐 의외였다. 아사미는 그런 일에 대해 이렇게 말한다.

그 여자는 자기는 손 하나 까딱하지 않는 거 같았어. 애들은 하나부터 열까지 전부 시노부에게 떠넘기고. 기저귀도 갈아본 적 없다고 했으니 말 다했지, 뭐. 늘 임신한 상태로 배가 불러서는 담배나 피고. 그러니 시노부가 애들을 돌볼 수밖에 없었지. 어떨 때는 정말 황당했어. 갑자기 밥 달라면서 집으로 쳐들어오는 거야. 난 규동[일본의 소고기 덮밥]을 아이들 수만큼 사주거나 즉석 카레를 주거나 했거든. 현금도 전부 합하면 5만 엔이나 빌려 갔어. 지금껏 한 푼도 갚은 적 없지만. 단돈 10엔이라도 갚아 보라 그래!

아사미는 "야, 당신도 알잖아!" 하고 옆에 앉은 남자에게 동의를 구했다. 남자는 말없이 고개를 끄덕인다. 제 자식들 용돈까지 빼앗아 썼던 아사미가 돈을 빌려줬을 정도니 얼마나 집요하게 졸라 댔을까.

맞아 맞아, 그 여자는 자기 본가에까지 시노부를 시켜 돈을 빌려오라고 했나 봐. 어느 날 한밤중에 도모미 엄마인가 동생인가가 우리 집에 갑자기 들이닥친 적이 있거든. "시노부가 돈을 안 갚았으니 당신이 대신 갚아."라는 식으로 다짜고짜 덤비는 거야. 이 사람들 도대체 무슨 말을 하는 거야 싶었지. 그래서 난 모르는 일이라며 내쫓았더니 이번에는 도모미 남동생이라는 사람이 전화를 해서는 야쿠자 같은 말투로 "네년 애가 돈을 안 갚았으니 부모가 대신 갚아야지!"라고 협박하면서 조직 이름까지 대는 거야. 나도 열이 뻗쳐서 "뭔 소리야?"라고 소리 지르고 전화를 끊어 버렸지만! 뭐, 그 집안은 엉망진창이야. 더 엮이기 싫어.

목소리가 점점 커져 가자 점원과 다른 손님이 의아한 눈으로 쳐다봤다. 나는 화제를 바꿨다.

— 시노부와 도모미는 생활비가 부족해지자 분유 절도 등으로 돈

을 벌려 했습니다. 알고 계셨습니까?

분유 훔칠 때도 장난 아니었다니깐! 어느 날 처음으로 도모미가 시노부 없이 아이들만 데리고 우리 집에 온 거야. 그러고는 느닷없이 "시노부가 제 맘대로 분유를 갖다 팔다가 잡혀서, 나도 재판에 나오라고 해서 가야 하니까 애들 좀 맡아 줘."라는 거야. 그게 무슨 말이냐고 물어도 전부 다 시노부가 한 일이라 잘 모른다고만 잡아떼고. 여자가 꾀를 내지 않고서야 남자가 분유 같은 거 그렇게 왕창 도둑질하겠냐고! 그것도 분명 그 여자가 시켰을 거야.

그 말이 사실이라면 도모미는 시노부를 조종해 이런저런 방법으로 돈을 모았던 셈이다. 아사미의 말을 곧이곧대로 받아들일 수는 없지만 시노부에게 도모미는 '첫 여자'였고 도모미는 이미 다른 남성과의 사이에 딸 하나를 둔 적이 있는 전직 호스티스다. 그렇다면 부부 사이 힘의 관계는 자연스레 상상이 된다. 시노부는 도모미가 시키는 대로 돈을 빌리고 절도를 하고 아이를 계속 낳는 등의 일들을 했는지도 모른다.

아사미는 옆의 두 남자에게 호소하듯이 말했다.

봐봐, 너희도 기억나지. 시노부는 걔한테 꽉 잡혀서 얼굴이랑 옷 입는 스타일도 싹 변했잖아. 갑자기 머리를 빡빡 밀고 온 날은 똑똑히 기억나. 시노부는 어릴 때부터 이발하는 걸

진짜 싫어해서 절대로 머리를 빡빡 밀 애가 아니거든. 그것
도 도모미가 시켰을 거야.

두 남자는 다리를 떨면서 담배를 꼬나물고 동의한다는
듯 살짝 고개를 끄덕였다. 아사미는 화가 치미는지 흰머리
가 난 긴 머리카락을 쥐어뜯었다.

아사미의 말을 어디까지 믿어야 할까. 도모미가 주도했
다는 건 알겠지만 분유를 훔치거나 방에 설치된 에어컨을
뜯어내 파는 등의 행동에선 딱히 어떤 계획성도 지적 치밀
함도 느낄 수 없다. 즉 둘 다 그 정도의 얄팍한 생각밖에 못
했던 게 아닐까.

나는 커피를 마시며 학대가 정말로 있었는지 물었다.

사건에 대해선 정말 아무것도 몰라. 분유 사건이 났을 때 내
가 엄청 화낸 이후로 둘 다 우리 집에 안 왔거든. 그래도 리
쿠토도 리카도 그냥 정말 귀여운 애들이고 시노부를 엄청
잘 따랐어. 난 시노부가 폭력을 쓰는 걸 본 적이 없어. 학대
가 있었다고 경찰이 말했을 땐 믿기지 않았어. 하지만 진상
은 알 수 없는 거니까. 시노부도 도모미도 친구가 한 명도 없
는 애들이라 그 가족의 일은 가족밖에 모를 거야.

실제로 시노부는 분유 사건 이후 리카를 목줄로 묶어
두고 학대하기 시작했다. 이는 재판에서 밝혀졌다. 고립된

가족에게 무슨 일이 생겼을까.

아사미는 라이터를 세차게 흔들더니 다시 담배에 불을 붙였다. 나는 아사미가 담배를 빠는 걸 기다렸다 물었다.

— 처음에 아사미 씨는 시노부가 "내가 전부 덮어쓰면 돼."라고 말했다고 했는데 그 말은 무슨 뜻입니까?
사건이 일어난 뒤 다케노즈카 경찰서로 시노부를 면회하러 딱 한 번 갔었어. 시노부가 리쿠토를 죽였다니 믿을 수가 없어서 진짜 무슨 일이 있었냐고 물었지. 그랬더니 시노부가 "내가 전부 덮어쓰면 돼."라고 말했어. 분명 도모미가 시켰겠지. 전부 시노부 탓으로 돌리면 그 여자는 아무런 벌도 받지 않고 끝날 테니까 집행유예로 나갈 수 있고.

— 재판에서 도모미는 "정신 질환으로 장애 2급을 받았다."고 말했고 진술도 제대로 하지 못했습니다.
그거야 당연히 쇼하는 거지! 걔가 정신병이 있다고? 그게 말이 돼!

부부와 이웃이었던 하타나카의 말과 정확히 일치한다. 적어도 도모미를 실제로 아는 사람들은 누구 하나 도모미에게 정신 질환이 있다고 보지 않았다.
아사미가 담배 연기를 내뱉는다.

사건 이후에 도모미가 시노부한테 이혼 신고서를 보내왔어. 그런데도 시노부는 도모미를 감싸 주려는 거야. 그런 여자에게서 벗어나지 못하는 시노부도 시노부지.

이 또한 하타나카에게서 들은 '위장 이혼' 이야기와 일치한다. 도모미가 실형을 면하고 이혼을 하면 아동상담소는 학대 위험은 없어졌다고 보고 아이들을 돌려보낼지도 모른다. 그러면 도모미는 다시 거액의 수당을 매달 손에 쥐게 된다. 정말로 계획된 일일까.

아사미는 울화가 치미는 듯 긴 손톱으로 테이블을 두들겨 댔다.

그런데도 난 진상을 확인할 수 없어. 시노부는 재판이 시작되고부터 내 면회를 안 받아 줘. 나랑 얘기하다 보면 사실을 말하게 될까 봐 신중해진 것 같아……. 그 앤 나한테는 거짓말을 못 하거든.

아마도 앞으로 2년 조금 못 되어 시노부는 출소할 것이다. 그때 신병 인수자가 되어 시노부를 맞을 거냐고 나는 물었다. 아사미의 얼굴이 굳어졌다.

장난해! 시노부 신병 인수자가 되면 그 여자가 또 달라붙을 게 뻔한데. 그 여자랑은 이제 절대 엮이기 싫어!

아사미는 겁먹은 듯 머리를 쥐어뜯으며 담배를 연거푸 피웠다. 도모미가 두려운 것일까.

두 남자는 처음과는 싹 달라진 태도로 아사미를 불쌍하다는 듯 쳐다봤다. 젊은 시절의 업보를 짊어지기라도 하듯 아사미의 인생은 자신이 낳고 버린, 분신과 같은 제 자식의 손에 휘둘리고 있었다.

다시 보니 아사미가 피우는 담배는 재떨이에 문질러 끈 꽁초였다.

다시 체포

2015년 4월 28일 사건이 주목받는 결정적인 일이 일어난다.

재판이 끝난 뒤 검찰이 항소를 하지 않아 사건은 막을 내리는 것처럼 보였다. 하지만 4월 28일 신문과 텔레비전은 시노부와 도모미가 다시 체포됐다고 일제히 보도했다. 「도쿄 아다치구 남아 행방불명 사건 관련 감금 치사 혐의로 부모 체포, 사체가 발견되지 않은 상황에선 이례적」(『마이니치신문』 2015년 4월 28일), 「행방불명 남아 부모 다시 체포, 감금 치사 유기 혐의 '입에 수건 물려'」(『산케이신문』 2015년 4월 29일) 등 기사에는 과격한 제목이 달렸다. 인터넷 뉴스에서도 화제가 되어 대대적으로 소개되었고 부부를 비난하는 댓글

이 빗발쳤으며 다양한 인터넷 게시판이 만들어졌다.

나는 지금까지의 취재 결과를 잡지 원고로 막 작성해 둔 참이어서 놀라움을 감추지 못했다. 도대체 무슨 일이 일어난 걸까.

NHK 뉴스 보도는 이랬다.

아다치구 3세 아이 행방불명, 토끼우리에 감금·사망 사체 유기 의혹 부모 체포

도쿄 아다치구에서 당시 세 살이었던 남자 아이가 행방불명된 사건과 관련해 경시청은 아들을 토끼우리에 넣어 감금한 뒤 죽음에 이르게 하고 사체를 아라카와강에 유기한 혐의로 부모를 체포했습니다.

부모는 "말을 듣지 않아서 입에 수건을 물렸다." 등의 진술을 했다고 합니다.

체포된 용의자는 도쿄 아다치구에 사는 미나카와 시노부(31세)와 아내인 미나카와 도모미(28세)입니다.

이 사건은 당시 세 살이던, 부부의 둘째 아들 리쿠토가 약 2년 전부터 행방불명되었던 사건입니다.

경시청은 두 사람이 "사체를 유기했다."고 진술한 내용을 토대로 수사를 진행한 결과 재작년 3월까지 3개월에 걸쳐 리쿠토를 토끼우리에 넣어 감금하고 폭행하다 결국 사망에 이르게 했고 사체를 아다치구 아라카와강에 유기한 혐의가 짙다고 밝혔습니다.

지금까지의 수사에서 사체는 찾지 못했지만 아내인 도모미가 "남편이 사체를 넣은 상자를 아라카와강으로 들고 갔다."고 진술했으며 아라카와강에서 토끼우리 등이 발견됐습니다.

조사 과정에서 부부는 "말을 듣지 않고 시끄럽게 굴어서 입에 수건을 물렸다. 밥도 이삼일에 한 번밖에 주지 않았다." 등의 진술을 하는 등 혐의를 인정하고 있어서 경시청이 자세한 경위를 조사하고 있습니다(NHK 2015년 4월 28일).

지난 재판에서는 리쿠토의 죽음에 대해 아무것도 밝혀 내지 못했다. 체면을 구긴 경찰은 어떻게 해서든 부모에게 리쿠토의 죽음에 대한 책임을 묻고자 했다. 그 때문에 재판이 끝난 뒤에도 두 사람을 불러내 조사를 벌이는 등 수사를 이어 갔다.

그 결과 도모미에게서 "리쿠토를 토끼우리에 가뒀다", "시체는 아라카와강에 버렸는지도 모른다."라는 두 가지 중대한 진술을 끌어내는 데 성공한다. 곧바로 아라카와강을 수색했고 사체는 찾지 못했지만 강바닥 침전물 속에서 토끼우리와 삽을 발견했다. 경찰은 도모미의 진술과 상황 증거만으로도 기소 가능하다고 판단해 두 사람을 감금 치사와 사체유기 혐의로 다시 체포했다.

2016년 2월 25일 도쿄지방재판소에서 두 번째 재판의 첫 공판이 열렸다. 법원에 가보니 입구 앞 추첨 장소에는 수많은 방청 희망자가 몰려 발 디딜 틈이 없었다. 이전 재판과는 달리 언론이 며칠 전부터 '토끼우리에 유아를 감금한 학대 치사 사건'으로 대대적으로 보도했기 때문이다. 지방재판소 문 앞에는 각 언론사의 텔레비전 카메라가 진을 치고 있었다.

오전 10시 개정. 시노부는 약 1년 2개월 사이에 30킬로그램 정도 체중이 줄어선지 바람 빠진 풍선 같았고 아토피 피부염이 더 심해졌는지 피부가 거칠어 보였다. 여전히 어수선한 모습으로 무릎을 쓱쓱 문지르고 손을 비비는 등 안절부절못했다. 가끔 혼잣말을 내뱉으며 실실 웃기도 했다.

시노부를 대상으로 피고인 질의가 진행됐지만 답변은 전처럼 애매모호했으며 아이들에 대한 학대를 다시금 지적했을 때에도 "아", "그럴 생각이 아니었는데", "한 번밖에 (폭행을) 안 했고." 등의 말로 시치미를 뗐다. 언뜻 보기에도 검사와 판사의 질문을 얼렁뚱땅 넘기려는 듯한 말투였는데 변호사의 질의에 대해서는 사전에 입을 맞춘 듯 자세하게 진술하려 했다. 그런데 불리한 상황으로 이야기가 전개되면 제 편인 변호사에게도 노골적으로 불쾌감을 드러냈다. 시노부를 잘 아는 미야모토가 말했던 '제멋대로인 데다가 어린애 같은' 성격이 법정에서도 고스란히 드러났다.

한편 도모미는 이중 턱에 뚱뚱한 체형 그대로였고 이번에도 천장을 올려다본 채 입을 뻐끔거렸다. 판사가 질문을 해도 얼빠진 눈으로 쳐다볼 뿐이어서 듣는지 마는지도 알 수 없었다. 대답은 "예" 아니면 "음"이었다. 그러면서도 자기에게 불리한 얘기가 나오면 갑자기 달변이 되어 모두 시노부가 한 일이라고 주장했다.

정말로 꾀병일까. 방청석에서 나는 그 진위를 가려보려 했다. 이웃이었던 하타나카와 시노부의 엄마인 아사미에게서 도모미가 병을 사칭한다는 말을 듣고 나니 그런 것 같기도 하다. 적어도 도모미의 모습에서는 리쿠토를 죽음으로 내몬 일을 반성하는 기미를 조금도 찾아볼 수 없었다.

검사 측이 두 사람을 추궁하는 모습은 이전 재판과는 정반대였다. 부부는 이전과 마찬가지로 말을 얼버무리면 이 상황을 모면할 수 있다고 여겼음에 틀림없다. 하지만 검사는 무슨 일이 있더라도 유죄를 받아 내겠다는 듯이 리쿠토를 죽음에 이르게 한 원인을 매섭게 추궁했다. 아직 사체는 야마나시현에서도 아라카와강에서도 나오지 않았지만 상황 증거만 갖춰진다면 유죄를 받아 낼 수 있다고 여겼던 듯하다. 변호인 측이 증인으로 도모미의 엄마를 부르면 검사는 한술 더 떠 여동생까지 증인으로 법정에 출두시켜 부부의 비정하면서도 흉악한 학대의 실태를 폭로하려 했다.

두 번째 재판에선 과연 무엇이 밝혀졌을까. 이제 그 얘기를 해보려 한다.

2016년 재판

2007년 부부가 아다치구에 살기 시작했을 무렵엔 시노부가 한 가정을 꾸릴 만큼 돈벌이를 했다고 한다. 도모미는 지병인 천식이 있었고 결혼 생활 대부분을 임신한 채 지냈다. 그 때문에 도모미는 늘 방 안 소파에 누워 시노부에게 이것저것 시켰다.

시노부는 파견 회사 일을 하던 무렵부터 집안일과 육아를 도맡아 했다. 기저귀 갈기, 목욕, 어린이집 등·하원 등 혼자 모든 일을 하다시피 했고 집에서 밥해 먹을 때에는 인터넷에 나온 레시피를 보면서 끓이는 요리 빼고는 대부분의 요리를 뚝딱해 냈다. 만두, 닭튀김, 볶음 요리를 특히 잘했다고 한다.

매일 집안일을 도맡아 하면서도 시노부는 도모미만 신경 썼다. 아이들에게 "나한테는 엄마가 최고야. 너희는 두 번째."라는 말을 수없이 했다고 하니 얼마나 도모미에게 빠져 있었는지 훤히 그려진다. 도모미는 법정에서 그런 말을 들은 기억이 없다고 단칼에 부정했지만 시노부에겐 도모미가 '첫 여자'였으니 충분히 있음 직한 일이다.

2011년 사이타마현 소카시에 살던 무렵 학대의 조짐이 나타났다. 리쿠토에 이어 둘째 딸 리카가 태어난 지 1년쯤 지났을 때로, 집에는 부부와 딸 둘, 아들 둘, 개 둘이 같이 살았다.

가족의 변화를 맨 처음 눈치챈 사람은 도모미의 여동생 아리사(가명)였다. 같은 빌라의 다른 층에 도모미의 엄마인 사유리(가명)가 살았고 싱글맘인 아리사는 아이와 함께 엄마와 지내고 있었다. 아리사는 낮에는 사유리에게 아이를 맡기고 아르바이트하며 생계를 꾸렸다.

그러던 어느 날 사유리가 애인을 만나러 나간 채 연락이 두절되는 일이 생겼다. 아리사와 아이는 열쇠가 없어서 집에 들어갈 수 없었다. 곤란해진 아리사가 도모미에게 사정을 얘기했고 도모미는 지금 시노부가 체포돼서 어른 한 명 정도라면 같이 있어도 괜찮다고 말했다. 그래서 아리사는 사유리가 돌아올 때까지 아이를 아동상담소에 일시보호 하고 도모미의 집에 머물며 아르바이트를 하기로 했다.

아리사는 그때 학대를 눈치챘다. 도모미는 첫째 아들과 첫째 딸을 몹시 아꼈지만 두 살이 될까 말까 한 리쿠토에게는 무척 냉담했다고 한다. 리쿠토가 비틀비틀 일어나 응석 부리듯 다가와도 고개를 돌리며 쳐다보려고도 하지 않았다. 또 친척들이 모여 식사하는 동안에도 도모미는 사유리와 수다를 떨 뿐 리쿠토에게 눈길조차 주지 않았다.

게다가 리쿠토가 지내는 환경은 불결하기 짝이 없었다. 대소변 가리는 법을 제대로 배우지 못해 하루에 몇 번이나 오줌을 지렸다. 도모미는 오줌이 여기저기 튄 바닥을 닦거나 이불을 말리지 않았고 똥오줌도 방치했다. 그리고 색이 바래고 암모니아 냄새가 진동하는 이불에 리쿠토를 재웠다.

개들도 배변 훈련이 되지 않아 집 안 곳곳에 대소변을 봤으니 악취가 진동했을 것이다.

왜 아이들 중 유독 리쿠토만 그렇게 대했을까. 공판에서 도모미는 이런 말을 한다.

리쿠토는 말을 잘 못했습니다……. 할 줄 아는 말은 '엄마', '아빠' 그리고 단어 어미만…… '먹고 싶다'를 '싶다'라는 식으로. 단어를 두 개 이상 연결하지 못했어요…….

대소변도 못 가리고…… 가르쳐도 못 했고, 혼자서도 하려 하지 않고 늘 지려서……. 그래서 이해를 못 하는구나, 더는 안 되겠다 싶어서 상대를 안 하기로 했어요…….

리쿠토와는 소통이 잘되지 않아서 냉담한 태도를 취했다는 말이다. 부부는 이때 방임뿐만 아니라 신체적 학대까지 했을 가능성이 크다. 검찰 측이 새로 제시한 증거를 보면 리쿠토는 교통사고를 당해 2011년 7월부터 8월에 걸쳐 도쿄여자의과대학에서 진료를 받았다. 지난번 재판에서 보험회사를 상대로 통원 간호비 사기 행각을 벌인 일로 유죄 판결을 받았던 바로 그 교통사고 때이다. 이때 리쿠토를 진찰한 의사가 진단서에 "옷이 더럽다", "담배 흔적?"이라는 메모를 남겼다. 시노부는 담배를 핀 적이 한 번도 없고 이 집에서 담배를 피는 사람은 도모미뿐이니 도모미가 한 짓이지 않을까.

　또한 이듬해 2012년 2월 5일부터 3월 19일까지 리쿠토가 사이타마현 고시가야 아동상담소에 일시보호 된 적이 있었다. 직원이 리쿠토의 행동을 관찰하고 남긴 소견에는 말을 못 할뿐더러 다른 아이를 때리거나 물건을 뺏기도 하며 책상을 할짝할짝 핥는 행동을 보인다는 기록이 남아 있다. 게다가 "학대로 의심되는 외상 있음"이라는 문장도 있다. 제대로 된 양육은커녕 아이에게 폭력까지 휘둘렀음을 보여 주는 증거였다.

　또 하나의 증거는, 지난번 재판에서 밝혀졌듯이, 이 무렵 도모미의 엄마인 사유리가 아동상담소에 한 학대 신고이다. 사유리는 잠시 애인의 집에서 살다가 집으로 돌아온 뒤 시노부, 도모미와 크게 싸웠다. 그 분풀이였는지 사유리가 아동상담소에 연락해 학대를 폭로한다. 사유리 또한 딸들과 싸울 때 집의 유리창을 두들겨 깨거나 열쇠 구멍에 접착제를 흘려 넣는 등 무척 그악스럽게 반응했던 점을 보면 상식적인 어른은 아니었던 듯싶다.

　아동상담소는 리쿠토를 일시보호 한 적이 있어서 그 신고를 예사롭지 않게 여겨 조사를 개시하려 했다. 하지만 시노부와 도모미는 인접한 도쿄도 아다치구 도네리역 근처의 연립주택으로 도망치듯 이사해 버렸다. 시노부의 엄마 아사미의 증언을 보면 비슷한 시기에 분유 절도 사건으로 시노부의 본가와도 연을 끊었기 때문에 이 시기부터 가족은 완전히 고립된 듯하다.

아다치구 연립주택에서 부부는 무슨 생각인지 반려견을 하나둘 늘려 갔는데 그 수가 열을 넘겼다. 두 사람은 개를 기르고 싶다는 마음만 있고 돌볼 능력은 없었던 듯 개들은 집에 들어온 순으로 차례차례 죽었고 그때마다 아이들과 함께 아라카와강에 가 사체를 버렸다.

부부의 학대는 점점 심해졌다. 세 살 난 리쿠토가 활발하게 돌아다니며 집 안을 어지럽힌 게 빌미가 됐다.

리쿠토가 부엌 선반을 열어 밀가루, 참기름, 간장 등을 바닥에 엎지르고 한밤중에 전기밥솥에 든 밥과 냉장고의 남은 음식 등을 마구 집어 먹었다고 부부는 말한다. 냉동고에 있던 열빙어를 꺼내 먹은 적도 있었다. 리쿠토가 방을 어지럽히는 버릇에 대해서는 아동상담소에 일시보호 됐을 당시의 소견에도 남아 있어서 실제로 그런 경향이 있었던 것은 사실인 듯하다.

부부는 처음에 리쿠토가 여기저기서 물건을 끌어낼 때마다 말로 야단을 쳤지만 리쿠토는 아무리 말해도 이해를 못 해서 몇 번이고 똑같은 말을 되풀이해야 했다. 결국 시노부는 "말해도 못 알아들으면" 하고 손을 들게 되었고 도모미는 이를 묵인했다.

시노부의 처벌은 엉덩이나 손을 때리는 정도에 그치지 않았다. 리쿠토의 온몸에 "아동상담소가 알면 가족이 뿔뿔이 흩어지게 될" 정도의 상흔이 있었다고 하니 어른을 상대하듯 사정없이 폭력을 휘둘렀던 듯싶다. 둘째 딸 리카에게 했듯이 몸을 들어 올려 얼굴 정면을 주먹으로 친다든지 발로 얼굴을 차지 않았을까.

재판에서 시노부와 도모미는 이해력이 부족한 리쿠토를 가르치기 위한 '훈육'이었다고 주장한다. 도모미는 지난번 재판에서 시노부가 가정 폭력을 휘두르는 게 무서워 막지 못했다고 말했지만, 이번에는 그 주장을 번복하며 자기변호를 했다. 변호사 측도 리쿠토에게 '발달 장애' 혹은 '발달 지체' 경향이 있다고 주장하면서 양육하는 부모에게는 무척이나 부담이 컸을 거라고 호소했다.

변호사의 설명에 따르면 리쿠토의 언어 습득은 또래 평균보다 늦은 편이었고 충동적인 행동도 두드러졌음을 알 수 있다. 변호사 측 증인으로 법정에 나온 의사도 아동상담소의 소견에서 추측해 볼 때 "매우 돌보기 힘든 아이", "자기 통제가 안 되는 아이"였을 가능성이 있다고 견해를 밝혔다.

하지만 이것은 부부 측의 일방적인 주장이며 아동상담소의 소견 또한 일시보호라는 특수한 환경에서 파악한 모습이었다는 점에 주의해야 한다. 가까이에서 리쿠토를 봐온 도모미의 여동생 아리사의 의견은 다르다. 2012년 여름 임신한 도모미가 몸 상태가 좋지 않아서 아리사가 리쿠토를 자기 집으로 데려와 잠시 돌본 적이 있다. 아리사가 그때의 경험을 들려줬다.

리쿠토가 말을 제대로 못해서 힘들기는 했어요. 하지만 내 말을 알아들었고 잘 설명하면 반응을 보였거든요. 자제심도 있고 돌보기 힘들다고 느낀 적은 없어요.

만 두 살이 지나도 말을 잘 못하는 아이가 있고 활달한 아이라면 음식물을 여기저기 흘리는 일도 있을 법하다. 적절한 양육이 이루어지지 않았다면 그런 특징이 더욱 두드러지기도 했을 것이다.

아리사의 증언으로 미루어 볼 때 리쿠토에게 돌보기 힘든 경향이 얼마간 있었을지도 모른다. 만약 보통의 부모라면 아이의 성향에 맞춰 양육 방식을 바꾸겠지만 두 사람은 아이가 자기들 뜻대로 따르지 않는다며 폭력으로 내달렸다. 오히려 그래서 리쿠토의 발달 지체가 더 심해진 건 아닐까.

어쨌든 부부는 리쿠토를 돌보는 일이 힘에 부쳤는지 사유리와 아리사에게 자주 "말을 못 알아들어", "말을 안 들어." 등의 푸념을 늘어놓았다. 제 딴에는 어떻게 해야 좋을지 알 수 없었던 것이다.

2012년 여름이 끝나 갈 즈음부터 당시 두 살이던 둘째 딸 리카까지 리쿠토랑 짝을 이뤄 집 안을 어지럽히고 다니자 육아의 어려움은 더욱 가중되었다. 식용유를 바닥에 쏟고 다른 아이들 음식까지 집어 먹었다. 부부의 눈에는 리쿠토와 리카가 가정을 붕괴시키는 악마처럼 보였다.

자기들 능력으로는 도저히 안 되겠다고 생각한 부부는

10월이 되자 리쿠토와 리카 문제를 외부에 얘기한다. 10월 3일 3세 아동 대상 건강검진을 받으면서 처음으로 상담을 신청한다. 그때의 기록을 보면 리쿠토는 키가 88센티미터, 체중이 13킬로그램으로 평균에 비해 조금 작을 뿐 특별히 큰 이상은 없었다. 도모미는 문진을 하며 고민을 꺼냈다.

"리쿠토가 말을 잘 못해서 걱정이에요. 두 단어 이상 연결 짓지 못하고 집에서도 뭐든 잡히는 대로 어지럽히고 안 된다고 말해도 전혀 듣지 않아요."

상담사는 얘기를 듣고 "리쿠토에 대한 심리 면접을 해봅시다." 하고 제안했다. 심리 면접은 아이와의 대화나 행동 테스트를 토대로 발달과 정신에 장애가 있는지 여부를 조사하는 방법이다. 상담사가 그 자리에서 곧바로 심리 면접을 시작했다. 그런데 도모미가 도중에 갑자기 하지 말라고 요구한다.

"지금 바로 큰딸 데리러 학교에 가야 해요! 이건 다음에 할게요."

그리고 리쿠토를 데리고 집으로 갔고 그대로 상담사와의 연락은 끊겼다.

그 후에도 육아에 애를 먹었던 부부는 결국 가을부터 겨울까지 전화 상담을 하기도 하고 아동상담소에 연락해 비슷한 고충을 털어놓기도 했다. 담당자는 친절하게 면회, 일시 보호 얘기까지 적극적으로 했지만 부부는 모든 제안을 멋대로 취소하고 전화를 받지 않는 등 지원의 손길을 스스로 뿌리

친다.

왜 행정적인 지원을 받아들이지 않았을까. 그 이유에 대해 시노부는 '말을 못 하는 애랑 어떻게 면접을 하나.' 싶었고 아동상담소가 약속을 깼기 때문에 '이 사람들 말뿐이군. 됐어.'라고 생각했다고 시치미를 뗐다. 도모미도 지금까지 상담을 해도 아무것도 해주지 않았던 '공무원에 대한 불신'이 컸다고 했다.

하지만 이 시기 이미 학대가 시작됐음을 고려한다면 공무원이 개입하는 순간 리쿠토의 몸에 생긴 폭력의 흔적을 들킬지도 모른다고 우려한 게 아닐까. 학대를 의심받아 아이들이 일시보호라도 되면 생활 기반이 되는 수당을 받을 수 없다. 그래서 아이들 문제로 먼저 상담을 의뢰했으면서도 아동상담소가 면회, 보호 등 구체적인 해결책을 제시하면 그때마다 일방적으로 관계를 끊었음 직하다.

토끼우리에 리쿠토를 감금하는 일은 이런 일련의 과정에서 이루어졌다. 12월 초 리쿠토가 평소처럼 부엌의 식재료를 바닥에 쏟았다. 도모미는 지금까지 쌓인 화가 폭발하기라도 한 듯 집에 있던 토끼우리를 가리키며 시노부에게 소리쳤다.

"리쿠토가 난리 못 치게 저기다 가둬 버려!"

시노부도 이 말에 동의해 리쿠토를 가둔다.

분홍색 판 위에 하얀색 목책이 둘린 토끼우리였다. 크기는 세로 40센티미터, 가로 57센티미터, 높이 46센티미터.

키가 약 90센티미터인 리쿠토는 무릎을 감싸고 머리를 숙여야 겨우 들어가 앉을 수 있는 크기다. 몸을 비틀기조차 힘들었다.

감금이 시작되고 며칠 동안 리쿠토는 싫다며 몇 번이나 토끼우리 문을 열고 뛰쳐나왔다. 부부는 이를 보고만 있지 않았다. 토끼우리 위쪽 뚜껑에는 영어 교재와 아령을 누름돌처럼 얹어 놓고 옆문은 케이블 타이로 묶어 못 열게 만들었다. 한편 리카에게는 반려견용 목줄을 채우고 줄을 침대 다리 등에 묶어 돌아다니지 못하게 했다.

부부는 이런 행위를 학대라고 자각하지 못했고 어디까지나 '훈육'이며 식사할 때, 화장실에 갈 때에는 밖으로 나오게 했으니 자유를 주었다고 여겼다. 토끼나 개를 기르는 것과 똑같은 감각이었다. 하지만 감금은 나날이 심해졌고 연말부터 정월까지 정초의 사흘을 제외하면 리쿠토는 매일 24시간 토끼우리 안에서 지내야 했다. 본가에서 열린 크리스마스 파티가 발단이 됐다.

크리스마스 날 부부는 리쿠토와 아이들을 본가인 사유리의 집에 맡기고 외출한다. 리쿠토는 가족끼리 한창 저녁을 먹는 동안 도모미의 남동생 몫 피자를 먹어 버렸다. 부부가 돌아온 뒤 사유리가 그 얘기를 꺼내자 도모미가 길길이 날뛰며 시노부에게 말했다.

"얘, 또 남의 음식 훔쳐 먹었대! 혼내 줘!"

시노부는 도모미가 시키는 대로 현관에서 리쿠토의 목

을 붙잡아 공중으로 치켜들고는 얼굴에 대고 "너, 뭐 하는 짓이야!" 하고 고함을 질렀다. 리쿠토는 벌벌 떨며 울면서 "해! 해!"("죄송합니다."라는 표현) 하고 죽을힘을 다해 빌었다.

리쿠토가 너무 겁에 질려 있자 사유리가 가만 보고 있을 수 없어 도모미에게 "말려 봐!" 하고 나무랐다. 도모미가 어쩔 수 없다는 듯 "그쯤 해둬." 하고 제지하자 겨우 멈췄다. 이것이 두 사람의 학대가 목격된 유일한 장면이다. 하지만 토끼우리에 감금되기까지 아마도 아다치구의 집에서는 이와 비슷한 장면, 도모미가 격하게 화를 내며 시노부에게 애를 혼내라고 시키는 일이 되풀이되었을 것이다.

그날 밤 부부는 아이들을 데리고 집으로 돌아갔는데 집에 와서도 리쿠토는 다른 아이들의 과자를 집어 먹는다. 이걸 보고 부부는 "계속 가둬야겠어."라며 아침부터 밤까지 매일 토끼우리에 가둬 둔다.

몸을 움직일 수 없는 토끼우리 안에서 지내는 동안 리쿠토는 점점 쇠약해졌다. 처음에는 토끼우리를 흔들기도 하고 '으앙' 하고 큰 소리를 내기도 했지만 그런 횟수는 점점 줄어들었다. 결국 말조차 할 수 없게 되어 토끼우리 속에서 가족을 원망하듯 가만히 바라보기만 했다.

도모미는 토끼우리에 갇힌 리쿠토가 쳐다보는 게 기분 나빠 참을 수 없었다. 어느 날 시노부에게 "리쿠토와 눈 마주치는 게 싫어."라며 토끼우리를 뭔가로 감싸라고 시켰다. 시노부는 두말없이 토끼우리를 상자로 덮었다. 결국 리쿠토는 토끼우리 밖을 바라보지도 못했다.

부부는 이런 일을 지나치다고 인식하면서도 '어쩔 수 없는 일'이라 여겼다. 부부가 아리사의 집에 놀러 갔을 때 시노부가 아리사에게 아무렇지 않은 얼굴로 태연하게 말한 적이 있다.

"밤중에 리쿠토가 남은 밥이나 냉장고 안에 넣어 둔 음식을 멋대로 먹어 치우거든. 그래서 토끼우리에 넣었어."

옆에 있던 도모미도 맞장구쳤다.

"가둬 둘 땐 티셔츠랑 기저귀 한 장만 입혀. 리쿠토는 아직 소변을 못 가려서 더럽혀 놓거든."

둘의 말에 놀란 아리사는 "그럼 안 돼." 하고 잘못을 지적했다. 그렇지만 부부는 아리사의 말을 귓등으로 흘려보냈고 나쁜 일을 한다고는 전혀 생각지 않았다.

이런 학대까지 하면서도 두 사람은 아무런 죄의식이 없었다. 자기 전 한두 시간 리쿠토를 꺼내 주고 다른 아이들과 놀게 하는 걸로 육아를 제대로 한다고 믿었다. 하지만 앞으로 리쿠토를 어떻게 할지에 대해선 별생각이 없었다. 도모미는 "애가 커갈수록 (리쿠토가 토끼우리에) 들어가지 못하게 될 거라고 봤어요."라는 정도였고 시노부 또한 당장 눈앞의 일만을 생각하는 성격이기에 아무런 계획이 없었을 듯하다. 시노부는 처음부터 끝까지 도모미가 한 말을 그대로 따르거나 순간의 감정에 휩쓸려 움직일 뿐이었다.

2013년 2월로 접어들자 토끼우리 안의 리쿠토는 눈에 띄게 쇠약해져 밥도 제대로 먹지 못했다. 아마도 다리와 허리의 근력이 약해져 일어서거나 뭐라고 호소할 기력조차 남아 있지 않았을 듯하다. 하지만 부부는 "(리쿠토가) 먹지 않으면 싸지도 않겠지."라며 밥을 이삼일에 한 번만 준다.

그렇게 그 날이 왔다.

3월 2일 토요일은 쾌청했다. 부부는 아침 7시에 일어나 첫째 딸과 첫째 아들을 차에 태우고 쇼핑몰로 놀러 나갔다. 리쿠토와 리카는 집에 방치되어 있었지만 이미 당시에는 외출할 때마다 습관처럼 꼭 감금해 두곤 했다.

온종일 쇼핑몰에서 놀고 오후 8시경 집 근처 하나야요헤이[일본의 일식 패밀리 레스토랑] 다케노즈카점에 들러 샤부샤부 무한 제공 코스를 주문한다. 기본 코스가 어른 1인당 2000엔이 조금 넘었고 초등학생은 반값이었으니 가족 넷이 먹은 저녁 값은 적어도 6000엔이 넘었을 것이다.

가족은 9시 넘어 집에 들어왔고 시노부는 리쿠토를 토끼우리에서 꺼내 기저귀를 갈고 스이톤[수제비와 비슷한 일본 음식]을 먹였다. 시노부가 음식을 만들었고 리카도 같이 먹었다. 리쿠토는 바닥에 탈싹 주저앉아서 시노부가 먹여 주는 음식을 먹으며 "맛있다."고 중얼거렸다. 이 무렵 리쿠토는 느리기는 하지만 조금씩 성장하는 모습을 보였고 기쁘거나 좋은 일을 모두 "맛있다."고 표현했다.

저녁을 다 먹고 나서 첫째 아들과 첫째 딸은 텔레비전을 봤고 리쿠토는 혼자서 장난감 블록을 갖고 놀았다. 밤 11

시에 일주일 후 출산 예정인 도모미가 먼저 잠자리에 들었다. 첫째 아들과 첫째 딸도 온종일 놀아 피곤했는지 이불 안으로 기어들어 간다.

시노부는 세 사람이 잠들어 조용해지자 리쿠토를 다시 토끼우리에 넣고 혼자 거실에서 휴대폰을 만지작거렸다. 새벽 2시 고요하던 집 안의 정적이 깨진다. 리쿠토가 토끼우리 속에서 갑자기 "아", "와" 하고 괴성을 질렀다.

도모미랑 다른 애들이 깨겠다는 생각에 시노부는 토끼우리로 걸어가 "조용히 해!" 하고 화를 냈다. 리쿠토가 풀이 죽은 듯 잠잠해졌다. 하지만 시노부가 토끼우리에서 멀어지자 다시 "아", "와" 하고 소리를 질렀다. 여러 번 말해도 리쿠토는 멈추지 않았다.

시노부는 '새로운 수법의 나쁜 짓을 시작했군.' 하고 생각했다. '그렇다면 억지로라도 조용히 시키자.' 시노부는 토끼우리를 열고 리쿠토의 입에 수건을 물려 머리 뒤에서 묶었다. 소리를 내지 못하게 된 리쿠토는 무릎을 껴안은 자세로 머리를 숙이고 입을 다물었다. 시노부의 말에 따르면 그러고 나서 몇 차례 토끼우리를 들여다보며 확인했고 4시 반쯤에는 졸음이 몰려와 잤다고 한다.

아침 6시 조금 지나 날이 밝았다. 창밖이 하얘질 무렵까지 도모미는 아이들과 같이 자고 있었다. 거실에서 들려온 시노부의 비명이 아침의 고요를 깨뜨렸다. 6시 반쯤이었다.

"어, 어떡해!"

침실에 있던 도모미는 귀가 째질 듯한 소리에 놀라 잠이 깬다. 무슨 일인가 싶어 거실로 갔더니 시노부가 토끼우리 안의 리쿠토를 살펴보고 있었다. 입에 수건을 문 리쿠토의 코에선 하얗고 가는 거품 덩어리가 나와 있었고 몸은 축 늘어져 있었다. 거품 크기가 탁구공만 했다.

　　도모미는 믿기지 않았다.

　　"뭐, 뭘 한 거야!"

　　"밤에 시끄러워서 이랬는데."

　　"왜 그랬냐고!"

　　가까이 다가가 보니 리쿠토의 호흡은 이미 멈춰 있었다.

　　시노부는 리쿠토를 바닥에 눕히고 심장마사지를 했다. 조그마한 몸은 힘없이 좌우로 흔들릴 뿐이었다.

　　잠시 지켜보던 도모미가 어쩔 줄 몰라 하며 리쿠토의 몸을 만졌다. 아직 온기가 있다. 물을 뿌리면 눈을 뜰지도 모른다는 생각에 리쿠토를 욕실로 옮겨 샤워기로 옷 위에다 물을 뿌렸다. 리쿠토는 끝내 눈을 뜨지 않았다.

　　옆에서 보던 시노부는 가만히 있을 수 없어서 리쿠토에게 다가가 다시 심장마사지와 인공호흡을 했다. 작은 몸은 차갑게 식어 갈 뿐이었다.

　　도모미의 얼굴이 파랗게 질렸다.

　　"아, 구급차 부르는 게 좋겠어."

　　"안 돼. 그랬다간 우리가 죽인 게 될 거야. 아동상담소에서 와서 가족을 다 갈라놓을 거라고."

토끼우리에 감금하고 폭행한 일이 발각될까 두려웠다. 반년 전 절도죄로 집행유예 판결을 받은 적이 있어서 더 그랬는지 모른다. 이런 상황이 닥쳐도 아이의 생명보다 자신들의 신변을 우선했다.

도모미는 다시 한번 구급차를 부르자고 말했지만 시노부의 대답은 똑같았다. 도모미도 학대가 발각되어 가족이 산산조각 나는 게 두려워 강경하게 밀어붙일 수 없었다. 결국 리쿠토의 죽음을 숨겨야만 한다는 생각에 이른다.

리쿠토의 몸은 차디차게 변했다. 시노부는 결심이 선 듯 단호히 말했다.

"리쿠토를 매장해야 해. 산에 묻든 강에 빠트리든 하자."

아이들도 하나둘 눈떠 자초지종을 목격했고 시체를 집에 둔 채 지낼 수도 없었다. 도모미가 고개를 끄덕였다.

시노부는 컴퓨터를 켜고 인터넷에서 시체를 버릴 만한 장소를 물색했다. 그러면서 둘은 "강에 빠트리면 떠오르지 않게 시체에 구멍을 뚫어야 할 텐데 그럼 너무 불쌍하잖아." 등의 말을 주고받기도 했다. 결국 두 사람은 "리쿠토는 자연을 좋아했으니까 숲에 묻어 주자."고 결론을 냈다. 둘은 야마나시현 산속에 시체를 유기하기로 정한다.

부부는 리쿠토의 젖은 옷부터 갈아입히기로 했다. 토끼우리에 넣을 때는 티셔츠 한 장에 기저귀 차림이었지만 마지막 가는 길엔 데님 재질의 바지에 긴팔 셔츠, 양말, 신발까지 신겼다. 그리고 마미포코[일본의 기저귀 브랜드명] 상자를

관 대신 써서 시체를 눕혔다. 장례라도 치르는 셈이었을까.

정오쯤 첫째 아들, 첫째 딸을 데리고 집을 나섰다. 부부는 우선 홈센터[인테리어, 목공, 원예 관련 도구와 재료, 생활용품 등을 파는 대형 매장]에서 삽을 구입하고 근처 편의점에서 도모미의 담배, 점심용 주먹밥, 우롱차를 샀다. 리쿠토의 시체를 실은 자동차는 중앙 자동차 도로에 진입해 야마나시현으로 향했다.

자동차 도로를 달리는 차 안에서 가족은 어떤 기분으로 주먹밥을 먹고 무슨 이야기를 나눴을까. 법정에서는 이에 대해 아무 말도 하지 않았다. 하치오지 인터체인지 N시스템의 기록으로 가족이 탄 차가 오후 7시 4분에 인터체인지를 통과했다는 사실이 확인됐다. 부부는 분명 아이들과 함께 리쿠토의 시체를 '매장'하기 위해 야마나시현에 갔었다.

판결

2016년 2월 25일부터 시작된 재판은 일주일 남짓에 걸쳐 진행되었다. 지난번과 달리 합동 공판으로 이루어졌으며 부부는 같은 법정에서 옆자리에 나란히 앉아 서로의 진술을 들었다.

둘 다 무표정한 얼굴로 질문에 덤덤히 답할 뿐이었다. 아무런 감정의 동요가 없어서 변호사가 심증을 좋게 유도하려는 듯 "반성하는 거죠?", "나쁜 일을 했다고 생각하시는 거죠?" 하는 식의 질문으로 거들었지만 목소리 톤 하나 바뀌지 않고 "네."라고 답할 뿐이었다. 두 사람의 태도에서 죄의식이나 반성의 기미는 조금도 느껴지지 않았다.

이를테면 도모미는 리쿠토를 죽음에 이르게 한 일을 어떻게 생각하느냐고 묻자 『나무묘법연화경』南無妙法蓮華経을 매일 외운다고 말했다. 하지만 현실에서는 리쿠토를 유기한 이튿날 도모미의 제안으로 "기분 전환 겸 스트레스 해소 겸" 가족끼리 도쿄 디즈니랜드에 갔고 온종일 그곳에서 놀았다고 한다. 정말로 리쿠토의 죽음을 애도했다면 출산까지 며칠 남지도 않은 몸으로 어떻게 그런 일을 할 수 있었을까.

검찰 측은 시노부와 도모미의 무책임하고 무신경한 발언에 수차례 얼굴을 찌푸리면서도 증거를 하나하나 신중하게 쌓아 갔다. 마치 상황증거를 나열해 보여 줌으로써 두 사람이 저지른 일의 잔혹함과 죄의 무거움을 어떻게든 이해시키려는 것처럼 보였다.

재판의 가장 큰 쟁점은 부부에게 감금 치사죄를 적용할 수 있는가였다. 즉 수건으로 입을 막아 토끼우리에 감금한 일이 리쿠토를 사망에 이르게 했다고 볼 수 있는가이다.

시노부는 리쿠토의 입을 수건으로 막은 일은 인정했지만 "숨은 쉴 수 있었다."고 주장했다. 도모미는 그날 밤은 일찍 잠들어 아무것도 몰랐고 감금하거나 입에 수건을 물리는 일 등은 시노부가 독단으로 한 일이라며 책임을 부정했다.

두 사람 모두 리쿠토의 죽음과는 관계가 없다고 단언했다.

검사는 학대에서 사망에 이르는 경위를 밝히며 코에서 나온 하얀 거품 덩어리가 '기도 막힘 질식사'prolonged asphy-xia(장시간에 걸쳐 질식에 이르는 일)일 때 나타난다고 주장했다. 또한 도모미도 감금에 동의하고 지시도 했기 때문에 공범임이 명백하다고 강조했다.

판사와 배심원의 고심이 깊었을 듯하다. 하지만 최종적으로는 검찰의 주장을 받아들이면서 "두 피고가 공모한 감금 행위의 일환으로 …… 개별적인 행위라 볼 수 없다."고 인정하며 두 사람에게 감금 치사죄가 성립한다고 판단했다.

재판에서 마지막까지 피고에게 거듭 물었던 또 하나의 질문은 사체를 어디에 유기했느냐였다.

시노부의 진술은 다음과 같다. 2013년 3월 3일 밤, 차를 몰아 야마나시현으로 향한 일가족은 가와구치코 호수 근처의 N사 주차장에 차를 세우고 삽으로 그 옆 땅을 파서 사체를 묻으려 했다. 하지만 기온이 영하로 떨어지며 땅이 얼어붙은 탓에 여의치 않았다. 일단 포기하고 근처 K사로 장소를 옮겼지만 그곳도 마찬가지였다.

일가족은 차로 N사 주차장에 돌아와 약 10분간 어찌어찌 길이 1미터, 깊이 30~40센티미터쯤 되는 구덩이를 팠다. 시노부는 같이 간 장남을 구덩이에 넣어 크기가 넉넉하다는 것을 확인하고 나서 리쿠토가 든 상자를 가져와 사체만 구덩이에 뉘였다. 마지막으로 장녀와 함께 낙엽을 덮어서 묻었다.

도모미의 주장은 다르다. 도모미는 곧 출산을 앞두고 있어서 N사에서도 K사에서도 차 안에 머물렀기에 무슨 일이 일어났는지 보지 못했다. 하지만 시노부가 땅을 제대로 파지 못하고 돌아온 것처럼 보였다. 도모미는 야마나시현에서 돌아온 뒤 기타센주역 근처의 아라카와강 강가에 차를 정차한 시노부가 "상자를 버리고 오겠다."면서 상자를 힘겹게 들고는 둑 저편으로 사라지는 것을 봤다고 했다. 또 며칠 후 시노부가 같은 장소에 토끼우리와 삽을 버리기도 했고 둑 위에 서서 기도하는 모습을 본 적도 있어서 "아라카와강에 버린 줄 알았다."고 진술했다.

도모미는 이렇게 덧붙였다.

옛날에 우리 집에서 개가 죽었을 때 남편은 아이들과 같이 아라카와강에 가서 사체를 버렸습니다……. 그러니까 (리쿠토도) 그렇게 하지 않았을까 싶습니다.

도모미가 말한 장소는 반려견의 사체를 버린 곳이었다.

첫째 딸은 야마나시현에서 구덩이를 판 일은 인정했지만 "두 번째(로 구덩이를 판 상세한 일)는 기억나지 않아요. 아빠랑 엄마한테 물어봐요."라며 증언을 거부했다. 끔찍한 현실에 놀라 입을 닫았거나 기억에서 지웠는지도 모른다.

경찰은 두 사람의 진술을 바탕으로 아라카와강을 수색

했지만 토끼우리와 삽밖에 나오지 않았다. 재판에서도 검찰 측, 변호인 측, 판사가 거듭 추궁했지만 두 사람의 주장은 마지막까지 엇갈린 채로 남았다.

아라카와강에는 버리지 않았습니다. 야마나시현에 묻었습니다. 생각하기는 싫지만 시체가 발견되지 않은 건 동물이나 그런 게 파헤쳐 버려서 아닐까요.

나는 차에서 내리지 않아 어딘지는 확실하게 알지 못합니다. 그렇지만 그 사람은 야마나시현 주차장에서 땅을 파려 했다가 딱딱해서 안 되겠다고 말했습니다. 또 상자를 아라카와강에 옮기고 두 손을 모으고 있는 걸 봤고 그 후 몇 번인가 아라카와강에 갔을 때에도 기도를 했습니다.

애초 나는 두 사람이 죄를 가볍게 하기 위해 거짓 진술을 하는 게 아닐까 의심했지만 답변을 듣다 보니 정말로 둘 다 기억하지 못한다는 생각이 들었다. 그들에게는 그저 그 정도의 일이었을지 모른다.

아라카와강을 본격적으로 수색하려면 2억 엔 정도의 비용이 들어서 경찰은 수색을 단념한다. 판사도 사체를 찾지 못한 채로 사체 유기를 인정했다.

3월 11일 판사는 부부에게 감금 치사죄와 사체유기죄로 다음과 같은 판결을 내린다.

시노부, 징역 9년.

도모미, 징역 4년.

이렇게 해서 사건은 리쿠토가 죽은 지 3년이 지나 겨우 종지부를 찍는다.

하지만 2년 가까이 사건을 좇았던 내 안엔 왠지 모를 찝 찜함이 여전히 들러붙어 있었다. 둘은 리쿠토를 사랑했다고 말했고 학대와 감금을 후회한다고도 했다. 죽은 뒤 몇 번이 나 아라카와강 강가에서 기도를 했다고도 했다.

하지만 지금까지 봐왔듯이 두 사람이 진심으로 후회하 고 있다는 생각은 도무지 들지 않았다. 지금까지의 취재로 알게 된 시노부의 천성을 떠올려 본다. 시노부라면 힘에 부 친 아이에게 순간의 감정에 휩쓸려 손대거나 도모미가 시키 는 대로 감금했을 거라고 상상하기는 어렵지 않다.

그렇다면 도모미는 어떨까. 도모미도 시노부처럼 인격 이 뒤틀린 인간일까. 아니면 훨씬 교활한 인간일까. 이 사건 의 진상에 더 가까이 다가가려면 도모미가 어떤 인물인지 알 아내야 한다.

또 한 명의 몬스터

판결이 나오고 일주일쯤 지난 3월 17일. 그날 아침 나는 지하철 지요다선을 타고 아야세역에서 내려 북서쪽으로 걸었다.

맑고 푸르른 하늘엔 구름 한 점 없었다. 기온도 이맘때치고는 꽤 높게 느껴졌고 내리쬐는 햇살 덕에 거리엔 밝은 기운이 넘실대고 오가는 사람들도 활기차 보였다.

하지만 수도고속도로 아래를 흐르는 하수구와 같은 아야세가와강을 건너자 다른 세상에 들어선 듯 분위기가 확 바뀌었다. 잔뜩 녹슨 작은 공장과 이끼 낀 주택단지가 눈에 띄고 인적은 자취를 감춘다. 지도를 보면 이 쓸쓸한 주택가 한구석에 내가 찾는 목적지가 있을 터였다.

그날 나는 도모미의 엄마 사유리가 사는 도영 주택을 방문할 예정이었다. 1년 넘게 찾아 헤맨 끝에 겨우 사는 곳을 알아낼 수 있었다. 나는 사유리를 통해 도모미의 출생과 어린 시절의 성격 등을 알아보려 했는데 마음속에 계속 걸리는 점이 하나 있었다.

얼마 전에 한 경로를 통해 입수한 시노부와 도모미 일가족의 가족사진이었다. 취재를 진행하는 동안 나는 부부를 잘 아는 사람을 만나 일가족의 사진과 편지를 볼 기회를 얻었다.

애초에 나는 그 자료들 속에서 비참한 가족의 모습, 학대의 증거를 찾을 수 있지 않을까 기대했다. 그렇지만 내가 본 서른 장의 사진은 하나같이 내 예상을 비껴갔다. 가족이 정답게 붙어 서서 손으로 브이 자를 만들거나 웃는 얼굴로 뺨과 뺨을 맞댄 사진들이었다.

〈시노부가 아이들과 욕조에 몸을 담근 채 얼굴만 내밀고 행복하게 웃는 사진〉

〈아이의 생일날 케이크에 촛불을 꽂고 다 같이 축하하는 사진〉

〈카메라 앞에서 장난스러운 얼굴로 웃는 사진〉

〈도모미가 출산했을 때 아이들과 함께 병문안을 간 시노부가 막 태어난 아이를 안고 있는 사진〉

사진 속에는 붓기 있는 얼굴의 리쿠토가 포대기에 싸여 있는 모습도 있었고 반려견용 목줄에 묶여 있는 것처럼 보이는 리카의 사진도 있었다. 하지만 그런 두 아이조차 다른 아이들과 마찬가지로 카메라 앞에서 미소 짓고 있었고 시노부와 도모미를 따르고 있었다. 그리고 부부도 재판 때와는 딴판으로 밝고 행복한 표정으로 아이들과 어깨동무를 하거나 포즈를 취하고 있었다.

도모미가 시노부에게 보낸 편지도 봤다. 그 가운데 한 통은 학대가 일어난 해에 쓴 것이었다. 내용을 보니 시노부가 경범죄로 체포되어 경찰에서 조사받던 시기인 듯하다.

아빠에게

　이번 주는 못 만났네.

　토요일, 일요일에는 또 만날 수 없으니까 편지를 썼어.

　금요일이면 열흘이 되네. 아빠가 집을 비운 지 벌써 열흘이 지났어…….

　아이들은 면회 때 본 것처럼 늘 씩씩하지만 다들 아빠가 너무 좋은데 없으니까 슬프대.

　그렇지만 내가 이러고 있어서 저렇게 씩씩하게 행동하는구나 싶어……. 아무리 어려도 다들 알더라고. 아빠가 없으면 엄마는 어쩔 수 없다는 걸.

　바보 같네. 아이들한테 그런 생각을 하게 만들고……. 하지만 나도 그렇게 생각해!

　아무리 싸워도 나한테는 아빠밖에 없어. 아빠가 아니면 안 돼……. 빨리 돌아왔으면 좋겠어. 그래서 다시 다 같이 웃으면서 살고 싶어!!

　편지 쓰면서 생각난 건데 아빠가 집에 없으니까 웃음도 없어졌어. 왜 그럴까……. 면회 갔을 때 마음껏 얘기하고 웃어서 그런가?

　혼자서 다섯은, 정말 힘들어……. 아빠가 있고 일곱이서 같이 있을 때 우리는 즐거운 가족이야, 진짜로!! ……

도모미는 아다치구의 집에서 혼자 다섯 아이를 돌보며 경찰에 구속된 시노부를 면회하러 가거나 이렇게 편지를 썼다. 시노부와 아이들을 향한 도모미의 절절한 마음이 느껴지는 편지다.

아이들이 쓴 글도 편지에 섞여 있었다. 아이들의 사생활을 고려해 여기에 실을 수는 없지만 그 글을 읽으면 아이들이 아빠를 그리워하고 빨리 만날 수 있기를 바라는 마음이 고스란히 전해진다.

사진과 편지를 보는 사이 지금까지 품었던 학대 가정의 이미지가 무너져 내렸다. 이 사건을 취재하기 전에는 시노부와 도모미가 오로지 돈 때문에 아이를 낳고 죽이고 사체를 숨겼다고 생각했다. 토끼우리에 감금한 일도 아이를 '돈이 열리는 나무'로만 바라봤기에 저지른 짓이라고 여겼다.

하지만 지금까지의 취재 내용과 이런 사진이나 편지를 마주하고 나자 두 사람은 나름대로 가족을 사랑했음을 인정하지 않을 수 없었다. 그 방법도 감각도 근본부터 잘못됐지만 딴에는 아이들의 웃음이 끊이지 않는 따스한 가정을 만들어 가려 부단히 애썼던 것이다. 그걸 깨달은 순간 제 자식을 사랑하면서도 가정을 붕괴시키는 일밖에 할 줄 모르는 부모의 슬픔을 통감했다.

역에서 30분쯤 걸어가자 드디어 도모미의 엄마인 사유리가 사는 도영 주택이 보였다. 엘리베이터가 없는 4층 건물의 외벽은 잿빛으로 칙칙했고 건물 양쪽 끝에 설치된 계단은 어두침침했다. 그것을 보니 아다치구에 있는 시노부의 할아버지 집, 즉 시노부의 엄마인 아사미의 본가도 이처럼 낡아빠진 도영 주택이었다는 사실이 떠올랐다.

1층에 위치한 집 앞에서 초인종을 누르자 안에서 여성의 목소리가 들렸다. 문이 열리니 하얗고 작은 개가 튀어나온다. 엄청난 동물 냄새가 풍겼고 사유리는 벽에 기대듯이 서있었다. 사유리는 도모미보다 더 뚱뚱했는데 턱살은 흘러내릴 듯했고 손발은 아기처럼 포동포동했다.

— 처음 뵙겠습니다. 연락드렸던 이시이입니다.

내가 고개를 숙이자 사유리는 끙 소리를 내며 손짓했다. 안으로 들어오라는 것 같았다. 나는 신발을 벗고 달라붙는 개를 밀어내면서 집으로 들어갔다.

전형적인 도영 주택의 구조였다. 현관에 들어서면 정면에 5제곱미터 남짓한 거실 겸 부엌이 있고 그 뒤로 방 두 개가 이어져 있다. 사전에 조사한 바로는 건축된 지 30년 가까이 되었다. 바닥에는 쓰레기봉투와 조미료 등이 나뒹굴고 부엌에는 설거짓거리가 쌓여 있다. 불이 꺼져 있어서인지 집 안은 어두침침했고 강렬한 동물 냄새가 코를 찔러 숨 쉬기도 힘들었다.

도모미는 시노부와 마찬가지로 5남매 가운데 첫째이다. 바로 밑에 남동생(취재 당시 27세), 그 밑에 아버지가 다른 여동생 아리사(24세), 둘째 남동생(23세), 셋째 남동생(13세)

이 있다. 지금 이곳에선 사유리, 아리사, 세 남동생 그리고 싱글맘인 아리사가 키우는 아이가 함께 산다.

사유리는 다리가 불편한지 벽에 의지해 거구의 몸을 흔들면서 걸어갔다. 싱크대 앞쪽에 낮은 접이식 밥상이 놓여 있었는데 사유리가 그 앞 의자에 앉더니 나에게는 아래에 앉으라는 듯 바닥을 가리켰다. 발밑에 굴러다니는 휴지 조각과 비닐을 치우고 바닥에 책상다리를 하고 앉았다. 개가 꼬리를 흔들며 무릎 위로 올라온다.

사유리는 불을 켜려고도 하지 않고 하나세레브[일본의 티슈 브랜드명] 상자를 끌어안은 채 몇 초마다 티슈로 코를 푼 뒤 둥글게 말아 바닥에 쌓았다. 꽃가루 알레르기가 있는 듯했다. 아침부터 그러고 있었는지 벌써 티슈로 이루어진 30센티미터 높이의 거대한 산이 생겼다.

나는 악취에 몇 번이나 숨을 참으면서 우선은 도모미의 출생부터 물었다. 사유리는 턱살을 흔들면서 대답했다.

도오미는 호스드 미나가와 아에……

무슨 말을 하는지 도저히 알아들을 수 없었다. 네 번쯤 되묻고 나서야 "도모미는 호스트인 미나카와의 아이"라는 말임을 겨우 알았다.

언어장애라도 있나 싶어 물어보니 사유리는 아직 쉰한 살인데 이가 하나도 없고 틀니도 안 했다고 한다. 틀니는 아파서 쓰지 않는다고 했다. 그래서 이어지는 대화는 거듭 되묻고 확인한 끝에야 겨우 이해할 수 있었다.

사유리는 아다치구의 고탄노역 근처 땅 부잣집의 장녀로 태어났다. 집안은 윤택했지만 어릴 적부터 품행이 나빠 가는 곳마다 문제를 일으켰다. 그래선지 고등학교 3학년 때 중퇴하고 그 뒤로 도쿄의 긴자 등에서 호스티스로 일했다고 한다.

마침 거품경제의 절정기였다. 밤거리에는 지폐 다발이 뿌려지고 사유리도 10대로서는 상상도 못 할 만한 돈을 모았다고 한다. 사유리는 금세 밤 세계의 유흥에 빠져들었고 남아도는 돈으로 호스트 클럽에 뻔질나게 드나들었다. 단골로 드나들던 아사쿠사의 한 호스트바에서 호스트로 일하던 미나카와를 만나 결혼한다.

사유리는 미나카와에게 돈을 쏟아부었다. 미나카와가 요구하는 족족 엄청난 돈을 갖다 댔던 듯 둘은 가게 밖에서도 만났고 자연스레 연인 사이로 발전했다. 말하자면 사유리가 후견인, 미나카와가 기둥서방 같은 관계였다.

스물두 살에 사유리는 미나카와의 아이를 임신한다. 그 아이가 바로 도모미였다. 사유리는 혼인신고를 하지 않은 채 도모미를 낳았고, 그 후에도 미적지근한 관계를 이어 갔는데 1년쯤 지나 이번에는 아들을 낳았다. 그때까지 한 번도 동거한 적이 없었지만 아이가 둘씩이나 생겼기에 어쩔 수 없이 혼인신고를 한다. 그런데 둘은 어디까지나 호스트와 호스티스 사이로 머물렀고 끝내 함께 사는 일도 없이 1년쯤 지나 이혼한다.

　사유리는 미나카와와 혼인 관계였음에도 여러 남자와 동시에 사귀었고 이혼하자마자 다른 남성과 재혼했다. 두 번째 남편은 오카지마 게이스케(가명)로 자동차 정비 회사에서 일했다. 오카지마와의 사이에선 둘째 딸인 아리사와 둘째 아들, 셋째 아들을 낳는다. 재혼할 당시 아직 네 살이던 도모미는 생부인 미나카와와 함께 살았던 적이 없어서 오카지마를 아버지로 알고 있었다.

　재혼하고 나서도 사유리는 한곳에 안주하지 못했다. 이사가 빈번하게 되풀이되었다. 사유리는 성격이 거칠어 어디서나 누구하고나 싸움이 일었고 그럴 때마다 더는 그곳에서 지낼 수 없어 도망치듯 다른 곳으로 옮겼다. 도모미는 이런 가정환경 탓에, 전학을 한 적은 없지만, 네 살, 여섯 살, 여덟 살, 열두 살, 열네 살 등 중학교 졸업까지 주소가 다섯 번이나 바뀌었다. 혼란스러운 생활은 어린 도모미의 성격 형성에도 미묘하게 영향을 주었을 듯하다. 사실 도모미와 시노부도 결혼하고 나서 몇 년마다 이사를 다녔다.

　중학교 3학년이던 해 9월, 도모미는 보통 사람들이 따르는 사회의 궤도에서 벗어난다. 가족끼리도 서로 친하게 지내던 한 살 위 선배가 있었는데 이 선배 때문에 도모미는 동급생 여자애의 질투를 산다. 도모미는 학교에서 심한 따돌림을 당하자 등교를 거부한다.

같은 시기 도모미에게는 큰 사건이 또 하나 터진다. 어느 날 사유리가 다케노즈카역 앞으로 데려가더니 정차되어 있는 차 안으로 도모미를 밀어 넣었다. 차 안에는 생부인 미나카와가 있었고 느닷없이 "저 사람이 네 진짜 아빠야."라는 말을 듣는다. 도모미는 이 일이 엄청난 충격이었다고 말했는데 어쩌면 등교 거부의 원인 중 하나가 됐는지도 모르겠다. 아무튼 그 후로 도모미는 중학교를 졸업할 때까지 한 번도 학교에 가지 않았고 스스로 찾아낸 프리 스쿨*에 다녔다.

중학교 졸업 후 도모미는 입학시험에 학과 시험이 없는 도립 단위제 고등학교에 진학했다. 이른바 챌린지 스쿨**이라 부르는 곳이다. 등교 거부를 하면서도 학교에 다니려 했던 점을 보면 도모미는 나름대로 성실히 살아가려 했는지도

■ 초·중·고등학생이 학교 밖에서 학습, 교우 관계를 이어갈 수 있는 곳으로 주로 등교 거부 학생들이 이용한다. 공적 기관은 아니며 개인, 민간 기업, NGO 법인 등이 운영하는데 설립 목적에 따라 규모, 형태, 활동 내용이 다양하다. 초·중등학교에 적을 둔 채 프리 스쿨을 이용할 수도 있는데 재적 중인 학교의 교장이 인정한 경우 프리 스쿨 등교가 출석으로 인정된다.

■■ 등교 거부, 고등학교 중퇴 등으로 학교에 다니지 않는 학생을 위해 도쿄도가 설치한 고등학교의 하나. 오전부, 주간부, 야간부 등 삼부제로 운영하는 단위제 종합학과 고등학교로 학교마다 다양한 선택과목이 개설되어 있다. 입학 시 일반적인 학력검사서, 출신교 조사서를 제출하지 않는 대신 학습 의욕을 판단하기 위해 지원 신청서와 작문 시험을 보며 면접을 실시한다.

모른다.

하지만 사유리가 그런 도모미의 발목을 잡는다. 사유리는 남편 몰래 엄청난 빚을 지고 있었는데 그 일이 발각되어 오카지마에게 이혼당한다. 사유리는 싱글맘이 되었지만 마침 임신 중이어서 다섯째 아이를 낳아야 했다.

당시 사유리는 호스티스를 그만두고 보험회사 외판원으로 일했다. 외판원 월급은 수수료가 차지하는 비중이 커서 출산 직후엔 수입이 거의 없었다. 그런 가운데 도모미가 돈과 얽힌 문제를 일으킨다. 고등학교 2학년 때 사귀던 선배에게 임신했다고 거짓말을 해서 중절수술 비용을 뜯어낸 것이다. 결국 이 일로 도모미는 퇴학 처분을 받는다.

그 후 도모미는 엄마처럼 호스티스가 되었다. 학교에서 쫓겨나고 집이 곤궁한 상태라 그 길밖에 안 보였을까. 처음에는 에도가와구 가사이에 있는 캬바쿠라에서 일했는데 기숙사 생활을 하며 맺는 인간관계에 힘들어하다가 본가로 돌아와 다케노즈카역 히가시구치에 있는 캬바쿠라에서 일한다. 앞에서도 언급했듯 도모미는 이 가게에 드나들던 손님과의 사이에 첫째 딸을 낳지만 상대가 22세 연상의 유부남이라 호적에도 못 올리고 양육비만 받고는 인연을 끊는다.

첫째 딸을 낳고 얼마 후 도모미는 다케노즈카에 있던 호스트 클럽 M에 드나들기 시작한다. 출산 이후 일을 쉬던 도모미는 한가한 시간을 주체하지 못했다. 그때 사유리가 가족은 제대로 돌보지 않으면서 호스트 클럽 M에 돈을 갖다 퍼붓는 걸 보고 도모미도 따라나선 것이다.

　　M은 도모미가 처음 간 호스트 클럽이었다. 도모미는 엄마가 그랬듯 그 세계에 푹 빠져들었고 혼자서도 뻔질나게 드나든다. 그러다 시노부와 만나 사귀었고 그렇게 사건을 향해 달음박질했다.

　　사유리는 쉴 새 없이 티슈로 코를 풀면서 자랑스레 말했다.

　　그 호스트 클럽은 나, 자주 가던 곳! 진짜 좋아! 도모미도 "가고 싶어."라고 했어!

　　자기에게 유리한 얘기만 할 텐데도 이런 식이었다. 실제로는 상식에서 벗어난 사건이 비일비재했을 듯하다. 그런 가정에서 장녀로 나고 자란 도모미에게 올바른 윤리관, 올곧은 가치관, 타인에 대한 공감 등이 자라날 수 있었을까.

　　사유리의 다리 장애에 대해 물은 순간 다시금 통렬히 깨달았다. 사유리는 태연하게 대답했다.

　　나, 불륜! 애인이, 내 장남 여자 친구한테 손댔어! 그래서, 나, 집에 찾아갔는데 3층에서 밀어 버린 거야!

　　사유리의 말에 따르면 40대 중반 무렵에 여덟 살 연하인 남자와 사귀었다고 한다. 그 남자는 토목 관련 일을 했고 가정도 있었다. 그런데 그 남자가 사유리의 장남이 사귀는 여자 친구와 연인 관계로 발전한다. 사유리는 광분해 집으로 쳐들어갔는데 오히려 상대방이 3층에서 밀어 떨어지는 바람에 다리에 장애가 남았다고 한다.

사유리는 지금까지 이런 식으로 살아왔을 터이다. 도모미는 어려서부터 그런 일에 휩쓸리며 때로는 상처 입고 때로는 흉내를 내면서 성장한다. 그런 부모 자식 관계 속에서 도모미는 사람이 갖출 도리를 제대로 배우지 못한 채 자란다.

여기서 한 가지 짚어 볼 점은 시노부의 가정환경 또한 별반 다르지 않다는 것이다. 시노부도 철들기 전부터 유아원, 아동양호시설에 들어갔고 본가에 돌아오면 '몬스터'라 불리는 엄마 아사미에게 휘둘린 채 부모의 추악한 면을 마주해야 했다. 갑자기 아무런 이유 없이 야단을 맞거나 매정하게 내쳐지는 경험이 숱했다.

이런 환경에서 자란 두 사람, 시노부와 도모미가 서로를 깊이 알려고 하지 않은 채 만난 지 한 달 만에 이룬 '미나카와' 가정, 그 가정의 말로가 이번 사건이었다.

나는 사건이 왜 일어났다고 생각하는지 단도직입적으로 물었다. 사유리는 입을 크게 벌리며 소리쳤다.

시노부!

입 냄새가 풍겼다.

시노부가 나빠! 시노부, 시설에서 자라서, 가족의 맛을 몰라! 그, 래, 서, 리쿠토를 죽인 거야!

튀어 날아오는 침을 맞으며 나는 그렇다면 당신은 도모미에게 '가족의 맛'을 가르쳐 줬느냐고 되묻고 싶었다.
사유리가 말을 덧붙인다.

도모미, 시노부가 하라는 대로 했을 뿐!

사유리는 모든 게 시노부 탓이라고 믿어 의심치 않는 듯했다. 하지만 사유리는 도모미가 시노부에게 리쿠토를 폭행하고 감금하라고 지시한 사실을 알고 있었을 터였다. 그 말을 하자 사유리는 다시 크게 입을 열고 말했다.

몰, 라!

— 재판에서 그렇게 말씀하시지 않았나요?
…….

내가 다시 똑같은 질문을 하자 사유리는 전혀 알아들을 수 없는 말을 내뱉고는 입을 꾹 다물어 버렸다.
어쩔 수 없이 나는 질문을 바꿔 리쿠토에게 발달 장애가 있었다고 생각하는지 물었다.

없어! 리쿠토, 정상이야!

사유리는 크게 재채기를 하고 나서 다시 한번 말한다.

정상! 정상!

— 하지만 시노부와 도모미는 아이에게 아무것도 가르쳐 주지 않았지요.
걔들은 안 돼! 화만 내!

— 그리고 도모미 씨는 꾀병을 의심받고 있습니다. 도모미 씨는 정신병을 앓고 있습니까?
없어!

사유리는 숨을 한 번 쉬고는 거듭 말했다.

수면제! 말고, 없, 어!

도모미에게는 책임이 없다고 말했지만 이렇게 말하면 학대와 꾀병을 인정하는 꼴이 아닌가.
사유리는 말하는 동안에도 몇 초마다 티슈로 코를 풀어 대 두 번째 산을 쌓으려 한다. 개가 다가와 냄새를 맡더니 재채기를 했다. 티슈로 만든 산이 무너진다.

나는 질문을 계속 이어 갔다. 과거 시노부의 엄마인 아사미의 집에 찾아가 돈을 요구했다고 하던데 사실이냐고 물었다. 사유리는 기억했다.

그거, 시노부 빚! 휴대전화 요금, 16만 엔 연체!

시노부가 납부하지 않았던 휴대전화 요금 청구서가 날아와 본가에 대신 청구했다는 말인 듯하다. 왜 사유리가 시노부의 휴대전화 요금을 냈을까.

시노부, 도모미, 휴대전화 계약 못 해. 그래서 내 명의로 했어. 그, 런, 데, 돈을 안 내!

둘은 통신 요금 연체자로 등록되어 휴대전화를 자기 명의로 계약할 수 없었다는 말이다.

시노부의 엄마에게 돈을 청구하러 간 뒤 사유리는 큰아들에게 전화를 걸게 시켜서 공갈 협박을 하게 했다. 그 큰아들은 지금 무엇을 하고 있을까.

사유리는 큰 소리를 내면서 코를 풀고 나서 대답했다.

교도소!

— 무슨 일을 한 겁니까?

각성제!

— 그럼에도 시노부의 본가가 상식이 없다고 할 수 있나요?
그 집, 아이에게 무관심!

더 대화해 봐야 무의미하다는 생각이 들었다. 시노부의 부모는 사건을 도모미의 책임으로 몰았고 도모미의 부모는 시노부 탓을 한다. 타당한 이유 따위는 없었고 그저 서로 죄를 떠넘기는 것으로밖에 들리지 않았다.

어쩌면 사건의 시작은 시노부와 도모미가 아니라 이 부부를 낳은 부모들일지도 모른다. 이번 학대는 부부가 악의로 일으킨 것이 아니다. 그들은 나름의 애정으로 아이들을 보듬었다. 그리고 리쿠토도 부모를 사랑했다. 그럼에도 비극이 일어났다면 그 원인을 어디에서 찾으면 좋을까.

방 안의 강렬한 악취를 더는 견딜 수 없어 나는 간단히 인사하고 떠나기로 했다. 착 달라붙는 개를 떼어 놓으며 아이들 신발이 널린 현관에서 신발을 신는데 벽에 걸린 사진 한 장이 눈에 들어왔다. 손에 들고 봤다. 10년 전쯤 사진관에서 찍은 듯한 가족사진이었다. 10대의 도모미는 기모노를 차려입었고 사유리는 갈색 머리에 정장 차림이었다.

사진만 보면 평범하고 단란한 가족 같다. 하지만 젊음, 화려한 의상, 짙은 화장 밑으로 이때 이미 사건의 검은 맹아가 싹트고 있었으리라. 시노부와 도모미가 아이들과 함께 찍은 가족사진과 편지에도 그런 검은 맹아가 자리 잡고 있지 않았을까.

나는 문득 생각나서 마지막 질문을 던졌다.

— 지금 도모미와 시노부의 아이들은 어떻게 지내고 있습니까?

아동상담소!

— 보호 조치가 되었다는 건가요?

응!

살아남은 아이들 여섯 명이 못내 불쌍했다. 그들은 리쿠토가 부모 손에 토끼우리에 감금되어 바짝 말라가다 죽음에 이르는 과정을 내내 지켜봤을 것이다. 초등학교 3학년이 되는 장녀와 초등학교 1학년인 장남은 사체를 유기하는 일을 돕도록 이용당하기도 했다. 그 기억은 평생 머릿속에서 떠나지 않을 것이다.

여섯 아이는 〈아동복지법〉에 의해 보호되었으며 지금 어디에서 어떻게 지내는지 알 길은 없다. 사건은 죽을 때까지 마음속 깊이 봉인되어 입 밖으로 나오는 일은 없을 것이다. 도모미와 시노부가 무슨 꾀를 낸들 아이들과의 동거는 허용되지 않을 것이다. 내가 할 수 있는 일은 아이들이 아동양호시설의 직원들과 참된 부모 자식의 관계를 처음부터 다시 쌓아올려 생부모와는 다른 어른으로 자라기를 기원하는 것뿐이다.

　나는 사진을 내려놓고 현관을 나섰다. 강한 바람이 불어 닥친다. 도영 주택 앞에는 볕이 잘 드는 공원이 있었고 정글짐, 그네 등 놀이기구가 갖춰져 있었다. 단지 설계자가 입주민 가족을 위해 만든 공원일 텐데 평일 오후라 그런지 인적 없이 썰렁하다. 빛바랜 놀이기구가 모래 놀이터에서 일어난 모래바람에 휩싸여 한층 더 뿌옇다.

나
가
며

베이비 포켓

택시는 이바라키현 쓰치우라시의 녹음으로 뒤덮인 언덕을 돌멩이를 튕기면서 천천히 달려갔다. 완만한 언덕을 오르자 대숲과 삼나무숲, 정성껏 돌본 정원의 텃밭이 보인다. 잡초가 무성한 빈터에 무인 정미소(코인 정미기)가 있는 걸 보니 주변에 농가가 많은 듯하다.

조금 지나자 고풍스러운 목조 단층집이 세 채씩 마주보듯 늘어서 있다. 그 앞에 내려 안으로 들어갔다. 별생각 없이 둘러보는데 단층집 창문의 얇은 커튼 너머로 통통한 체형의 여성 둘이 텔레비전 앞에 앉아 있는 모습이 눈에 들어왔다. 젊은 여성의 배는 풍선처럼 부풀어 있어 한눈에도 만삭임을 알 수 있었다. 빨랫줄에 널린 임부복이 바람에 흩날린다.

이 단층집은 특별양자결연▪을 지원하는 NPO 법인 '베

▪ 일본의 입양 제도는 보통양자결연과 특별양자결연으로
구분되는데 생부모와의 친자 관계가 유지되는
보통양자결연과 달리 특별양자결연은 양자가 되는
아이가 생부모와의 법적인 친자 관계를 종료하고
양부모와 친자 관계를 맺는 제도로 양부모의 청구와
가정법원의 재판으로 성립된다. 한국의 친양자 입양에
해당한다.

이비 포켓'이 소유한, 임신부를 위한 기숙사이다. 임신부 가운데에는 이런저런 사정으로 출산 후 아이를 키울 수 없는 상황에 처한 사람도 있다. 그런 사람들은 태어나는 아이와 친자 관계가 소멸하는 특별양자결연 제도를 이용해 아기를 양자로 보내기를 희망한다. 베이비 포켓은 그런 여성에게 기숙사를 제공해 출산할 때까지 돌봐 주기도 하고, 특별양자결연을 요청하는 임신부가 입원한 병원으로 직접 찾아가 아기를 데려와서 양부모에게 건네주는 활동도 한다.

2016년 5월 나는 이런저런 이유로 이곳을 찾았다. 2년에 걸쳐 세 사건에 대한 조사를 마치고 나자 어찌하지 못할 안타까움이 마음을 짓눌렀다. 가해자 부모든 희생된 아이든 그들이 '사건'이라는 결말에 이른 데에는 자신들의 힘만으로 도저히 어찌하지 못할 환경이 공통적으로 있었다. 그래서 더더욱 석연찮은 기분에 사로잡혔는지도 모른다.

물론 똑같은 상황의 부모와 아이가 모두 최악의 사태로 치닫는 것은 아니다. 어떤 계기로 전혀 다른 운명의 길이 열리기도 한다. 조사를 마치며 사건과는 다른 길을 걸어간 아이를 내 눈으로 확인해 보고 싶은 마음에 이곳을 찾았다.

단층집 기숙사가 늘어선 골목길을 곧장 걸어가다 보니 그 끝에 신축 단독주택이 있다. 베이비 포켓 사무소다.

초인종을 누르자 대표인 오카다 다카코岡田卓子(57세)가 문을 열고 나왔다. 안경을 쓴 밝고 귀여운 분이다. 오카다 다카코가 웃는 얼굴로 나를 맞는다.

오랜만이네! 덥지 않았어요?

셔츠 소매는 말려 올라가 있고 이마엔 땀방울이 송송 맺혀 있다.

이번 달은 베이비 붐이라 정말 정신없어요! 여기저기서 애들이 태어나 그때마다 받으러 가고 건네주러 가고. 기후시에 갔다 오자마자 이번에는 나고야랑 홋카이도. 출산이 몰릴 때는 왕창 몰리더라고요!

'늘 똑같은 말을 하네.' 하고 나는 마음속으로 웃었다.

사실 1년 전부터 이곳에 드나들던 나는 이미 오카다와 임신부들의 이야기를 여러 차례 들었다. 2주 전에도 임신부 두 명을 만나 인터뷰를 했다.

현관 정면에 있는 사무실로 들어서자 벽에는 양부모가 아기를 안은 채 미소 짓고 있는 사진이 여러 장 걸려 있다. 모두 오카다가 결연을 맺어 준 가족이다. 생부모와 양부모가 아기를 사이에 두고 수줍게 웃고 있는 사진도 있다.

오카다 다카코는 2010년 베이비 포켓을 설립했다. 아이가 없었던 오카다는 15년쯤 전에 여자아이를 입양했다. 처음에는 입양할 때 도움을 받은 단체의 일을 돕다가 이후 독립해 특별양자결연 지원 단체를 세웠다. 현재 오카다가 맡아서 하는 특별양자결연은 연간 50~70건이다. 양자를 원해 대기 중인 부부가 늘 30~40쌍은 된다고 하니 지원 단체 가운데에서도 규모가 큰 편이다.

소파에 앉자 직원이 말차 카스텔라와 차가운 차를 내준다. 오카다가 맞은편 의자에 앉아 포크로 카스텔라를 먹으며 말을 꺼낸다.

요전 인터뷰, 아이들은 재밌었다고 하더라고요. 열아홉 살 아이랑 스물네 살 아이였던 것 같은데 열아홉 살 애는 방금 진통 기미를 보여서 슬슬 병원에 데려가려고요. 어쩌면 오늘 밤이나 내일 출산할지도 모르겠네요.

이곳에는 늘 배가 산만 한 임신부가 있고 누군가는 산기를 보인다. 임신 사실을 안 순간 남자 친구가 도망가 버린 여고생, 아빠가 누군지 모르는 아이를 임신한 호스티스, 불륜 상대와의 사이에 아이가 생긴 유부녀…… 1년 전 처음 방문했을 때에도 통통한 몸매의 유흥업소 종사자가 손님 아이를 임신하고 동거 상대인 호스트가 휘두르는 폭력에 시달리다가 도망쳐 출산까지 한 달 동안 이곳에서 지내고 있었다. 그리고 그들은 아기를 낳고 나면 홀몸으로 훌훌 떠나간다.

열아홉 살 애는 신기하게도 너무 평범하지 않았어요? 여기는 다들 사정이 있어서 오는 애들이라 평범하니까 오히려 신기해요. 그 애는 배가 불러 오는 걸 이웃 사람들이 알면 안 된다며 일찌감치 이곳에 와서 4개월쯤 지냈어요.

열아홉 살 아이는 고등학교 재학 중에 임신 사실을 알았다고 한다. 원래는 중·고등학교가 연계된 진학 학교에 다니는 우등생이었는데 고등학교 시절에 아르바이트하는 친구와 어울리면서 노는 쪽으로 빠져 고등학교를 중퇴하고 방송통신고등학교로 전학했다. 3학년 2학기에 남자 친구와의 사이에 아이가 생겼다. 임신중절수술을 할 생각이었는데 부정 출혈로 병원을 찾았을 때 초음파로 태아의 모습을 본 순간 아기를 낳기로 마음을 바꾸었다고 한다. 하지만 남자 친구는 "난 결혼할 마음 없어." 하고 떠나 버린다. 모든 걸 자기 몫으로 떠안은 열아홉 살 아이는 아기를 특별양자결연에 맡기고 다시 처음부터 새 인생을 살아가기로 결심했다. 그는 이 기숙사에 오고 나서 대학 입학시험을 보고 합격했고 출산 이후 한 달쯤 늦게 입학해 대학에 다닐 예정이며 교사가 되는 게 꿈이라고 한다.

그 애는 앞을 향해 착실히 나아가고 있어요. 방에 대학 교재를 두고는 온종일 공부만 해요. 다들 그러면 좋겠지만 그렇게는 안 되겠죠. 출산 며칠 전에야 도와 달라며 찾아오는 일이 태반이고. 임신중독증에 걸려 죽기 직전인 상태로 실려

온 아이도 있어요. 좀 더 일찍 찾아와 주면 좋으련만.

2주 전에 만났던 스물네 살 여성, 가와니시 지에(가명)도 오카다가 말하는 철부지 가운데 한 사람이다.

가와니시 지에도 구청에서 뒤쫓아 와서 황당했죠. 다섯 살 난 딸이 한 명 있는데 이곳에 오기 전에 애를 전혀 돌보지 않았나 봐요. 어린이집에도 보내지 않고 건강검진도 받지 않고 구청 직원이 가정방문을 해도 응하지 않고. 그래서 딸의 생존 확인이 안 된다고 난리가 난 거예요.

'거주 불명 아동'으로 명단에 올라 구청에서 조사를 벌이고 있었다 한다.

가와니시 지에는 말이 없어서 나도 아직 아는 게 별로 없어요. 다만 딸을 제대로 키우지 못했으니 배 속 애도 마찬가지겠죠. 본인도 그걸 알아서 이곳에 왔다고 했어요. 다섯 살 난 딸은 가정 폭력이 심해 본가에 둘 수 없어 지금은 헤어진 남편의 부모에게 맡겨 두었다고 해요. 일주일 전에 출산해 건강을 회복했으니 천천히 얘기를 들어 보세요.

'거주 불명 아동'의 엄마

기숙사 방문을 두드리자 가와니시 지에가 나왔다. 긴 갈색 머리에 살결이 희고 오동통한 체형이다. 조용한 성격으로 눈치를 보며 생글생글 웃었다.

방 두 개에 거실과 식당, 부엌이 딸린 집이다. 원래 이 단층집은 오카다의 본가가 소유한 임대용 주택이었는데 지금은 베이비 포켓 기숙사로 쓰고 있다. 냉장고, 식기, 옷, 세탁기 등 생활필수품이 한데 갖춰져 있어서 맨몸으로 들어와도 된다.

나는 거실에 놓인 접이식 밥상 앞에 앉아 지에의 말을 들었다. 이곳에 온 경위부터 물었다. 가와니시 지에는 두 무릎을 끌어안고 앉아 잠시 생글거리더니 "몰라요, 흐음." 하고 고개를 양옆으로 저으며 쓴웃음을 짓는다. 나는 다시 한번 말을 바꿔서 물었다. 지에는 검지를 물어뜯으며 남의 일인 양 말한다.

음, 그게……. 인터넷? 아마, 핸드폰인가? 그냥, 모르겠는데……. 히히.

대화를 하는 게 익숙지 않은 듯싶었다. 악의는 없어 보였지만 무슨 질문을 해도 대답이 명확하지 않았다.

여러 차례 같은 질문을 반복하면서 알아낸 내용을 정리

하면 다음과 같은 얘기가 될 것 같다.

　가와니시 지에는 1991년 이바라키현의 바닷가 마을에서 건설업을 하는 집안의 장녀로 태어났다. 집은 2층 단독주택이었고 아버지, 어머니, 할머니와 같이 살았다. 술버릇이 나쁜 아버지는 술에 취하면 닥치는 대로 폭력을 휘둘러 댔다. 어머니는 이를 견디다 못해 두 살 아래 남동생을 낳고는 집을 나갔다.

　이혼 후 아버지의 폭력은 할머니를 향했다. 술에 취하면 나이 든 생모를 때리고 발로 찼다. 할머니는 지에가 초등학교 6학년이던 무렵에 병으로 세상을 떠난다.

　그 무렵부터 아버지는 지에에게 집안일을 전부 떠넘기고 마음에 안 드는 일이 있으면 화를 내며 물건을 내던지고 발로 찼다. 집에도 이웃에도 도움을 청할 만한 사람은 없었고 그저 울면서 폭력이 잦아들기를 기다려야 했다. 지에에게 아버지는 두렵기만 한 존재였다.

　중학교에 올라갈 무렵 지에는 말이 없고 소극적인 성격으로 변했다. 아버지의 폭력 속에서 자란 아이는 숨죽이며 억눌린 채 지내는 사이 의지박약이 되는 일이 있다고 한다. 결국 지에는 학교에 가지 않았고 학교는 다르지만 처지가 비슷한 아이들과 하루하루 시간을 때웠다. 겨우 중학교를 졸업하자 될 대로 되라는 심정으로 고등학교에도 진학하지 않고 라멘 가게에서 아르바이트를 한다.

　결혼은 열여덟 살 때 했다. 상대는 선배가 소개해 준 한 살 연상의 배관공이었다. 1년쯤 동거했고 이듬해 임신하면서 결혼을 결심했다. 열아홉 살에 첫째 딸을 출산했다. 하지만 결혼 생활은 1년 만에 파탄이 난다. 집안일에 비협조적이었던 남편이 바람피운다는 사실이 드러났다.

지에는 한 살 난 딸을 안고 본가로 돌아왔다. 아버지가 그런 딸을 따스하게 받아 줄 리 없었다. 도리어 생활비 조로 한 달에 3만 엔을 내라고 요구했고 반년 후에는 아동 부양 수당과 아동 수당이 입금되는 통장을 빼앗아 갔다.

당시 이 집에는 아버지의 애인이 드나들었다. 40대 후반에 자식이 있었으며 유흥업소에서 일했다. 아버지의 애인은 오전 4시에 일을 마치고 여벌 열쇠로 문을 열고 집에 들어왔다. 지에는 그 여자를 극도로 싫어했지만 집에서의 서열은 아버지의 애인이 위였고 지에는 노골적으로 소외당했다.

아버지는 여전히 지에에게 폭력을 휘둘렀다. 지에는 공포에 질린 나머지 아버지가 집에 돌아오는 시간인 오후 5시 이후에는 딸과 함께 2층 방에 처박혀 있었다. 밤에 스낵바에 아르바이트하러 갈 때만 어쩔 수 없이 계단을 내려왔다. 통장을 빼앗긴 지에는 생활비를 벌어야만 했고 일주일에 두세 번 오후 8시부터 새벽 2시까지 호스티스로 일했다.

그렇지만 그렇게 번 돈을 딸의 양육에 쓰지는 않았다. 딸을 어린이집에 보내지도 않았고 밖에서 같이 논 적도 없으며 말도 제대로 걸지 않았다. 지에는 "(딸은) 텔레비전 보면서 말을 익혔다", "(나는) 원래 말을 잘 못했다."고 하는데 그런 까닭에 딸아이의 언어 발달은 눈에 띄게 지체되었다. 게다가 대소변을 가리는 법도 가르치지 않아서 다섯 살이 됐는데도 기저귀를 떼지 못했다.

열악한 환경에서 크다 보니 딸에게선 신체적인 특이 사항도 나타났다. 이를테면 식사는 매일 편의점 도시락에 양치질도 시키지 않았다. 나중에 지에의 시부모가 아이를 맡았을 때에는 치아란 치아가 몽땅 새까맣게 썩어 있었다.

왜 딸을 이렇게까지 방치했을까. 지에는 이렇게 답했다.

어떻게 키우는지 몰라서……. 알려 주는 사람도 없고…….
그런데 아이에게는 내가 잘못했다고…… 다음에 만나면 말해 주고 싶어.

행정적인 절차와 의무에 대해서도 지에는 내내 심드렁했다. 지에는 3세 아동 건강검진을 끝으로 이후에는 아이의 건강검진을 받은 적이 없었다. 전남편의 부모는 구청 상담 창구에 "며느리가 손주를 어린이집에 보내지 않는다."고 신고했다. 구청 직원이 가정방문을 해도 문을 열어 준 적은 한 번도 없었다.

건강검진이나 가정방문을 받아들여도 되지 않았을까. 이 의문에 지에는 "우편물은 아빠가 버려서 (검진 안내 우편물이 왔던 것을) 몰랐어", "모르는 사람이 와서 안 나갔어."라고 말했다. 게다가 지에는 국민건강보험도 국민연금도 내지 않았고 휴대전화 요금 연체액은 28만 엔에 달했다.

　모든 일에 소극적인 지에였지만 자기가 좋아하는 것에는 혹 빠져들었다. 한국 아이돌 그룹에 빠져 '덕질'을 했다. 스낵바 아르바이트로 번 수입은 거의 대부분 거기에 쏟아부었고 콘서트 투어가 시작되면 딸을 데리고 일주일이든 이 주일이든 전국을 돌았다. 그때마다 콘서트가 열리는 지역의 비즈니스호텔을 전전했다.

　2015년 말 임신 사실을 알고 난 뒤 그런 생활에 종지부를 찍었다. 상대는 스낵바 단골로 처자식이 있는 서른 살 남성이었다. 지에의 말로는 자기는 "남자가 꼬시면 바로 '응' 하고 말하는 성격"으로 상대가 원하면 언제든 러브호텔에 갔다고 한다. 그러다 임신이 됐다.

　지에는 태동이 느껴질 정도이니 중절은 불가능하다고 생각하고 병원에 가지 않았다. 또 불륜 상대에게 책임을 요구하기는커녕 임신 사실도 알리지 않은 채 일방적으로 연락을 끊고 "낮에 하는 일 하려 한다."며 스낵바도 그만둔다.

　하지만 앞으로 어떻게 할지 아무런 계획이 없었다. 배는 점점 불러 오고 결국 숨길 수 없을 정도에 이른다. 어쩔 줄 몰라 괴로워하던 지에는 인터넷에서 출산 정보를 검색하다 우연히 베이비 포켓 홈페이지를 찾았다. '이곳이라면 도와줄지도 모른다.' 용기를 쥐어짜 전화하자 오카다가 "바로 와."라고 말했다. 그래서 지에는 딸을 전남편의 부모에게 맡기고 아버지에게는 아무 말도 하지 않고 집을 나왔다.

지에는 말한다.

여기에 오기 전에 병원을 한 번도 안 가서……. 왠지 무서워서……. 왜냐면 혼이 날 것 같아서……. 그래도 애가 태어나면 어떻게 할지 몰라 오카다 씨에게 전화해서……. 이곳에 오는 건 남동생한테만 슬쩍 말했고……. 그래서 아버지는 내가 집을 나갔다고 생각했고 아버지의 여자는 2층 방에 있던 짐 전부 버렸고……. 키우던 고양이까지…….

얘기를 하면서도 지에는 줄곧 내 얼굴빛을 엿보았다. 분명 누구에게든 그런 행동을 보였으리라.

방 안을 둘러보니 개인 물건처럼 보이는 것은 거의 없었다. 눈에 띄는 건 바닥에 덩그러니 놓인 와이파이 공유기와 한국 아이돌 그룹의 스티커가 붙은 스마트폰뿐이었다.

여기에 온 건 도저히 애를 키울 수 없으니까……. 애는 귀엽고 좋은데. 그렇지만 돈이 없어서……. 돈이 있으면 키우고 싶지만.

아기의 아버지에게 양육비를 청구할 생각은 못 했을까.

응…… 뭐, 됐어……. 히히히…….

얘기를 듣는 사이 답답함보다 애달픈 마음이 커졌다. 지에의 소극적이고 수동적인 성격은 아버지의 가정 폭력이 만들어 낸 것처럼 보인다. 그런 성격으로 10대에 엄마가 되어 아이를 돌보는 방법을 본 적도 배운 적도 없이 모든 것을 저 혼자 떠안은 채 살았다. 그것이 아이에 대한 방임으로 이어졌으리라.

나는 베이비 포켓을 만나고 나서 어떤 점이 좋았는지 물었다.

흠, 글쎄……. 오카다 씨에게 말했더니 본가로 돌아가지 말고 이곳에서 잠시 살면서 일을 찾아보라고 했어……. 그래서 좋았어.

지에에게 오카다 씨는 처음으로 진지하게 자신을 걱정하고 자신의 문제를 함께 고민하며 상의해 준 어른이었을지도 모른다.

지에는 잠시 창밖을 바라보면서 미소 짓는다. 그리고 처음으로 먼저 입을 열었다.

이곳, 좋아요……. 도와줘서 기뻤어요.

손을 내밀다

사무실로 돌아갔더니 오카다 씨가 젊은 직원인 오쿠다 사치요奧田幸世(33세)와 함께 기다리고 있었다. 오쿠다의 직함은 '본부 보좌'이지만 오카다와 둘이서 베이비 포켓을 이끄는 수레의 두 바퀴가 되어 입양과 설명회를 하러 전국을 누빈다. 키가 작고 동안이라 20대 초반처럼 보였다. 오카다가 목표를 향해 저돌적으로 달려가는 유형이라면 오쿠다는 한 발 떨어져 상황을 주시하는 냉정함을 갖추었다. 이인삼각으로 일을 견실하게 꾸려 가는 비결일 테다.

사실 오쿠다도 1년 반 전에 베이비 포켓에서 아기를 출산하고 입양 보낸 경험이 있다. 사귀던 남성과의 사이에 아이가 생겼고 결혼도 약속했지만 얼마 후 남성이 자취를 감춘다. 그 후 경찰이 집으로 들이닥쳤다. 그 남성은 보이스 피싱[전기통신금융사기] 사기단의 리더였고 이름도 나이도 전부 거짓이었다. 오쿠다는 어쩔 수 없이 낳은 아기를 베이비 포켓을 통해 멀리 특별양자로 보냈다. 그 후 일손이 딸려 힘겨워하는 오카다를 보고 오쿠다가 자원해 직원으로 일하게 되었다.

오쿠다는 소파에 앉아 입을 열었다.

가와니시 지에 씨 인터뷰 어땠어요? 지에, 그야말로 철부지예요. 제 입으로 딱 부러지게 말을 안 해서 아주 힘들었어요.

여기 오자마자 휴대전화 요금 청구서가 날아들지를 않나 출산에 필요한 건강보험이 체납된 걸 그때서야 알아서 수습해야 했고 정말 문제가 한두 가지가 아니었어요. 연락이 안 되거나, 보험이 없다거나, 그러면 출산할 때 문제가 생길 수도 있거든요. 그래서 아기를 데려갈 양부모에게 설명하고는 출산 시 꼭 필요하다고 말해 체납액을 대신 내달라고 했죠. 이제 정리가 됐나 싶었더니 이번에는 구청 직원이 [가와니시 지에의] 딸을 찾아 여기까지 쫓아와서는 또 한바탕 난리가 나고. 말도 마세요.

베이비 포켓에서는 원칙적으로 입양 관련 필요경비를 양부모에게 청구한다. 임신부 가운데에는 지에처럼 보험료가 체납되거나 출산 비용이 없는 사람도 있는데 그런 경우에도 양부모에게 지원을 부탁한다.

오쿠다가 차와 센베이[전병 과자]를 내왔다. 사람들이 여기저기서 보내 주는지 언제 와도 과자가 풍성하다.

무엇보다 요리도 청소도 빨래도 전혀 할 줄 몰라서 정말 깜짝 놀랐어요. 가만히 아무 말 없이 앉아만 있어요. 정말 아무것도 할 줄 모르고, 딸에게도 아무것도 해주지 않았겠구나 싶었죠. 그게 다 아버지 때문인 것 같아요. 집에서는 가정 폭력이 정말로 무시무시해서 부엌에서 살짝 소리를 내기만 해도 얻어터지니까 요리도 할 수 없었나 봐요. 그 애 정신 상태가 걱정돼 우리 회원 중에 심리 전문가가 있어서 상담을 부탁했죠. 그랬더니 나이는 스물넷이지만 마음은 어린애라고……. 지에가 말을 거의 안 하니 확실한 건 알 수 없지만 분명 훨씬 심한 일을 당했을지도 몰라요.

옆에서 듣던 오쿠다도 차를 마시면서 말을 덧붙였다.

저도 그런 것 같아요. 성적 학대가 있었을지도 모르고. 그렇지 않고서야 저렇게까지 자기를 망가뜨리는 성격이 될 리가 없잖아요.

창문 유리에 뭔가가 닿는 소리가 난다. 아무래도 비 같다. 오카다가 센베이 봉지를 열면서 말한다.

그 애를 이대로 그냥 내버려둘 수는 없어요. 아버지가 있는 본가로 돌려보낼 수도 없고 다섯 살 딸도 걱정되고. 그래서 일단은 기숙사에 살면서 같이 일을 찾아보기로 했어요. 제대로 된 일을 찾아서 혼자 생활할 수 있게 된 뒤에 딸을 데려와야지 안 그러면 다시 옛날처럼 될지 몰라서. 우리 회원들 집에서 안 쓰는 가구를 가져오면 집 안 꼴도 어느 정도는 갖춰질 테고, 그 애가 일을 시작한 뒤에도 다 같이 전화나 소셜 미디어로 지지해 주면 어떻게든 될 거예요.

오카다는 베이비 포켓 회원들과 힘을 합쳐 한 여성의 삶을 지원해 주려 한다. 어째서 이렇게까지 하는 것일까. 그런 물음에 오카다의 얼굴이 갑자기 굳어졌다.

아무래도 옛날에 괴로운 일을 당해서…… 그 일을 생각하면 "애 낳았으니 돌아가세요."라고 그냥 돌려보낼 수가 없겠더라고요. 본인도 그렇지만 아이가 희생물이 되니까.

나는 '그 일'이라는 말을 듣고 과거 오카다가 들려준 사건을 떠올렸다.

2013년 초여름 베이비 포켓 사무실에 A라는 열아홉 살 여성이 연락을 했다. A는 가출 후 시내의 유흥업소에서 일하다가 아버지가 누군지 모르는 아이를 임신했고, 당장이라도 애가 나올 것 같은 상황이니 도와 달라고 했다.

오카다는 A가 미성년이라 부모의 동의를 얻은 뒤 기숙사에서 지내게 했다. A의 몸에는 문신이 많았고 출산까지 일주일 남았는데 성 감염증에 걸렸다는 사실까지 밝혀졌다. 하지만 오카다와 협력 병원의 도움 덕분에 어쨌든 무사히 출산을 했다.

며칠 후 오카다는 양부모를 정하고 A에게 특별양자결연에 필요한 서류에 서명을 받았다. 첫 번째 페이지에 서명하고 두 번째 페이지로 넘어갔을 때 펜을 쥔 손이 뚝 멈췄다. 오카다가 왜 그러느냐고 묻자 A는 도저히 안 되겠다며 아이를 키우고 싶다고 말을 꺼냈다. 아기 얼굴을 본 순간 내 아이라는 생각이 들어서인지 아이를 보내고 싶지 않다고 했다. 생모가 아기를 키우는 것보다 나은 것은 없다고 생각한 오카다는 A의 어머니에게도 육아를 잘 도와주겠다는 다짐을 받고 나서 아기와 엄마를 본가로 보냈다.

그런데 3개월도 채 안 되어 비극이 일어난다. A의 아기가 살해당한 일이 뉴스에 나왔다. 사건 경위는 이렇다. 본가로 돌아가자마자 A는 부모와 사이가 틀어져 아기를 안은 채 다시 가출한다. A는 시부야에 있는 유흥업소의 기숙사로 들어갔고 그곳에서 자기보다 어린 유흥업소 종업원 두 명과 동거했다. A는 데리헤루* 일을 하느라 또는 노느라 일주일에 절반은 집에 들어가지 않았고 그런 동안은 두 동거인에게 아기를 맡겼다. 그런데 동거인들이 아기의 목을 조르고 괴롭히는 모습을 사진 찍어 올리는 '놀이'를 하다가 결국 아이를 질식사시키고 만다.

사건이 일어난 뒤 A는 관계자에게 "나는 아이를 사랑했다. 잘 돌봤다."고 말했다고 한다. 하지만 유흥업소 기숙사로 쓰인 집에는 분유는커녕 우윳병조차 없었다.

이 사건은 오카다의 마음에 깊은 상처를 남겼다. 지금까지는 생모가 말하는 "사랑한다", "기르고 싶다."는 말을 믿

■ 일본어 조어로 딜리버리 헬스delivery health의 준말이며 출장 성매매의 일종이다.

었지만 이 사건을 계기로 사람에 따라 말의 의미가 크게 다를 수 있음을 인정해야만 했다. 이런 경험이 특별양자결연에 그치지 않고 생모를 지원하는 일에까지 나서게 했다.

이곳에 오는 아이들은 다들 문제가 있어요. 사실은 국가가 그런 아이들을 돌봐야 할 테지만 현실은 그렇지 못해요. 국가도 한계가 있고 여성들도 각자 복잡한 사정이 있고 그걸 또박또박 설명하며 도움을 요청할 수 있는 사람은 거의 없어요. 그런 여성들이 마지막으로 다다르는 곳이 여기예요.

복잡한 사연이 있는 사람이 구청의 상담 창구를 찾아가 개인사를 털어놓으며 도움을 청하기란 쉽지 않다. 가와니시 지에도, 이 책에서 다룬 가해자들도 모두 상담 창구 앞까지 갈 수 없었다.

그래서 적어도 이곳만은 그들을 절대 내치지 않고 따뜻이 받아 주려 해요. 저 혼자서는 힘에 부치지만 그녀들과 나이도 처지도 비슷한 오쿠다 씨가 있어서 어떻게든 꾸려 가고 있어요.

그렇게 말을 끝낸 오카다는 "그치?" 하고 오쿠다에게로 시선을 돌린다. 오쿠다가 차분히 말을 받는다.

오카다 씨보다 젊고 또 아이를 양자로 보낸 경험이 있어서 임신부는 저에게 속이야기를 많이 털어놔요. 저는, 베이비 포켓에 오는 애는, 열심히 알아보고, 용기를 쥐어짜서 이곳까지 온 사람이라고 생각해요. 현실적인 문제로 인터넷에서 자택 출산이나 유산 방법을 찾아보다가 기적적으로 이곳을 발견해서 오는 아이도 있어요. 병원에 갈 돈도 없어서 출산일이 닥쳐서야 도움을 청하는 아이도 있고요. 그런 여성이 대부분이죠.

오쿠다는 생각에 잠긴 듯이 잠시 뜸을 두다가 말을 이었다.

그래서 이곳에 온 아이를 다그쳐선 안 돼요. 뭔 짓을 한 거냐, 왜 그랬냐는 식으로 부정하면 안 돼요. "잘 찾아왔어", "잘했어", "어떻게든 꼭 도와줄게."라고 말해 주는 게 중요해요. 왜냐면 그들은 정말로 열심히 했으니까요.

1년 반 전에 오쿠다 본인도 머리가 터질 듯이 괴로워하다가 베이비 포켓을 찾아내 이곳에 왔고 아기를 양자로 보냈다. 그 경험에서 비롯된 말일 것이다.

우리가 할 일은 우선 아기에게 최선의 길을 만들어 주는 거예요. 그러기 위해서는 곤경에 빠진 아기 엄마들을 도와주어야만 해요. 혼자서 살아갈 수 있는 아기는 세상에 없으니까요.

이 말을 들은 오카다가 기쁜 듯이 맞장구친다.

맞아요. 이곳에는 비상식적인 여성도 많이 오지만 다들 아기를 양자로 보낼 때에는 눈물을 흘려요. 아기와 헤어지고 싶어 하는 엄마는 없어요. 다들 사정이 있으니까 떨어질 수밖에 없는 거죠.

잠시 멈추었다가 오카다가 말을 이었다.

가와니시 지에와 A처럼 아이를 키우는 방법을 근본부터 모르는 사람도 있고. 하지만 그런 여성들도 옆에서 잘 도와주면 아이를 키울 수 있을 텐데. 그들이 주저앉고 마는 건 가르쳐 주거나 지지하는 사람이 없기 때문이거든요. 그래서 난, 언젠가 엄마와 아기가 함께 지내는 기숙사 같은 걸 만들고 싶어요. 어떻게든 그런 여성을 돕고 싶어요. 그때까지는 개개인의 사안별로 지원할 수밖에 없지만요.

나는 그 말을 들으면서 취재하며 만난 가해자들의 얼굴을 떠올렸다. 오카다와 오쿠다는 여성들을 만나 친구가 되려고 그들에게 기꺼이 손 내밀려 한다. 그에 비하면 나는 그들과 무의식중에 거리를 두려 했는지 모른다.

대부분의 부모는 유소년기의 경험에 비추어 제 자식을 사랑하고, 기르고, 필요에 따라서는 주위에 도움을 청한다. 하지만 사건 당사자들은 그렇지 않았다. 열악한 환경에서 자라 왔고, 가족이 무엇인지, 사랑하는 일이 어떤 것인지, 육아가 무엇인지 모른다. 생활고 탓에 유흥업으로 빠지고 범죄에 손대다 보니 공적 서비스를 이용하거나 상담 창구를 찾아가는 일을 두려워하며 꺼린다.

누구든 자신이 나고 자랄 집을 고를 수 없다. 그렇지만 아주 작은 용기를 낼 수만 있다면 혹은 가만히 손 내밀어 주는 사람이 옆에 있다면 가와니시 지에처럼 구제받는 부모가 될 수도 있고, 양부모와 함께 행복하게 자라나는 아이가 될 수도 있다.

문득 생각난 듯 오쿠다가 스마트폰을 꺼낸다. 화면에는 사랑스러운 아기의 모습이 떠있다.

가와니시 지에 씨가 일주일 전에 낳은 아기예요. 남자애. 귀엽죠?

지에는 3일 전에 아기를 양자로 보냈다. 병원에 입원해 있는 동안 지에는 매일 몇 번이나 신생아실 유리창 너머로 아기를 쳐다봤다고 한다. 마지막 작별의 시간을 앞두고 정들지 않게 하려고 한 번도 안아 주지 않은 채 마음속으로 '열심히 살아가길 바랄게.' 하는 말만 건넸다고 한다.

오카다도 스마트폰을 들여다보며 미소 짓는다.

어떤 엄마든 잘 보살펴 주면 잘해 낼 수 있어요. 가와니시 지에도 언젠가 분명 해낼 거고.

나는 다시 한번 아기의 얼굴을 바라봤다.

앞으로 1, 2년 후면 "엄마", "아빠" 하고 말하며 부모 뒤를 따라 졸졸 걸어 다니겠지.

사진 속 아기가 이쪽을 똑바로 바라본다. 피로 이어졌든 그렇지 않든 부모가 이 아이 옆에서 아이의 손을 꼭 잡아 주기를 염원한다.

문
고
판

후
기

책을 출판한 2016년 이후에도 일본에서는 매달이다시피 학대 사건이 보도되었다.

2016년 학대로 사망한 아동 수는 77명(이 가운데 자녀 살해 후 자살은 28명)이다. 사이타마현 사야마시에서 일어난 후지모토 하즈키藤本羽月(당시 3세) 학대 살해 사건은 그중에도 특히 세간을 떠들썩하게 했다. 엄마와 동거 남성이 일상적으로 하즈키를 감금·학대했고 급기야 찬물을 끼얹고 방치해 사망에 이르게 했다. 하즈키의 위장은 텅 비어 있었다.

이듬해인 2017년에는 오사카부 네야가와시의 한 연립주택에서 양동이 안에 시멘트로 덮인 유아 시체 네 구가 발견됐다. 엄마가 "경제력이 없다."는 이유로, 6년 사이에 낳은 자기 자식들을 차례로 양동이에 유기하고 숨겼다고 한다.

또 2018년에는 도쿄도 메구로구에서 후나토 유아船戸結愛(당시 5세)의 학대 사망 사건이 발생했다. 계부의 학대를 받았던 후나토 유아는 학대 후 잠시 방치된 상태에서 의식불명 중태가 되어 병원으로 옮겨졌는데 결국 사망했다. 사건 발생 후 자택에서 "제발 부탁이에요. 용서해 주세요, 용서해주세요, 부탁이에요."라고 적힌 노트가 발견되어 화제가 되었고 아동상담소 체제를 개선하라는 목소리가 커졌다.

아동상담소에 이목이 쏠리고 직원이 혈안이 되어 학대 방지를 위해 발 벗고 나서도 이런 처참한 사건이 매년 몇십 건씩 일어난다. 아동상담소에는 매해 10만 건이 훌쩍 넘는 상담이 밀려들어 온다.

그러나 학대에 대한 세상 사람들의 시선은 오래도록 바뀌지 않았다.

언론이 아동 학대 뉴스를 보도하면 전문가도 일반인도 입을 모아 '악마' 같은 인간이라며 부모를 비난하고 아동상담소와 행정 당국의 서투른 조치를 지적한다. 그러고 나면 이제 모든 악의 근원이 낱낱이 밝혀졌다는 듯 관심은 다른 쪽으로 흘러간다.

사건에 대한 재판이 시작되어 내막이 밝혀질 즈음엔 사건이 일어났다는 사실조차 잊는다. 매해 수십 건에 이르는 아동 학대 사망 사건은 기껏해야 며칠 동안 소비될 뉴스 소재밖에 되지 않는다.

그렇게 반복되는 사이 아동 학대를 둘러싼 어떤 진실이 어둠 속에 파묻히는 건 아닐까. 이 책은 그런 진실의 조각을 해명해 보려는 시도이다. 이 책에서 다룬 세 사건은 하나같이 학대 부모들이 나고 자란 환경이 극도로 열악했다. 나아가 부모와 자식의 관계 또한 뒤틀려 있었다.

아쓰기시 유아 아사 백골화 사건, 시모다시 영아 연속 살해 사건, 아다치구 토끼우리 감금 학대 치사 사건은 모두 범인을 기른 부모에게 큰 문제가 있었고 아이들은 학대, 혹은 학대에 가까운 환경에 놓여 있었다. 범인들은 태어날 때부터 몬스터였던 게 아니다. 그들의 부모야말로 몬스터였다.

범인들은 어린 시절 몬스터인 부모의 말과 행동에 휘둘리며 고통 속에서 성장했고 인격과 상식이 뒤틀린 채 성인이 되었다. 애정이 무엇인지, 가족이 무엇인지, 생명의 소중함이 무엇인지 생각해 볼 기회가 단 한 번도 없었다. 그렇기에 부모가 된 순간 사랑한다고 말하면서 제 자식을 제 손으로 학대하고 목숨까지 뺏고 말았다.

이런 학대의 악순환은 최근의 뇌 과학 연구에서도 밝혀졌다. 학대받은 아이는 뇌의 성장에 이상을 일으켜 발달 장애와 유사한 증상이 나타나거나 정신 질환을 겪는 일이 있다. 그들은 삶의 고통을 버티다 못해 등교 거부, 자살, 비행, 성매매, 이른 결혼, 약물의존과 같은 문제에 휘말리고 점점 더 엄혹한 환경 속으로 내몰리다가 결국 부모가 돼서는 제 자식을 학대하기에 이른다.

그렇다 보니 아동상담소 직원이 가정에서 학대가 일어나는 상황을 알아채고 서둘러 아이를 분리시킨들 이미 엎질러진 물이라고 지적하는 사람도 있다. 구출한 시점에 아이는 이미 학대의 심각한 후유증을 떠안고 있기 때문이다.

근본적인 부분에서 악순환을 끊고자 한다면 부모가 육아를 하기 전부터 가정 지원을 시작해야 하지 않을까. 제대로 된 육아를 할 수 없는 부모가 있음을 인정하고 출산 직후, 아니 출산 전부터 그런 부모의 생활을 지원하고 적절한 육아가 무엇인지를 가르치고, 곤란에 맞닥뜨리면 곧바로 전문가의 도움을 받을 수 있는 환경을 구축해야 한다. 그러지 않는 한 학대의 싹을 뿌리 뽑는 일은 요원하다.

하지만 현재 국가는 그렇게 할 인력도 예산도 의지도 없다. 일반인들도 '나이 먹을 만큼 먹은 성인에게 얼마나 더 해줘야 하나?'라는 의식이 강해 그런 지원은 지나치다고 생각한다. 가정이 잘 굴러가지 않는 것은 부모 책임이라고 떠넘긴다. 결국 태어날 집을 고를 수 없는 아이들이 허술한 사회 제도와 어설픈 사회 인식의 희생물이 되고 만다.

나 또한 학대 방지가 당장 실현될 수 없다는 사실을 잘 안다. 그럼에도 일부러 그 필요성을 언급한 이유는 이 책에서 다룬 사건이 아직 완전히 끝나지 않았기 때문이다.

문고본이 출판되는 2019년에는 이 책에서 소개한 다카노 이쓰미가 가석방될 것이다. 다카노 이쓰미가 돌아갈 곳은 시모다의 본가뿐이다. 아마 그곳에는 아이들뿐만 아니라 주변의 차별과 그녀를 놀잇감으로만 대하는 남성들이 기다리고 있을 것이다.

다카노 이쓰미의 가족은 이 상황을 두려워한다. 두 여동생은 물론이거니와 2018년 6월에는 다카노 이쓰미의 전남편인 다카노 료도 내게 연락해 고민을 토로했다. 현재 남겨진 아이의 일부는 이쓰미의 엄마인 나쓰미와 함께 지내고 있는데 다카노 이쓰미가 그 집으로 돌아오면 무슨 일이 일어날지 두렵다고 했다. 5년 전 악몽과 같은 생활이 되풀이될지도 모르고 사춘기에 접어든 아이들이 새로운 곤경에 빠질지도 모른다. 거대한 악순환이 다시 시작될 가능성이 크다.

이 책에서 다룬 세 사건은 재판이 끝났다고 막을 내린 것이 아니다. 사건은 가족에게도 사회에도 여전히 현재진행형이다. 아마 과거에 일어난 학대 사건과 앞으로 일어날 사건 또한 마찬가지일 것이다.

법을 위반한 자에게 타당한 징벌을 내리는 일은 물론 중요하다. 하지만 그것만으로는 그들이 떠안은 문제가 사라지지 않는다. 사건이 지금도 계속되고 있다는 현실을 외면한다면 사건은 어떤 형태로든 우리 사회에 되돌아온다.

예부터 "아이는 사회의 보물"이라 했다. 만약 이를 말 그대로 실현하고자 한다면 아이를 학대하는 부모를 '악마'로 몰아붙이기만 할 게 아니라 시민 한 사람 한 사람이 그 실체를 제대로 바라보고 할 수 있는 일을 해나가야 한다.

2018년 11월
이시이 고타

옮긴이의 글

"가해자에게 마이크를 쥐여 주지 마세요." 이 책을 처음 접했을 때 제일 먼저 떠오른 말이다. 아이를 죽인 부모, 그들의 이야기를 들어 보겠다는 이 책의 시도가 가해자에게 마이크를 쥐여 주는 행위처럼 보였다. 불가피한 사정으로 어쩔 수 없이 범죄를 저지르고 말았다는, 가해자에게도 그 나름의 이유가 있었다는 정당방위 서사를 만들어 내는 일은 아닐까 싶어 께름칙했다. 하지만 저자를 따라 법정, 교도소 접견실, 쓰레기로 가득 찬 방 등을 돌아다니는 사이 피해, 가해라는 이분법의 도식으로는 정리되지 않는 상황에 맞닥뜨렸고, 곤혹스럽고 참담한 마음에 몇 번이나 잠시 멈춰 숨을 골랐다.

타인의 삶을 있는 그대로 보여 주려는 논픽션 작가 이시이 고타의 작업은 치밀했다. 집, 학교, 거리 등 가해자가 살았던 공간으로 직접 찾아가 그들이 보았을 풍경, 들었을 말을 직접 확인한다. 쇠락한 도시, 활기를 잃은 거리, 오래된 낡은 빌라, 시내에서 떨어져 외따로 덩그러니 자리 잡은 집. 이시이 고타는 그들이 거쳐 온 공간들과 시간들을 세세히 그려 나간다.

한편 이시이 고타는 가해자의 말을 직접 듣고 언어화하려 한다. 가난하거나 방임된 가정에서 나고 자란 그들은 언어 또한 빈곤했다. 고등학교를 졸업하고 아르바이트 등 사회생활을 하고 있었음에도 그들이 내뱉는 단어는 빈약했고 문장은 틀을 갖추지 못했다. 이시이 고타는 그런 그들에게 말을 걸고 되풀이해 묻고 들으며 고스란히 기록했다.

어느 시점에 렌즈를 갖다 대느냐에 따라 피해와 가해는 달라졌다. 가해자들의 어린 시절을 돌아보면 판박이 같은 모습이 펼쳐진다. 어린 나이에 아이를 낳은 부모에게서 방임에 가까운 처지에 놓여, 사랑받는 게 어떤 일인지 사랑을 주는 게 어떤 일인지 한 번도 느껴 보지 못한 채 자란다. 누군가에게 돌봄을 받은 적도 누군가를 돌보는 경험을 해본 적도 없이 어른이 된다. 가해와 피해로 이분화할 수 없는 복잡다단한 장면들과 대물림되는 학대의 굴레가 그들의 삶 속에서 또렷이 보인다. 가해자의 과거와 현재, 그 시·공간을 좇는 사이 가해자의 삶 너머로 개인의 힘으로는 도저히 어찌해 보지 못할 폭력적인 사회구조가 얼핏얼핏 드러난다.

결국 가해자의 삶을 오롯이 들여다보려 했던 이시이 고타의 시도는 감춰져 있던 혹은 애써 외면했던 우리 사회의 폭력적이고 취약한 구조를 직시하게 만든다.

그동안 영유아 살해 사건 뉴스를 볼 때면 자식을 제 손으로 죽인 부모들을 보며 도대체 왜 그랬을까, 어떻게 저럴 수 있지 하고 소름 끼치는 오싹함과 치 떨리는 분노를 느끼곤

했다. 악마라고 비난했고 마땅한 죗값을 치러야 한다는 말에 고개를 끄덕였다. 하지만 이시이 고타와 함께한 이번 여정은 아이를 죽인 부모를 악마라고 비난하는 것만으로는, 가해자가 엄벌을 받도록 촉구하는 것만으로는 아무 일도 해결되지 않는다는 무력감으로 나를 몰고 갔다. 그들이 다른 길을 갈 수 있도록 다른 선택지를 만들어 주는 일은 국가와 사회의 몫이어야 한다는 묵직한 울림이 마음을 무겁게 했다.

번역하는 동안 '영아 살해', '아동 학대' 기사를 계속 검색했다. 한국에서도 사건은 끊이지 않고 일어났다. 지명과 이름만 다를 뿐 사건의 모습은 서로 쏙 빼닮았다. 이런 사건들이 이젠 중요한 뉴스조차 되지 않는다는 사실이 안타까웠고 사실의 나열에 그치는 기사들이 야속했다. 그렇기에 가해자의 삶을 세밀히 그려낸 이시이 고타의 이번 작업이 더욱 의미 깊게 다가온다.

이 책이 '영아 살해', '아동 학대 치사'라는 말 속에 얼마나 많은 사람들의 참담한 삶이 들어 있는지, 우리가 발 딛고 있는 사회가 얼마나 허술한지를 투명하게 비춰 주는 하나의 렌즈가 되기를 바란다.

사탐 08

스위트 홈

1판 1쇄. 2023년 12월 11일

지은이. 이시이 고타
옮긴이. 양지연

펴낸이. 정민용, 안중철
책임편집. 윤상훈
편집. 이진실, 최미정

펴낸곳. 후마니타스(주)
등록. 2002년 2월 19일 제2002-000481호
주소. 서울특별시 마포구 신촌로14안길 17, 2층 (04057)

편집. 02-739-9929, 9930
영업. 02-722-9960
팩스. 0505-333-9960

이메일. humanitasbooks@gmail.com
블로그. blog.naver.com/humabook
소셜 미디어. /humanitasbook

인쇄. 천일문화사 031-955-8083
제본. 일진제책사 031-908-1407

값 19,000원

ISBN 978-89-6437-441-2 04300
       978-89-6437-201-2 (세트)